地域主権の時代をリードする
北九州市立大学改革物語

矢田俊文
第12代北九州市立大学学長
公立大学協会会長

九州大学出版会

はしがき

私は、通勤の電車や上京の飛行機で文庫本や新書を手当たり次第に読んで時間を消費している。最近読んだ中で印象に残った良書の一つは、姜尚中氏の『悩む力』（集英社新書）である。ここで、次のような表現がある。

「時代は激流のように進んでいます。その流れを止めることはできません。だから自分もその流れに乗っていく。しかし、ぎりぎり持ちこたえて、時代を見抜いてやろう――」（一八ページ）

これは、漱石とウエーバーの生き方についての姜氏の考察であるが、この表現は、日本の大学改革の真只中に身を置いている私の生き方にも通じ、大変共感した。

私は、一九七〇年東京大学大学院博士課程三年のときに「安田講堂落城」に遭遇した。その後、紛争の傷跡の残る法政大学経済学部で一二年間教員生活を送った。外濠の向こうの自衛隊市ヶ谷駐屯地で三島由紀夫が割腹自殺する時代であった。八二年に縁あって、九州大学経済学部教授に転任し、ここでようやく大学人らしく自由な時間をえて約一〇年間「研究と教育」に没頭できた。しかし、それも束の間、九州大学で米軍ジェット機の墜落以来長くくすぶっていたキャンパス移転の動きに次第に飲み込まれていった。

一九九一年十月、九州大学評議会は「統合移転」を正式決定し、文部省は数千億円を要するプロジェクトを承認する代わりとして、「大胆な改革モデル」の学内決定を求めた。これを受けて学内に「大学改革専門委員会」が設置され、私は九四年十月、二代目の委員長に就任した。半年後に草案を作成し、九五年三月「九州大学の改革大綱案」を提案し、評議会決定に持ち込んだ。当時も、阪神大震災とオウム真理教事件で社会は大きく揺れていた。「改革大綱案」は、全学の大学院を重点化すると同時に、大学院「研究科」を教員の研究組織としての「研究院」と院生が所属する教育組織としての「学府」に分離し、両者を柔軟に連携する、という新しい研究教育システムの導入である。それは、学問の発展に即応して若手研究者を育成する教育組織を、既存の研究組織を破壊することなしに設置できる仕組みである。二年後の九七年四月に副学長となり、厳しい文部省とのネゴシエーションをへて、学校教育法の改正によって、九州大学に「学府・研究院」制度を導入し、かつ、全学の大学院重点化を完了した。また、杉岡洋一総長（当時）のもとで、箱崎と六本松、農場の三つのキャンパスを福岡市西区の元岡（現、伊都キャンパス）へ統合移転する責任者ともなった。相次いで発掘される遺跡の保存、絶滅危惧種を含む動植物の保全に、既存の地域の水利権体系への調和的参入など多面的な配慮をしながら、新キャンパスデザインを作成し、工事の着工までこぎつけた。

こうした九州大学の改革と統合移転の時期は、少子化で一八歳人口が激減するユニバーサル段階に直面した文部（科学）省主導の怒涛のような大学改革の時代でもあった。一九八九年の大学審議会答申以降、「大学設置基準の大綱化」、「教養部」制度の廃止、大学院重点化、自己点検・評価制度の導入、ロースクール等専門職大学院の設置など、矢継ぎ早に政府主導の大学政策が開始された。さらに、二〇〇一年に小泉・竹中の市場原理主義的な改革を背景に、「大学の構造改革の方針」（いわゆる遠山プラン）が提示され、国立大学の再編・統合、二十一世紀COEなど競争的研究・教育資金の重点的投入、国公立大学の法人化など真正面からの大学の管理運営に対する「介入政策」が強行された。なかでも、国公立大学の法人化は、第二次大戦後約半世紀続いた「新制大学」システムを根底から覆した。

九州大学の改革推進委員長、改革および統合移転担当副学長、さらに経済学研究院長として暗礁にのりかかっていたビジネス・スクールの設置などの仕事を相次いで担った当時の私は、止めることのできない激流に乗りながら、それを「ぎりぎり持ちこたえて、その中身を見抜いてやろう」という表現にピタリの状況に置かれていた。教養部の解体、大学院の重点化、過度なまでの重点的経費への傾斜、さらに国公立大学の法人化、これらの動きがわが国の大学の研究・教育にどのような影響をあたえるのか、なんとも言えない不安にかられながら、強く抗うことなく、「激流」に流されざるをえなかった。

二〇〇四年に九州大学を定年退職し、激流から「岸辺」にあがり、しばしの休養を楽しんだ。しかし、一年後の〇五年四月、公立大学法人となった北九州市立大学の初代（大学設置以来十二代）の学長となり、中期目標・中期計画に基づく大学改革の責任を担うことになった。文部科学省主導の改革は、中央教育審議会の二〇〇五年答申「我が国の高等教育の将来像」と二〇〇八年答申「学士課程教育の構築に向けて」においてさらに加速度を増して推進された。その結果、認証評価を軸とするPDCA

(Plan—Do—Check—Action) サイクルの構築、教育の質の向上のための数々の規制の強化など息つく暇もなく、大学に襲いかかってくる。しかし、今度はただ流されるのではなく、まさに、「時代を見抜いてやろう」という心境で北九州市立大学改革を進めた。それは、文部科学省の政策を無批判に導入することでもなく、また、徹底的に抵抗することでもなく、大学の内部から次々に提起される改革をマイペースで進めることである。国の大学政策で是認できることは強力に実施し、逆に、疑問に思えることは「適当に聞き流し」、なお、自らの発想で必要と思うことは「自在に」実行するのである。ＰＤＣＡサイクルの構築は、断固として実施し、「角をためて牛を殺す」たぐいの細かいチェックを求めてくる「教育の質の向上」には意味のあることだけを選択的に実行する。教養教育の劣化に対しては、専任教員四〇名を擁する基盤教育センターをつくって「教養教育の再生」に挑んだ。「学生支援」や「留学生支援」、「産学連携」や「地域貢献」については、大学独自の発想で積極的に取り組み、全国モデルと評価されるまでになった。今度は激流に流されるのではなく、激流を避け、川縁の多少緩く、逆流さえある流れを自在に泳いでいる。

激流の中にあって、国立大学は強力な行政指導と財政コントロールのなかで呻吟し、私立大学は少数のブランド大学の圧倒的優勢のうちに勝ち組と負け組に仕分けされつつある。どの大学も大学改革を高らかに謳い、実行しているが、実態は、強力な行政指導と市場圧力という、外圧の中で改革を「させられている」。多くの大学の指導者は、未来への展望に自信を欠き、予算獲得と評価書の作成に翻弄され、教員は、研究・教育に割く時間と精神的余裕を失っている。危機克服のための大学改革は、新たな危機を孕んでいる。結果は、歴史の審判に委ねるしかない。

いま、大学人の任務は、行政主導の大学改革を硬直的に糾弾するのではなく、教職員の主体性を取り戻した「教員自治」（清成忠男氏）の確立、なかでも次代を担う若手教員中心のミドルアップ型改革が求められる。その実践例として、法人化後の「北九州市立大学の改革」の経過と成果を紹介したのが本書である。国立大学と異なり国の直接的指導が弱く、私立大学と違って受験生確保に翻弄されず、比較的安定した独自の財源と学生の確保のもとで、設置者である自治体と連携し、地域住民に支えられる公立大学の「自在性」を生かした改革の実践例である。

図式的に言えば、「官治の国立大学」と「民活の私立大学」、そして「地域主権の公立大学」という設置形態の異なる三つの高等教育機関（大学）の共存と競争の時代にあって、公立大学の改革事例を示したものである。国際的な研究および人材育成の最前線に立つブロックごとに配置されている基幹的国立大学や首都圏に集中する高度な専門性を有する国立大学に比し、公立大学は、地域に深く根ざした改革を進めている。他方、戦後の新制大学とともに発足したいわゆる「地方国立大学」は、この二つの軸のなかで今後の方向性をめぐって揺らいでいる。地域の若者を育成し、優れた人材として地域に供給している実態は公立大学と大きく変わらない。ただ、地方自治体や地域住民の意向が高等教育に直接反映されにくいところに、大きな矛盾を抱えている。いずれ、都道府県や政令指定都市、さらには「道州」など地方自治体移管を含めた設置形態の見直しを迫られるであろう。

＊　＊　＊

本書は、基本的には、大きく二編より構成されている。第一編は、大学政策論であり、一九九〇年代以降の政府の大学改革政策を概観しつつ、その中での公立大学を位置づけてみた。第二編は、北九州市立大学の改革の実践である。いずれもすでに発表した多くの論文をベースにしている。北九州市立大学はもちろん、わが国の大学改革の実態に関心のある読者は、第二編から読むことをお薦めしたい。文章もわかりやすく、大学の現場での改革の中身にふれることができる。そのうえで、わが国の大学改革が直面している課題や解決の方向について、より深く考える材料として、第一編を読むと、硬い文章でも理解してもらえると期待している。

最も多いのは、二〇〇七年三月まで「北九州都市協会」、同四月以降「北九州市芸術文化振興財団」が毎月発行している雑誌『ひろば北九州』に掲載した論文である。ここでは、九州大学副学長や経済学研究院長の時に取り組んだ改革やキャンパス統合移転についての記述、そして、北九州市立大学学長として実行した多面的な改革、その経営哲学や個々のプロジェクトについて踏み込んで記述した。二〇〇五年四月から二〇一〇年六月まで約五年間に六三に及ぶもののうち四五本をここで転載した。

これに加え、日本の高等教育政策、公立大学の置かれた状況や課題について、新聞や雑誌に書いた九本の論文に一部手を加えて転載した。『ＩＤＥ』、『カレッジマネジメント』、『大学マネジメント』、『経済教育』、「日本経済新聞」などである。ここでは、理論的・概括的な考察を重視した。転載を承諾頂いた関係機関のご理解に感謝したい。

さらに、全体の流れの中で、既存の論文で足りない事項について新たに付け加えた。既存の論文についても、その後の展開過程を「付記」の形で補完した。北九州市立大学改革での財政運営、多様な評価などが中心である。また、新たに必要な図表を挿入した。その多くは、大学での講義や多方面での講演、シンポジウムで発表したパワーポイントに新しい情報を書き加えたものである。自作のものが少なくないが、大学の各課で作ったものもある。また、図表の中に記事の転載を承諾いただいた毎日新聞社と読売新聞社、日本経済新聞社、さらにさまざまなデータや写真を提供していただいた公立大学協会、北九州市立大学に改めて感謝したい。そのほか、九州大学の改革や統合移転に関する数本の論文も、参考となると思われるところに「付章」や「付節」として掲載した。

なお、本書は、多くをすでに掲載した論文やエッセイ中心に構成されている。とくに、公立大学法人に関することや、北九州市立大学の多様な改革の実態についての記述について繰り返しなどが少なくない。初掲載の論文等の原型を崩さないよう配慮したためであり、ご容赦願いたい。また所属や肩書きはいずれも各論文執筆当時のものである。

『ひろば北九州』の論文の最後に一編ずつ駄作の俳句を掲載してきたが、ここで転載することをためらった。しかし、大学改革をしながらの日誌のようなものとして思い出となるので、その一部をテーマごとに章末に配置してみた。まだ、学長退職まで半年あり、改革も続く。公立大学協会会長として新たな課題に直面するであろう。地域創生学群の行方、まちづくりに多様な成果をあげつつある教員や学生の活動、第二期の中期目標、中期計画づくり、など書き足りないものも少なくない。後日を期したい。

本書の出版を快諾頂いた九州大学出版会五十川直行理事長、永山俊二編集部長に厚く御礼いたします。また、本書の執筆を出版会にご推薦頂いた清成忠男法政大学学事顧問に、大変お世話になりました。改めて感謝の意を表します。

目次

第一編

大学政策を問う

――歴史の審判に耐えられるか――

鯛ロボットの公開実験（山本郁夫教授）
2008年7月ひびきのオープン・キャンパス

第一章　戦後日本の大学政策と二十一世紀の「大学改革」

一　現代の「大学改革」の背景

第二次世界大戦後の新憲法と教育基本法のもとで一九四〇年代後半に構築されたわが国の「新制大学制度」は、約半世紀を経過した一九九〇年代後半以降、時代の流れに対応した「大改革」を迫られている。その時代背景は、大きく内的要因と外的要因に分けられる。

内的要因とは、憲法の「学問の自由」(二三条)に基づく「研究の自由」、「教育の自由」の理念とそれを制度的に支える「大学の自治」なるものが、半世紀の間に確実に「制度疲労」に陥ったことである。すなわち、高度成長にともなう国民所得の上昇と日本的雇用環境のなかでの学歴主義の定着、この二つが相まって、一八歳人口の増加と大学進学率の急上昇を招来し、「大学産業」の急成長をもたらした。これによって、国公立大学では学生定員が着実に増加し、私立大学の数は急増した(図表1-1-1、2)。そのなかで、若者の受験競争が激化し、大学入試センター試験(センターテスト)の導入もあって、大学間のブランド格差が定着した。他方、大学では、受験者増という恒常的買い手市場に安住して

図表１－１－１　高度成長・進学者の急増・私立大学の膨張

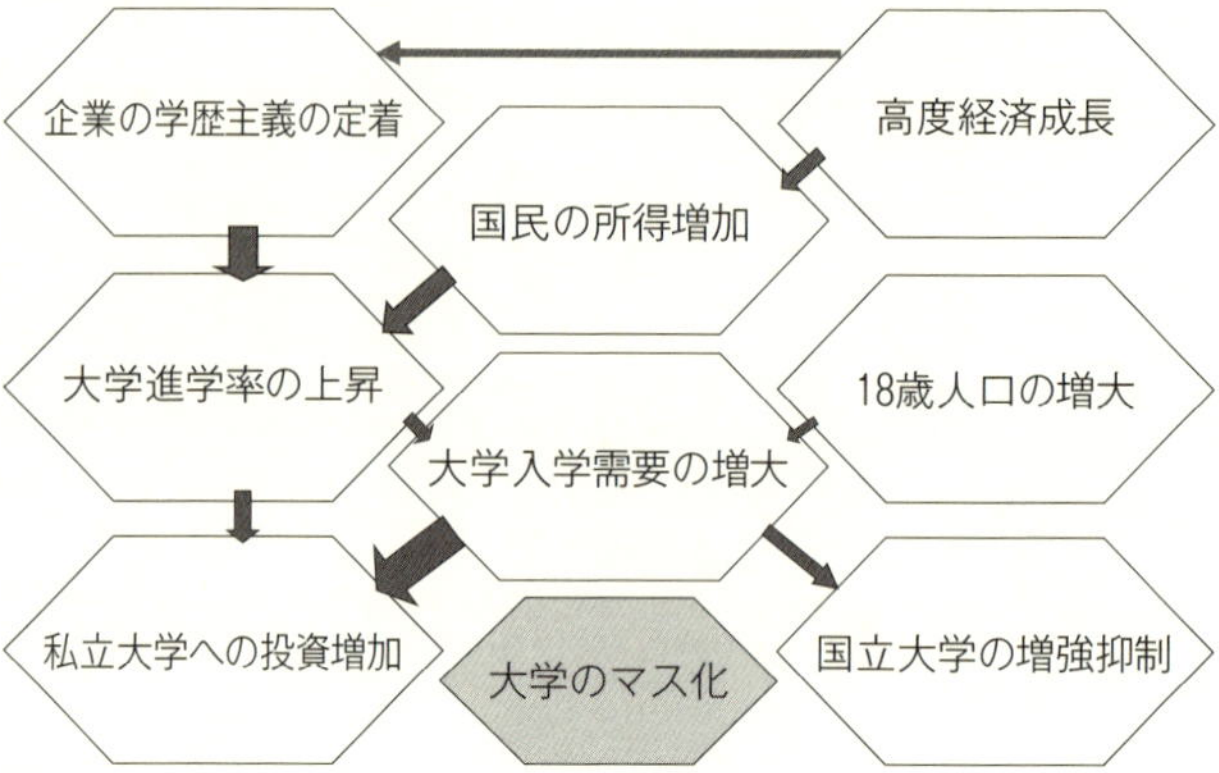

図表１－１－２　国公私立大学学生数推移（学校基本調査より）

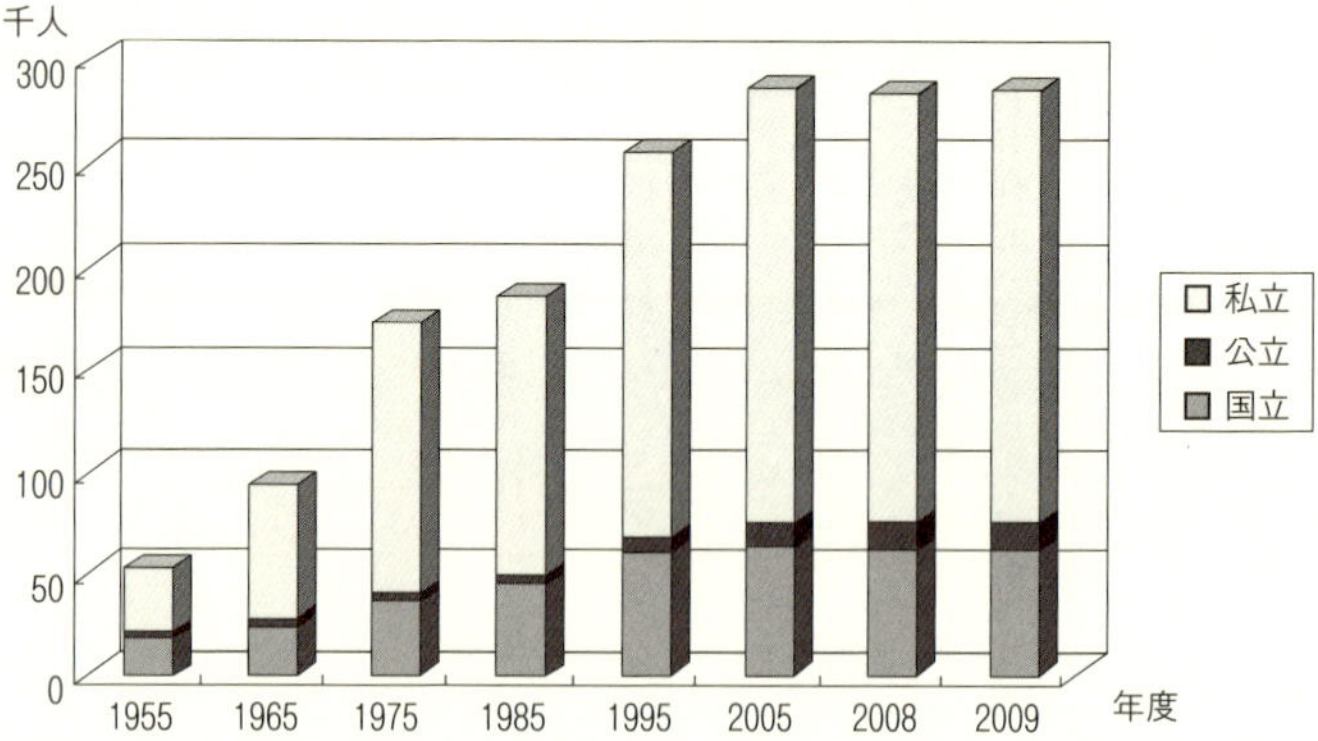

健全な競争原理が作動せず、「大学自治」の傘のもとで教員の教育・研究活動への甘えが蔓延し、教授会自治のもとでの大学全体の意思統一の困難さが時代に対応した大学改革に大きなブレーキとなった。

こうした戦後のわが国の大学の「制度疲労」が、研究の国際水準の低下と教育の質の低下、産学連携・社会貢献活動の停滞をもたらした。また、大学の急増が教員数の爆発的な増大と教員の質的劣化を随伴したことも停滞に輪をかけた。そのなかにあって、良心的教員は自らのモチベーションのもとで研究と教育に真剣に取り組み、学生もまた自らの人生設計のなかで有意義な学生生活を送ったことは、軽視されてはならない。これが戦後日本の驚異的成長と科学技術の世界的貢献に寄与したこともまた事実である。戦後のわが国の大学の精算主義的評価には同調できない。

もうひとつの外的要因とは、情報技術革命と米ソ冷戦体制の崩壊によってグローバル競争が加速し、最先端研究や人材育成における日本の相対的地位低下への危機感が増大したことである。また、「大学産業」の成長を支えた一八歳人口の増加も、一九九二年の二〇五万人をピークに減少に転じ、二〇〇五年には一三三万人と一三年間にピーク時の約六〇%にまで減少した。このことは一方で、わが国の国際的水準の研究と次世代の研究者育成の責任を負っている基幹的国公立大学と主力私立大学の国際競争力の強化を迫っている。他方で、一九九〇年代前半までに過剰な投資を進めてきた私立大学での入学者確保に困難をきたし、約四割が経営困難に直面する事態を招いている（図表1-1-1、2）。

こうした「内憂外患」の事態にもかかわらず、大学内部からの「組織的な改革」の動きはほとんどみられなかった。強い危機感をもった教員は少なくなかったが、大学全体の内部改革にまでは昇華しえなかった。一九七〇年前後の「東大闘争」に象徴される大学紛争も、「全共闘」など運動の指導者が大学内部の改革よりも「革命運動」に走り、やがて衰退していった。その後は、センターテストの定着による大学間格差の拡大と欧米への頭脳流出の形での危機の内在化が進行した。日本の大学の危機の克服に動いたのは、バブル経済崩壊後の「失われた一〇年」を深刻に受けとめた財界であり、それに後押しされた政府である。この動きは、一九九〇年代半ばから一気に活発化した。現在の巨大な大学改革のうねりは、大学にとっては「外圧」によってもたらされたもので、「受動的」改革たらざるをえなかった。

二　文部科学省主導の二十一世紀の大学改革

文部（科学）省主導の「大学改革」は、一九八〇年代末から開始され、すでに二〇年を経過している。筆者は、この二〇年を文部科学省のイニシアティブの度合いを軸に、二十一世紀初頭の国公立大学の法人化の前と後とに時期区分することができると考える。

一九九〇年代までは、政府として大学改革の方向性を模索してきた時期である。原則として「大学の自治」を尊重して教育・研究の内容や運営に直接介入することを避け、社会的必要に対応して国公立大学の一県一医学部の整備や科学技術系の大学院大学等を中心に、単科の国立大学の新設や私立大学への国庫補助を行うなど、個別分野の支援を強化した。

しかし、一九八七年に大学審議会が設置され、二年後の審議会答申によって、大学紛争後はじめて大学改革の方向性が体系的に示された（改革の第一段階）。これに基づき一九九一年の「大学設置基準の大綱化」によって大学設置基準の厳しい条件が緩和され、戦後の新制大学の目玉として登場しながら、必ずしも構想通りに機能しなかった「教養部」制度を廃止し、専門教育の強化に乗り出した。また、国際的な研究人材の育成の必要から、基幹大学の大学院の学生・教員定員の拡充など「大学院重点化」を開始した（一九八九年）。これらの政策は、総合大学と単科大学、基幹大学と地方大学間にほぼ平等に配分してきた国立大学への教育・研究資金に対し、資金面でも大胆な格差をつける政策への転換である。また、「大学の自治」の名の下で教育・研究の無計画性や改善努力への欠如という大学風土にメスを入れるべく、自己点検・評価制度を導入し、税金や授業料収入に依存する組織の「説明責任」を強く求めた。こうした、大学の管理運営の根幹への「介入」は、大学紛争時であれば、大学側から強い反発がなされたであろうが、紛争から四半世紀を経過し、各大学の学部・講座の膨張要求を予算査定でコントロールするシステムが定着するなかで、いずれの大学も予算確保のために、強力な抵抗もなく推進された。

政府の大学政策は、二十一世紀に入ると一段と強化される（改革の第二段階）。行政改革によって名前を変えた文部科学省は、政府の構造改革路線の強化の一環として、二〇〇一年に「大学の構造改革の方針」（いわゆる遠山プラン）を提示した。教授会自治重視の大学運営、大学間平等主義的な資金配分、一八歳人口の増加に対応した国立大学の増設、こうした戦後五〇年の大学政策を一変させた。具体的には、国立大学の再編統合による経営コストの削減、二十一世紀ＣＯＥ（Center of Excellence）やＧＰ（Good Practice）の導入による競争的研究・教育資金の重点的投入、経営形態の大幅な転換を誘導する国公立大学の法人化（二〇〇四年全国立大学一斉導入、一部公立大学の導入開始）である。

なかでも、国公立大学の法人化は、第二次大戦後約半世紀続いた「新制大学」システムを根底から覆すもので、その特徴は、以下の四点に集約される。

① 研究・教育の自由を確保するための国や自治体による全面的な予算保障制度を廃止し、授業料等の自己収入と国・自治体の運営費交付金、外部資金の三つを収入源として、それぞれの大学が効率性を重視して「経営的自立」を図ること。

② 大学という組織の円滑な意思決定を妨げてきた「教授会の自治」中心の運営を改め、学外理事を含む役員会を最高意思決定機関とし、そのもとで経営事項を審議する経営審議会、教学事項を審議する教育研究審議会を置き、教授会をベースとする教員の権限を教育研究審議会の枠内に抑え込むこと。

③ 研究・教育の自由の名のもとでの大学や学部の非計画性を一掃し、大学として六年間の中期目標・計画の策定を義務付ける。そのうえで、大学による自己点検・評価、設置団体による法人評価、および大学評価・学位授与機構や大学基準協会等による認証評価を行い、いわゆるPlan—Do—Check—Actionサイクルをビルト・インすること。

④ 恒常的な学部対立をベースとする組織運営におけるリーダーシップ不足を是正するため学長選考方式を教員の全学投票から選考委員会による方式に変更すること。

戦後半世紀の「教授会自治」に基づく国公立大学運営の固い殻を強引にねじ開けた観のする政府主導

の大学改革は、国公立大学法人化という新しい枠組みを構築することによって、早々に第三段階に突入していく。その方向性は、中央教育審議会の二〇〇五年答申「我が国の高等教育の将来像」と二〇〇八年答申「学士課程教育の構築に向けて」において明示される。

二〇〇五年答申は、半世紀近く続いた総合大学の画一的指向と国立大学の平等主義路線の転換である。すなわち、高等教育の多様な機能と個性・特色の明確化をうたい、各大学が自らの選択により緩やかに機能別に分化することを求めている。その機能とは、①世界的研究・教育拠点、②高度専門職業人養成（医療、法律、経営、技術等）、③幅広い職業人養成、④総合的教養教育、⑤特定の専門分野の教育・研究（芸術、体育等）、⑥地域の生涯学習機会の拠点、⑦社会貢献機能（地域貢献、産学官連携、国際交流）の七つである。「自らの選択」、「ゆるやかに分化」、単一でなく複数の機能並存もあり、機能分化の過程に柔軟に対処することがうたわれているが、大学評価や運営費交付金、大学院や学部・学科の設置などを通じて、大学自らの姿勢の明示が求められ、急速に画一主義・平等主義からの路線転換が推進されている。

他方二〇〇八年答申は、「学士課程教育の質の向上」を強く促している。少子化による大学全入時代がもたらしている「学士の質の低下」とグローバル化のなかでの日本の「学士の国際通用性への危惧」の二つの危機感を背景としている。具体的には、「高い教養と専門能力を培う」ことによる修了者の「学士力」の向上とその質保証システムの導入をうたい、そのための教育課程の体系化・構造化と教育方法の改善（準備学習・体験学習・少人数教育・学習履歴）の二つを政策の柱としている。加えて、社会人受け入れの重視と留学生三〇万人計画を掲げている。

以上のように、二十一世紀に入ってからの政府による大学政策の体系化は、教育基本法の改正（二〇〇六年）と学校教育法の改正（二〇〇八年）のなかで反映させ、ここで高等教育の理念を明示している。前者の第七条には、「大学は、学術の中心として、高い教養と専門的能力を培うとともに、深く真理を探究して新たな知見を創造し、これらの成果を広く社会に提供することにより、社会の発展に寄与するものとする。」「2　大学については、自主性、自律性その他の大学における教育及び研究の特性が尊重されなければならない」として、大学の位置づけを明確にしている。後者では、第八三条で教育基本法の趣旨を改めて記述している。

以上、少子化とグローバル化のなかで、一九九〇年代から約二〇年間にわたって推進されてきた文部科学省主導の大学改革が、長期的にみて、わが国研究・教育の発展、研究者や社会人育成にいかなる効果をもたらすかを今の時点で評価することは困難である。これらの改革が、戦後のわが国の「大学の制度疲労」がもたらした、国際水準から見た研究の質と教育の質の低下、産学連携・社会貢献活動の停滞などへの反省のもとに構築されただけに、大学の強い組織的抵抗もなく、社会的な批判も弱く予想以上のスピードで推進されている。

しかし、①一連の改革が大学内部からの動きではなく、「外圧的」に強行されただけに、教育と研究の担い手である大学教員自体のモチベーションにどのような影響を与えたか、②小泉・竹中改革の巨大な流れのなかで十分な検討時間もなく急いで改革路線が構築されただけに、先端的・応用的研究重視、基礎的・裾野的研究軽視の影響はでないか、③民間的手法など市場主義の導入によって、地方私立大学の撤退や授業料の値上げが所得階層間・地域間の教育の機会均等確保を困難にしないか、④国公立大学の法人化のなかで運営費交付金が削減され、代わってCOEやGPなどの競争的資金が増額されるなかで、大学改革＝競争的資金の獲得との認識が蔓延し、大学人が自ら考える「自立的改革」を困難にしないか、以上の四点の危惧を、大学の現場を束ねるものとして、日々感じざるをえない。とくに小泉・竹中路線が見直されているいま、改めて問われなければならない。

政府主導の大学改革の積極的側面と消極的側面をきちんと見据え、ただ流されるのでもなく、また批判のための批判に堕すのでもなく、法人化という新しいシステムのもとで改革の「外圧」を積極的に受けとめ、これを「内圧」に転嫁しつつ、教育・研究の担い手である「教員の自治」を重視して、独自の大学改革を大学経営の現場で実践することが肝要である。いま、少子化とグローバル化の中で、文部科学省の圧倒的イニシアティブのもと、全国の大学が日夜「大学改革」に取り組んでいる。しかし、「流れに動かされている大学」と「自らのフィロソフィーで改革している大学」とは峻別されなければならない。

また、学長や外部理事を含む役員会に法的に権力が集中した結果、「学識者」とは言えない外部の財界人や国や自治体官僚が大学経営に介入する一方、「権力行使」の仕方がわからず、傍若無人さが目立つ学内選出の学長など、大学行政における無視し得ない「失政」が国公立大学法人に生じていることも注目される。これに対する反発を伝統的な「教授会自治」による抵抗として切り捨てることはできない。権力集中したからこそ指導者の資質がきびしく問われているのである。一方で、教育・研究業績がない外部からの指導者、他方で、組織経営の経験がない内部の大学人が強権をもった大学において、研究・教育を担う教員集団のモチベーションが急速に低下し、他大学転出の続発や、教育現場での手抜きなど、知的崩壊の危険性を、現今の大学改革がもたらしつつあることにいちはやく気づくことが重要である。

本書は、戦後および現代の大学改革について、以上のような考えのもとに地方の公立大学の学長に就任して五年間、教職員と一体となって実施した改革の「物語」である。

（「変革期の大学政策と公立大学法人・北九州市立大学の改革」経済教育学会『経済教育』二七号　二〇〇八年十二月　より一部転載）

（福田首相の桜を見る会にて）

空港に小さなリュック春休み
御苑にてウコン桜を妻と愛で

（天皇在位二〇年記念式典にて）

宮中の舞楽たおやぐ小六月
菊薫る式典で会う同級生

第二章　独自の道を模索する公立大学

第一節　存在感を高める公立大学

高等教育を担う、「国公私立大学」という表現がよく使われる。しかし、一般的には、国立や私立に比べて公立大学への認識が弱い。

公立大学とは、文部科学省（国）が設置する国立大学と異なり、地方自治体が設置する大学である。ほとんどの都道府県に設置されているだけでなく、大阪・名古屋・横浜・北九州などの政令指定都市には大規模な総合大学がある。大学数は、二〇一〇年度で八〇校にのぼり、国立大学の八六校と拮抗する。全国の四年制大学の学生数の二二％が国立、五％が公立、七三％が私立に属している。

公立大学は、一九九〇年代初頭にはわずか四〇校に過ぎず、その後二〇年間にほぼ倍増した。それまでは、政令指定都市設置の大規模大学と、札幌・福島・岐阜・京都・奈良・和歌山・北九州にある道府県立の医科や歯科、薬科大学が中心であった。その後、県立短期大学が四年制の総合大学となり、また

図表1－2－1　公立大学の増加（公立大学協会資料）

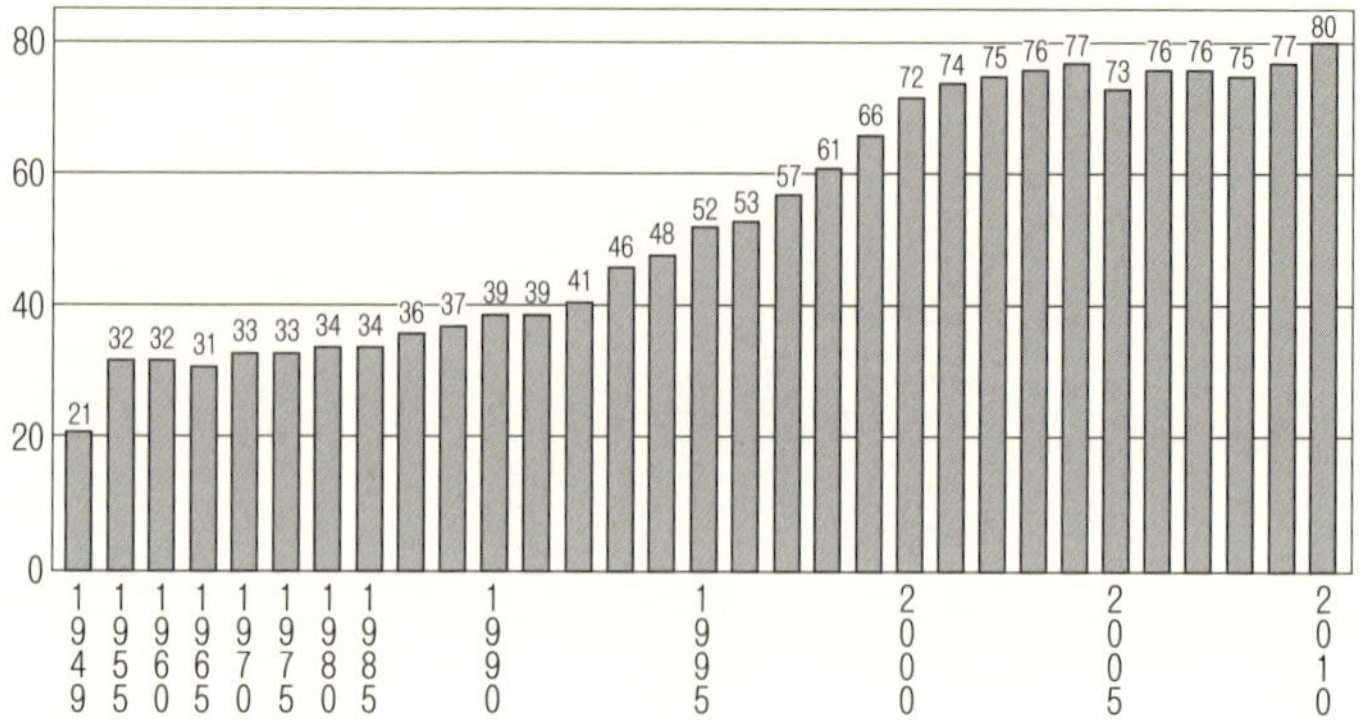

一九九二年の「看護師等の人材確保の促進に関する法律」を機に県立の看護大学や健康・医療・福祉系大学が次々に設置された（図表1－2－1）。

現存する公立大学は、①首都大学東京、横浜市立、名古屋市立、大阪市立、大阪府立、兵庫県立、北九州市立など大都市圏の伝統を有する大規模総合大学、②秋田、岩手、宮城、静岡、富山、福井、滋賀、岡山、島根、山口、熊本、長崎など地方中核都市にある県立の中規模総合大学、③釧路、函館、青森、高崎、都留、尾道、下関、宮崎など地方都市設置の市立や公立大学、④札幌、金沢、愛知、京都、尾道、沖縄などの芸術系、秋田、新潟、神戸などの外国語または国際教養、会津、前橋、高知などの工科・情報系といった特定分野の府県立や市立の単科大学、⑤一九九〇年代以降全国に設置された医療・保健・看護・福祉系の県立や市立の大学などおよそ五類型に分類される。

公立大学も二〇〇四年から「地方独立行政法人法」に基づき法人化が始まったが、いくつかの点で国立大学と異なっている。

第一に、公立大学の法人化は設置団体の判断に任せられた。二〇一〇年度までに法人化したのは約六割の五四大学である（短期大学を除く）。ただ、大規模大学の多くが法人化の先陣を切ったため、学生数では八〇％強が公立大学法人に属している（図表1-2-3）。

第二に、国立大学では法人の長と大学の学長は同一人格だが、公立大学では、両者は分離することもできる。五一大学法人（五四大学）のうち、約三分の一の一八大学法人は「分離型」をとり、残りが理事長・学長「一致型」となっている。それぞれの功罪は第三者の評価に任せるが、学長については、学識者が前提となるため、学内の意向を重視せざるを得ないのに対し、理事長の任命は首長の専決事項であるため、設置団体にとって分離型は一種の安全弁の機能を持つ面もある。分離型を採用した一八大学法人の理事長は、経済界出身が五、元大学教員が六、知事・副知事・副市長・教育長・局長など設置団体の元幹部が七である。

第三に、中期目標の策定は、設置団体の首長が行い、法人評価は設置団体に置かれる評価委員会によって毎年なされる。

第四の最も大きな違いは、財源の確保である。国立大学は、授業料など学生の納付金のほか、文部科学省からの運営費交付金が支給されており、結果的に国民によって負担されている。これに対し、公立大学では、運営費交付金は地方自治体が支出するが、その分を自治体住民が負担しているとは必ずしも言えない。公立大学の経営にかかわる費用の一部は、総務省が地方自治体に支払う地方交付税のなかに相当程度含まれている。具体的には、学部ごとに設定された学生一人当たり必要経費(例えば〇八年度の総務省資料によれば医学部約四一一万円、文科系二四・五万円など)に、各学部の学生数を掛け、これを合算して得られる費用が基準財政需要額の「大学分」となる。これを含む基準財政需要額が地方税などの基準財政収入額を上回った場合に、地方交付税の中に含まれて当該自治体に支給される。簡単に言えば、右のようにして算出された額に、1から財政力指数を引いた数値を掛けた値に近い額が、公立大学の運営支援費用として支給されている。学生当たりの単価は年々減らされている(二〇一〇年度は九・三%増)。筆者の試算では二〇〇九年度の北九州市立大学は、総費用約七〇億円のうち、保護者六〇%、市民一六%、国民一四%の負担、その他一〇%で運営されている。

他方、公立大学は、設置団体の人材育成政策と、文部科学省の高等教育政策の二つの行政機関の指導を受けている。したがって、大筋としては、文部科学省は「口はだすがカネは出さない」、総務省は「カネは出すが口は出さない」、地方自治体は強弱の差はあるが「カネも口も出す」ということになる。国立大学は文部科学省一本でいいが、公立大学は三方に気を配っている。加えて、医療・看護・保健・福祉系の公立大学は、厚生労働省の政策とも深くかかわっている。

三ないし四の行政機関が同じベクトルで行財政支援するとは限らない。一致することの方がまれである。文部科学省は、日本の大学の「質保証」という名目で国立大学同様に行政指導を強化し、総務省は、地方財政事情優先で需要額の積算を行っている。厚生労働省は、自治体の財政能力を超える「公立大学病院」改築について「地域医療の砦」として、その緊急性を理解しつつ、三位一体の地方分権改革以降、使途を明示した補助金支出に逡巡している。このように、公立大学は、三ないし四の行政機関の「間《はざま》」で、厳しい大学間競争を生き抜かなければならない。

国立大学は、文科省の強い指導のもとにあり、私立大学は、「ブランド」先行の市場競争のなかで、勝ち組・負け組への分解が進行しつつある。これに対し公立大学は、行政の「間」で悩みつつも、「間」を生かして自在に独創的改革を実行している。

二〇〇九―一〇年度の公立大学協会は「公立大学のプレゼンスの向上――逆風のなかの攻勢」をスローガンに掲げた。特異な行政制度のなかで、多くの独創的改革の成果を上げている公立大学の自負でもある。

（「公立大　じわり存在感」日本経済新聞、二〇〇九年八月三日朝刊）

第二節　画一的な国立大学とは異なる多彩な公立大学の法人化

一　法人化と改革

一九九〇年代の失われた一〇年への批判と構造改革の流れは、七〇年代の大学紛争以来社会の目から隔離された観のあった「大学」を津波のように襲ってきた。この津波は、高度専門知識をもった人材育成、先端的分野の研究開発、ともに国際競争力を失いつつあり、また、少子化のなかで多くの大学の倒産さえ予想される事態に対する危機感を背景としている。これを受けて二〇〇一年に発表された文部科学省の「大学の構造改革の方針」（遠山プラン）は、国立大学の再編・統合、国立大学の法人化による民間的経営手法の導入、COEなど競争的資金の導入を骨子とする大学改革の推進を提起した。〇三年に国立大学法人法が成立し、〇四年四月から全国の国立大学が個々に「法人化」した。文部科学省は、九一年の大学設置基準の大綱化、その後の教養部廃止や大学院重点化などを通じて大学の「内部改革」を促してきた。しかし、「法人化」は、内部改革意欲の醸成をはるかに上回るものであった。

もともと、国公立大学の法人化は、①設置者から組織としての自立、②大学運営における経営と教学の分離、③学外者の経営への参画、④理事長・学長選考システムの変更、⑤中期目標・中期計画・法人評価のPDCAサイクルの実施、以上の五点を内容とする大学経営システムの変更を迫るものである。しかし、これ自体は大学改革ではない。大学改革とは、研究水準および教育の質の向上、社会貢献の深化という「教学改革」を実現することであり、「経営革新」によってそれを経営的に保証することである。その意味では法人化は大学改革の十分条件ではなく、改革の推進に有利な条件として政策的に適用されたものであり、改革に不可欠という意味での必要条件とは必ずしもいえない。したがって、法人化しても、大学改革を担う理事長・学長をはじめとする大学執行部の力量、および「教学改革」の担い手である大学教員の研究・教育活動の姿勢と内容こそが問われている。画一的に法人化した国立大学では、予算と人員の削減だけが進むなかで、大学間の経営力格差が確実に拡大している。

この点では、公立大学の法人化は独自かつ多様な道を辿りつつある。公立大学においても、〇三年の地方独立行政法人法に基づいて法人化が可能となった。しかし、公立大学の法人化は、設置団体である地方自治体が決定する任意事項であり、画一的に法人化された国立大学と異なる。また、地方独立行政法人法第七一条で、「公立大学法人の理事長は、当該公立大学法人が設置する大学の学長となるものとする。ただし、定款で定めるところにより、当該公立大学法人が設置する大学の全部又は一部について、学長を理事長と別に任命することができる」として、理事長・学長「一致型」を原則としながら、理事長・学長「分離型」を選択することができる。法人化するか否か、法人化する場合「一致型」か「分離型」か、など設置団体の選択の余地は大きい。その結果、設置者である地方自治体は、傘下の大学との間にどのような調整を図りつつ改革しようとするかによって、法人化の形態が多様とならざるをえない。

二　多様な法人化の形態と地方自治体

二〇〇三年の地方独立行政法人法の成立を受けて、〇四年四月に秋田県を設置者とする国際教養大学が開校し、公立大学法人第一号となった。国立大学の法人化と時を同じくした。翌〇五年四月には、一五大学が大学統合を伴いつつ六つの公立大学法人に移行した。ここで、首都大学東京、大阪府立大学、横浜市立大学、北九州市立大学という伝統ある四つの大規模大学が、相次いで「法人化」したことにより、公立大学の法人化を大きな流れとした。それは、〇六年四月に一四大学が、〇七年四月に一一大学が法人化するなど、一気に加速していったことからもわかる。大規模総合大学である大阪市立大学や名

図表 1－2－2　公立大学法人一覧　単独・統合別，学長・理事長一体・分離型別

年度	法人・大学	単独・統合		一致・分離	
		単独	統合	一致型	分離型
2004	国際教養大学（秋田県）	○		○	
2005	岩手県立大学　1大，2短				○
	首都大学東京　1大，1院		5大学統合		○
	横浜市立大学	○			○
	大阪府立大学		3大学統合	○	
	北九州市立大学	○			○
	長崎県公立大学法人　2大		2008年		○
2006	札幌市立大学	○		○	
	秋田県立大学	○		○	
	福島県立医科大学	○		○	
	会津大学（福島県）		1大，1短	○	
	名古屋市立大学	○		○	
	滋賀県立大学	○		○	
	大阪市立大学	○		○	
	和歌山県立医科大学	○		○	
	山口県立大学	○		○	
	九州歯科大学（福岡県）	○		○	
	福岡県立大学	○		○	
	福岡女子大学	○		○	
	熊本県立大学	○			○
	大分県立看護科学大学	○		○	
2007	北海道公立大学法人札幌医科大学	○		○	
	福井県立大学	○			○
	静岡県公立大学法人		1大，1短		○
	愛知県公立大学法人　2大		※		○
	神戸市外国語大学	○		○	
	奈良県立医科大学	○		○	

年度	法人・大学	単独・統合		一致・分離	
		単独	統合	一致型	分離型
2007	島根県立大学		1大，1短	○	
	岡山県立大学	○		○	
	県立広島大学		2005年，3大学統合	○	
	下関市立大学	○			○
	宮崎公立大学	○			○
2008	青森県立保健大学	○		○	
	公立はこだて未来大学	○		○	
	京都府公立大学法人		2大統合		○
2009	青森公立大学	○			○
	宮城大学	○		○	
	山形県立保健医療大学	○		○	
	新潟県立大学	○		○	
	都留文科大学（山梨県都留市）	○			○
	三重県立看護大学	○		○	
	高知工科大学	○			○
2010	埼玉県立大学	○			○
	金沢美術工芸大学	○		○	
	山梨県立大学	○		○	
	岐阜県立看護大学	○		○	
	静岡文化芸術大学	○			○
	新見公立大学（岡山県新見市）		1大，1短	○	
	広島市立大学	○		○	
	愛媛県立医療技術大学	○		○	
	名桜大学（沖縄県名護市）	○			○

大学だけのところは，公立大学法人○○大学

統合のみ，兵庫県立大学（2004年，3大学），県立広島大学（2005年，3大学）

※愛知県立大学（2009年，2大学統合）

出典：矢田俊文「公立大学の法人化」『IDE』2007年2〜3月号（一部加筆・修正）

図表１－２－３　公立大学の法人化（公立大学協会）

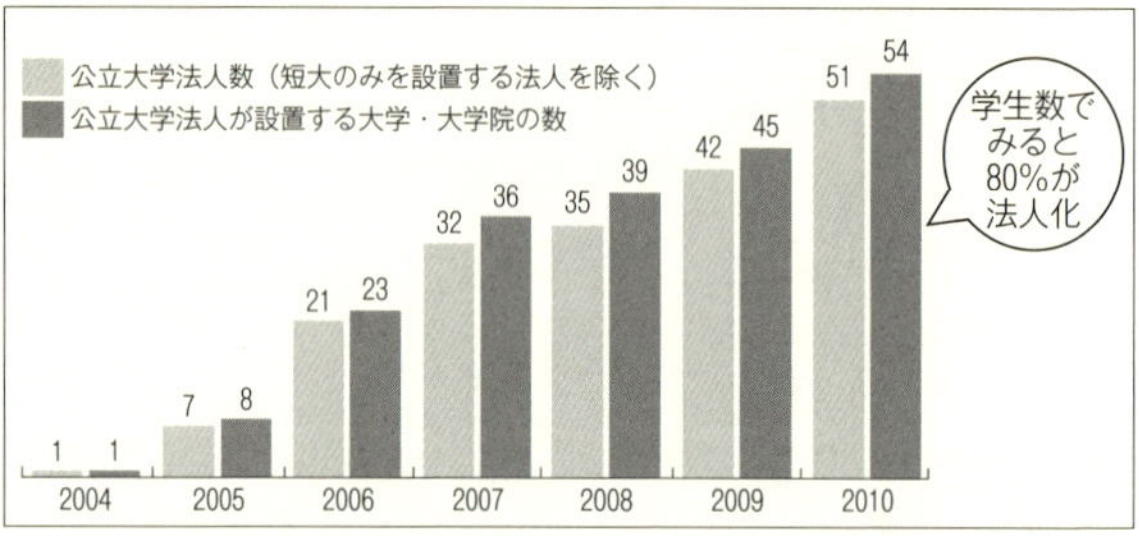

注：割合は2010年度学生数

図表１－２－４　公立大学の再編・統合（公立大学協会）

〈再編前〉	〈再編後〉	〈基本理念〉
姫路工業大学 神戸商科大学 兵庫県立看護大学	兵庫県立大学 2004年４月開学	豊かで多様な自然に恵まれ，世界に開かれ日本の近代化を先導した地域としての特性と阪神・淡路大震災の経験を生かしつつ，人文・社会科学系と自然科学系との融合を重視した教育と研究を推進し，地域社会や国際社会の発展に貢献し得る創造力を持つ人間性豊かな人材を育成するとともに，兵庫の地における総合的な「知の拠点」として先導的・独創的な研究を展開し，学術的な新知見を国内外に発信して地域の活性化と我が国の発展、ひいては世界・人類の幸せに貢献する個性豊かな大学を目指す。
東京都立大学 東京都立科学技術大学 東京都立保健科学大学 東京都立短期大学	首都大学東京 2005年４月開学	「大都市における人間社会の理想像の追求」を使命とし，現代の都市社会に不可欠な創造力・課題解決力及び幅広い視野を養う人間教育を実践するとともに，アジア共通の大都市の課題に立脚した教育研究に取り組む。
山梨県立女子短期大学 山梨県立看護大学	山梨県立大学 2005年４月開学	地域に開かれた大学であり，地域的視点と地球的視点，個別的視点と総合的視点を兼ね備えた知を創造・継承・活用すること，即ち，人間や社会に対する学問的探求，豊かな人間性と専門的職業能力を備えた人材の育成，地域社会に対する実践的貢献を通して，豊かで生き生きとした社会の発展に寄与することを目指します。
大阪府立大学 大阪女子大学 大阪府立看護大学	大阪府立大学 2005年４月開学	■「知」の創造拠点の形成……豊かな社会につながる独創的・先駆的で高度な研究を推進する大学　■社会を支え，リードする人材の養成……幅広く深い教養に裏打ちされた「高度専門職業人」を養成する大学　■「知」の活用と地域貢献（・大阪産業の活性化……「センター・オブ・エクセレンス」として大阪産業活性化に貢献する大学／・「知」の交流拠点……地域はもとより，アジア・太平洋地域にも存在感のある大学）■戦略的・弾力的な大学運営の実現……確かな経営感覚の下で，戦略的・弾力的に運営する大学
県立広島女子大学 広島県立大学 広島県立保健福祉大学	県立広島大学 2005年４月開学	県が設置する大学として，地域に貢献する「知」の創造・応用・蓄積を図り，「地域に根ざした，県民から信頼される大学」を目指して，教育・研究・地域貢献活動を積極的に推進する。
長崎県立大学 県立長崎シーボルト大学	長崎県立大学 2008年４月開学	長崎の歴史・文化・地理的特性を踏まえ，県立の大学として，地域経済の発展と県民の健康・生活・文化の向上を図る学術文化の中心としての役割を担うべく，「人間を尊重し平和を希求する精神を備えた創造性豊かな人材の育成」「長崎に根ざした新たな知の創造」「大学の総合力に基づく地域社会及び国際社会への貢献」を理念・目的としています。
愛知県立大学 愛知県立看護大学	愛知県立大学 2009年４月開学	■「知識基盤社会」といわれる21世紀において，知の探求に果敢に挑戦する研究者と知の獲得に情熱を燃やす学生が，相互に啓発し学びあう「知の拠点」を目指す。■「地方分権の時代」において，高まる高等教育の需要に応える公立の大学として，良質の研究とこれに裏付けられた良質の教育を進めるとともに，その成果をもって地域社会ならびに国際社会に貢献する。■自然と人間の共生，科学技術と人間の共生，人間社会における様々な人々や文化の共生を含む「成熟した共生社会」の実現を見据え，これに資する研究と教育，地域連携を進める。

古屋市立大学だけでなく、福島県立医科大学、和歌山県立医科大学、九州歯科大学、大分県立看護科学大学など医療系の単科大学も法人化された。これによって、〇六年四月時点で七六の公立大学のうち、二二大学が二一の公立大学法人のもとにおかれ、法人化率は約三割となった。さらに〇七年四月には一二大学が一一法人に集約され、法人化率が約半分（34／72）に達した。続いて、〇八年四月には三大学、二〇〇九年四月には五大学が法人化し、同時に高知工科大学が公設民営から公立大学法人となり、新潟県立大学が公立大学法人として新設された。直近の二〇一〇年四月には、広島市立大学、山梨県立大学など六大学が法人化し、さらに、静岡県の静岡文化芸術大学と沖縄県名護市を核とする北部広域市町村圏事務組合立の名桜大学が公設民営大学から公立大学法人に移行し、また、岡山県新見市の新見公立大学が設置された。こうして、二〇一〇年度までに法人化したのは約三分の二の五一法人、五四大学である。残る大学の多くが規模の小さな大学であるため、学生数では八〇％強が公立大学法人に属している（図表1-2-2、3）。これには、〇六年五月成立の行政改革推進法で、「公立の大学について組織形態の在り方を見直し、公立大学法人への移行を推進するものとする」とされていることも大きく影響している。法人化の流れは決定的となった。

ところで、〇六年四月法人化の先陣を切った六つの公立大学法人は、それぞれ多様な形態をとった。

首都大学東京は、東京都立大学、都立科学技術大学、都立保健科学大学、都立短期大学の四大学が統合し一法人となるとともに、学部編成も都市教養学部、都市環境学部、システムデザイン学部、健康福祉学部の四学部と極めて大括りに再編した。また、同じ法人は産業技術科学大学院をも経営し、一法人二大学体制となった。横浜市立大学は、学部を国際総合科学部と医学部の二つに集約して法人に移行した。大阪府立大学は、大阪女子大学と大阪府立看護大学を統合して一法人とするとともに、人間社会学部、経済学部、理学部、生命環境科学部、工学部、総合リハビリテーション学部、看護学部の七学部に再編成した。三大学とも、法人化とともに、大胆な大学統合ないし学部統合を断行した（図表1-2-4）。

同じく同一自治体複数大学を擁していた、山梨、広島の二県では、いずれも二〇〇五年に統合して数年後に法人化した。具体的には、山梨県は女子短期大学と看護大学を統合して山梨県立大学とし一〇年に法人化し、広島県は広島女子大学、広島県立大学、保健福祉大学を統合して県立広島大学とし〇七年に法人化した。他方、岩手と長崎の二県は、大学を統合せずに複数大学一法人という形をとった。具体的には、岩手県は、〇五年に岩手県立大学、盛岡短期大学、宮古短期大学の三大学を公立大学法人岩手県立大学の傘下におきながら三大学をそのまま並存させ、長崎県も同じ年、長崎県立大学と長崎シーボルト大学を長崎県公立大学法人のもとでの複数大学として並存させた。ただ、長崎県は、〇八年に改めて二大学を統合し、長崎県立大学に一本化した。京都府でも、〇八年京都府公立大学法人の傘下におきつつ、府立医科大学と府立大学をそれぞれ独自の大学として存続させた。愛知県では、傘下に三大学を擁していたが、〇九年に愛知県公立大学法人に一本化するとともに、県立大学と県立看護大学を統合して愛知県立大学としながら、県立芸術大学と並存する体制をとった。また、複数大学を擁しながら、それぞれが別々に法人化するケースもあり、秋田県の、国際教養大学（〇四年法人化）、秋田県立大学

（〇六年法人化）、福島県の県立医科大学、会津大学（いずれも〇六年法人化）、福岡県の福岡女子大学、九州歯科大学、福岡県立大学（いずれも〇六年法人化）などである。さらに、複数大学を擁しながら、法人化する大学としない大学をともに抱えている自治体もある。新潟県では新潟県立看護大学は法人化せず、〇九年に新潟県立大学が法人として新設された。奈良県では、奈良県立医科大学が〇七年に法人化しながら、奈良県立大学は法人化していない。神戸市でも、神戸市外国語大学が〇七年に法人化し、神戸市看護大学は法人化していない。そのほか、特記すべきことは、兵庫県では、すでに高いブランドを確立していた神戸商科大学と姫路工業大学が兵庫県立看護大学と合併し、〇八年に兵庫県立大学として法人化せずに再出発したことである。

これに対し、北九州市立大学は、学部・学科の再編も行わずに法人に移行した。公立大学の先発校である大阪市立大学、名古屋市立大学、札幌医科大学をはじめとする医科・歯科の単科大学もこのグループに属する。

いずれにしても、〇六年度までの法人化の形態にすでに、典型的なパターンが出揃った。ここで、再編統合せずにそのまま法人化に移行するか、複数大学の統合によるか（一法人が複数大学をもつものを含む）、理事長・学長が一致しているか分離しているか、二つの指標でパターン化することができる。

国立大学は「移行・一致型」が主流で、「統合・一致型」が幾つかみられる。前者と同じ形態をとる公立大学は大阪市立大学、名古屋市立大学をはじめ公立大学でも主流である。後者（「統合・一致型」）と同じ形態をとる公立大学は大阪府立大学である。これに対し、横浜市立大学、北九州市立大学、熊本県立大学は「移行・分離型」、首都大学東京、岩手県立大学、長崎県立大学、愛知県立大学は「統合・分離型」のパターンを採用した。

〇六年度設置の一四法人中一二法人は、「移行・一致型」と国立大学法人と同一の形態に収斂した。会津大学が短期大学を統合したため大阪府立大学と同じ「統合・一致型」となり、熊本県立大学が理事長・学長分離型を採用したため北九州市立大学と同じ「移行・分離型」となった。一三法人のなかには、医科・歯科・看護などの医療系の単科大学をはじめ他の大学との統合になじまないと判断されたものも少なくなく、これらの大学を抱える福島県（二法人）、福岡県（三法人）、大分県（二法人）は、一自治体複数大学でも統合せず、それぞれに法人化している。

〇七年四月以降法人化した三〇大学では、再び多様化の動きを見せている。国立大タイプの「移行・一致型」は道立札幌医科大学、神戸市外国語大学、宮城大学、奈良県立医科大学、など一五法人で最も多いものの、大阪府立大学タイプの「統合・一致型」は、島根県立大学と法人化前に三大学を統合した県立広島大学、新見公立大学の三法人、「統合・分離型」は静岡県立大学、愛知県立大学、京都府公立大学、の三法人で、首都大学東京タイプに近い。北九州市立大学タイプの「移行・分離型」を選択したのは、福井県立大学と下関市立大学、宮崎公立大学、青森公立大学、都留文科大学、高知工科大学、埼玉県立大学、静岡文化芸術大学、名桜大学の九法人と比較的多い。〇六年度は〇四年度の国立大学法人化を参考にし、〇七年度は〇五年度の公立大学の多様な法人化を参考にしたとみられる。このように、多様なタイプの法人化の形態から、法人化を選択した設置団体としての地方自治体の改革に対する姿勢の違いを垣間見ることができる。

まず、同一自治体のもとに複数の大学・短期大学を有する場合、大学内部から統合が提起されることがほとんどないことから、自治体の意向が強く働いていると見られる。伝統ある女子大学や短期大学をもっている府県では同窓会などの強い抵抗がありながら、統合することにより教員や施設などの教育資源を一体的に活用しつつ、時代の要請に応じた学部の創設を意図して大学を統合し、学部・学科の思い切った再編を断行している。首都大学東京が典型である。一法人複数大学化によって、大学の存続を選択したのは、岩手県、愛知県、京都府である。いずれも、理事長・学長分離型を採用し、大学経営のトップに財界や自治体などの学外人を配置し、孤立しがちな大学世界とステークホルダーである地域住民との協調を意図している。分離型をとり学部を大幅に再編し、トップを入れ替えた横浜市立大学も同様である。これらは、圧倒的な自治体主導の「外圧型改革」と言えよう。改革を巡って、理事長・学長など執行部と「教学」の担い手である大学教員との厳しい調整が大きな課題となってくる。これに対し、大阪府立大学は、法人化とともに複数大学の統合、学部の再編を行ったものの、理事長・学長一致型を選択し、統合・再編のリーダーであった当時の学長をそのまま新理事長・学長に任命した。法人化後の「改革の持続」を展望し、大学内部の改革の流れを尊重したと見ることができる。これも新知事の誕生によって大きく揺れている。

三　北九州市立大学の法人化と改革

北九州市立大学は、理事長・学長分離型の法人化形態を選択した。理事長に元新日鐵副社長の阿南惟正氏を、学長に元九州大学副学長である私を選任した。経営のトップに財界人をあてるとともに、学長も学外から招致したことになる。設置者である市当局は、明らかに経営陣の一新を狙ったといえる。しかし、同じ分離型をとった首都大学東京や横浜市立大学と違って、法人化時には学部・学科の再編など大胆な「教学改革」を実施したわけではなかった。改革のほとんどを中期計画に盛り込み、その実現を新執行部に任せた。

しかし、法人化の前にすでに大胆な改革が実行されていた。市当局は、一九九六年に北九州新大学設立検討委員会（会長：有馬朗人元東京大学総長）を設置し、翌九七年に「北九州学術・研究都市における新大学構想」という報告書を受け取った。それ以前から、市当局は市内若松区に広大な新キャンパスの造成を開始し、企画・学術振興局に文部省の高等教育局の歴代の大学課長補佐等を局長に迎え、新大学構想を練っていた。市は、有馬委員会の構想を受けて本格的な大学づくりを進めた。二〇〇一年に新たに「ひびきのキャンパス」を開設し、北九州市立大学国際環境工学部を新設した。この結果、北九州市立大学は、約五〇年の歴史をもつ北方キャンパスの外国語、経済、文、法の文系四学部と一体となり、二キャンパスに文理五学部をもつ総合大学となった（その後一学群を新設）。法人化前に大きな大学再編をし、大学改革の必要性とそのためのノウハウは自治体内部に蓄積されていた。

市当局は、この実績の上に北方キャンパスを含む大学全体の改革に乗りだし、その契機として「法人化」路線を選択した。〇三年六月に市長が法人化を目指すと議会答弁し、七月に中嶋嶺雄氏を委員長とする「北九州市立大学の今後の在り方検討委員会」を設置し、十二月に「北九州市立大学改革プラン」と銘打った報告書が出された。これを受けて、市は〇四年三月に理事長候補となる阿南惟正氏を委員長とし、産業学術振興局長ら市の幹部、大学の学長・副学長、財界人などからなる「北九州市立大学設立準備委員会」を立ち上げた。この動きに危機感を持った大学側は、学長・副学長・学部長・事務局長らからなる「北九州市立大学法人化学内準備委員会」を設置し、学内の意見を集約した。ここで「法人設立準備委員会」の事務局は市の産業学術振興局で、「学内準備委員会」の事務は大学事務局が担当し、二委員会の綿密な連絡のもとで、法人のスキームと中期目標、中期計画づくりを行った。市当局主導とはいえ、大学側の意見を積極的に取り入れ、大きな対立もなく「法人化」案がつくられた。そのポイントは、分離型の採用であり、「教学改革」や「経営革新」についての骨格は中期計画に盛り込まれ、その実行はすべて法人化後に先送りされた。理事長・学長の就任待ちとなった。

首都大学東京等の「外圧型改革」、大阪府立大学等の「内外調整型改革」に対し、本学は「分離型」でトップの人事を一新した点では前者、改革の中味を設置者と大学の共同で作成した点では後者にそれぞれ近似していた。ただ、「教学改革」の真の担い手となる多くの教員の意欲はしっかりと保持され、法人化後の改革の推進力となったことは、改革の持続という点で大きな意味を持った。

いずれにしても、一方での設置者主導の法人化とその後の外圧的な改革の実施、他方での設置者と学内との調整型の中期計画の策定と法人化後の内部改革の持続、という二つのパターンのどちらを後続法人が選択するかが問われている。ただ、こうした高い改革意欲が後景に退き、「予算や人員の一律削減」に強い動機付けのみが働く第三の法人化路線が蔓延していく可能性は否定できない。今後の動向が注目される。

（「公立大学の法人化」『ＩＤＥ』二〇〇七年二～三月号に加筆修正）

第三節　財源構成によって大きく異なる公立大学の改革

一　国立大学改革の同質化と私立大学の二極分解

一九九〇年代後半から怒涛のごとく進展している文部科学省主導の高等教育政策のもとでの各大学の改革は、どのように実行されているのか。突き動かしている原動力は何なのか。いずれも大学を支える財政基盤と深く関わっている。「選択と集中」政策のもとでの基盤的経費の削減と私立大学国庫補助という財政の流れが大学改革を大きく枠づけている。

法人化直前の二〇〇三年度の国立大学への基盤的経費は一兆五一八九億円で六年後の〇九年度では一兆一一九八億円と三九九一億円減少し、七三％にまで落ち込んだ。代わって、競争的・重点的経費は、二六六九億円から一・六倍の四三三三億円にまで増加した。そのなかで、国立大学は、競争的資金の確保が最重点課題で、ＣＯＥやＧＰ、科学研究費補助金の獲得のために、学内の教員をどのようにまとめ、どのようなテーマで応募するかが学長の手腕となる。ボディブローのように効いている基盤的経費の削減を抑えるため、大学評価・学位授与機構などの高い評価を得ようと、ＰＤＣＡサイクルの稼動に取り組み、現場の教育改善が進んでいる。しかし、研究・教育の自由と多様性を尊重すべき大学が、「規制と財政誘導」による政策のもとで同じ方向に航行している。「国立大学改革の同質化」が危惧される。

他方、学生数の四分の三近くを擁している私立大学は、一八歳人口の減少のなかで最大の財源となる授業料収入確保に傾注せざるをえない。すでに約四割の私立大学が学生定員を確保できずに経営難に直面している。首都圏や関西圏の伝統ある大規模大学は、次々に学部を新設して学生数を増やし、ここで得た資金を、既存高校の買収による附属高校化などに投入して、学生の安定的確保に必死になっている。地方の私立大学は、受験生確保に地元の高校回りを繰り返し、留学生確保に頻繁に中国を訪問する。二極分解が進んでいる。

両者ともに、肝心の研究・教育に割く時間が減るというパラドックスに直面している。国の発想を超えた大学内部からの創造的改革は、幾つかの大学を除いてあまりお目にかからない。

二　多様な公立大学の財政基盤と大学改革

財源の確保を大学改革の原動力とみるなら、公立大学の財源は多様であり、したがって改革の方向も

図表1－2－5　2008年度公立大学財源構成（公立大学協会資料より作成）

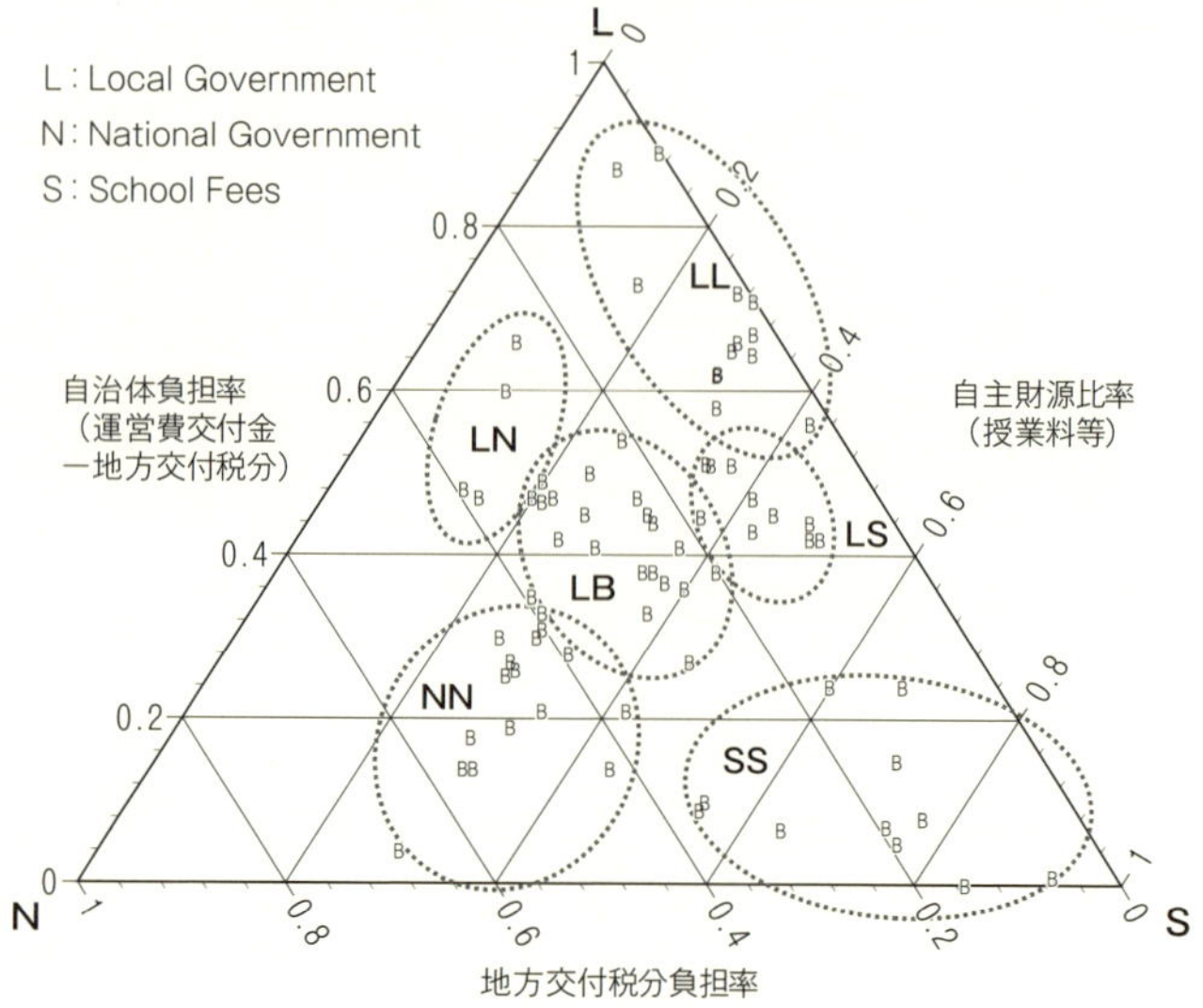

LL
札幌市立，首都東京，産業技術院
神奈川保健，愛知県立，愛知芸術
愛知看護，情報芸術院，横浜市立
名古屋市立，大阪市立

LS
金沢美術，京都芸術，沖縄芸術，広島市立
名寄，前橋工科，神戸外語，宮崎公立
国際教養，群馬女子，高知女子，福岡女子
岐阜薬科，静岡県立，大阪府立，島根県立

LN
札幌医科，福島医科，京都医科
和歌山医科，九州歯科

LB
岩手県立，会津，宮城，埼玉県立，山梨県立
石川県立，福井県立，京都府立，兵庫県立
岡山県立，県立広島，山口県立，福岡県立
茨城医療，群馬健康，神戸看護，香川保健

NN
はこだて未来，青森保健，山形保健
新潟看護，長野看護，石川看護
岐阜看護，三重看護，愛媛医療
大分看護，宮崎看護，沖縄看護
奈良医科，秋田県立，富山県立
滋賀県立

SS
釧路公立，青森公立，高崎経済，都留文科
尾道，下関市立，北九州市立，奈良県立
熊本県立，長崎県立

自在である。公立大学では、附属病院経費を除く経常経費の財源は、学生からの授業料・入学金、地方自治体からの運営費交付金、それに外部資金によって構成されている。ここで、地方自治体からの運営費交付金の中身は、総務省からの地方交付税のなかの大学分が含まれている。そこで、運営費交付金から交付税の大学負担分を引くと、自治体負担分が算出できる。したがって、公立大学の財政は、外部資金を除けば、①授業料等の「自己財源」、②設置者独自の負担分、③総務省の地方交付税大学分の三つによって構成されている（図表1-2-5）。

そこで、二〇〇八年度の七五公立大学の三つの財源を試算し、その構成比率を三角グラフにプロットしてみた。どの財源にどの程度依存しているかで、大きく六つのグループに分類できる（図表1-2-5）。

まず、交付税負担率が極端に低く、ほとんどを自治体の負担に依存しているのは、財政力指数の高い自治体が設置している首都大学東京、大阪市立大学、名古屋市立大学、横浜市立大学などである（LL型）。第二次大戦後の学制改革のとき、すでに国立大学なみの総合大学として発足し、多数の学部を擁する大規模大学である。財政的にも最も安定し、ブランドの高い他の国立や私立大学とともに、国際水準の研究・教育の構築が改革の中心となっている。横浜市立大学では、英語実践力の養成のため、全学生にプラクティカル・イングリッシュを必修にしている。このグループに属していないが三大学を統合した大阪府立大学や兵庫県立大学、理工系学部を新設して総合大学となった北九州市立大学を加えた七つが、規模的には中核となっている。財政力指数の高い愛知県立大学もLL型である。

もう一つの伝統的大学群は、札幌医科、福島医科、京都医科、和歌山医科、そして九州歯科の単科医科、歯科大学である。いずれも戦後の学制改革とともに医科大学や医、歯専門学校を母体に、公立の医科、歯科大学となった。学生数が少ないため自己財源依存率は極端に少なく、交付税大学分算定単価が高いことから自治体支出と交付税の二つに依存している（ＬＮ型）。自治体財政が厳しいなか懸命の経営努力がなされている。とくに、福島、和歌山に奈良を加えた三県では国立大学に医学部附属病院がない。「地域医療の最後の砦」である公立大学病院も長い間建替えが困難な状況にある。二〇〇一年の三位一体改革によって、ひも付き補助金が廃止され、国の支援の道も断たれている。住民医療の危機でもある。

第三のグループは授業料などの自己財源比率がとくに高い大学群である。一九五〇年代から六〇年代にかけて、高崎、都留、下関など小さな地方中核都市で設置された。さらに九〇年代以降も前橋、名寄、尾道などの都市を母体に四年制大学が設置された。また、釧路、函館、青森、宮崎などの地方中核都市と周辺自治体で広域連合や事務組合を結成して大学を新設した。その多くは、経済や人文系の単科大学で、交付税大学分単価が低く、自治体の財政力が低いため、授業料収入にほとんど頼らざるをえない（ＳＳ型）。経営戦略の中心は、学生の安定的確保であり、地域に信頼される教育の質の向上と地域貢献が改革の大きな柱となっている。北九州市立や奈良、長崎、熊本などの県立大学も文科系学部が中心で財源的にはこのグループに入っている。高崎には「地域政策」、奈良には「地域創造」、北九州には「地域創生」など地域を担う人材養成という特色ある学部や学群を設置している。

一九五〇年代から六〇年代に京都市立芸術、金沢美術工芸、愛知県立芸術、八〇年代に沖縄県立芸術などの芸術系大学が設置された。さらに九〇年代に広島市立大学芸術学部、〇一年に尾道大学にも芸術文化学部が新設され、六つの公立大学に芸術系学部がある。この分野の国立大学が東京藝術大学のみであることを考えれば、地方自治体が国の政策の弱点を補完していると言える。交付税単価は理系の半分程度と低いため、交付税負担額が二〇％を割り、自己財源と自治体負担に依存する程度が高い（ＬＳ型―愛知芸術を除く）。金沢、京都、沖縄など芸術を大切にする地域の文化を支えている。神戸市外国語など伝統ある大学も地域性を反映した人材育成が使命である。

一九九二年の「看護師等の人材確保の促進に関する法律」を機に多くの県が新設した看護大学や健康・医療・福祉系の単科大学は、地域医療の強化を図ろうとする多くの自治体の意向を反映している。交付税単価が比較的高く、自治体負担が小さくてすむことから国税依存率が四〇％以上と高い（ＮＮタイプ）。名寄から沖縄まで国土全域にわたって設置された。地域を支える看護・保健・福祉系の人材を養成することこそが大学の使命である。また、この分野での独創的な地域貢献を進めている。青森県立保健大学が看護技術の学び直しによって、職場復帰を考えている看護師を支援し、大分県立看護科学大学では全国に先駆けて修士課程でＮＰ（ナースプロテクショナー――診療看護師）の養成を開始した。沖縄県立看護大学では島嶼看護の高度実践指導者の育成を行っている。

九〇年代後半からの公立大学の急増を支えたもう一つの柱は、短期大学、女子大学、単科の専門大学を母体に県立総合大学になったグループである（ＬＢタイプ）。岩手、宮城、山梨、福井、岡山、広島、山口、福岡などである（同じ県立総合大学のなかでも秋田、富山、滋賀はNNタイプ、静岡、島根はLSタイプ、熊本、長崎はSSタイプに属する）。三つの財源がバランスしており、比較的フリーハンドで改革を進めている。秋田県立大学では独自に麹菌や酵母を開発し、独自ブランドの日本酒の製造など地域産業との連携を深めている。福岡県立大学では、不登校・ひきこもりサポートセンターをつくり、教職員・大学院生・学生が一体となって取り組み、地域から高い評価を得ている。

（「公立大学の財源構成と改革の方向」『IDE』二〇一〇年一月号）

第四節　行政の「縦割り」と「横割り」の狭間に悩む公立大学

二〇〇九年十一月二十日、公立大学協会会長である私、副会長である小林俊一秋田県立大学長、江里健輔山口県立大学長、中田晃事務局長の四人で文部科学省を訪れ、川端達夫大臣を表敬訪問した。中川正春、鈴木寛両副大臣も同席し、予定を超えて三〇分間話すことができた。

公立大学協会の会長に就任すると、国立大学協会会長や私立大学団体連合会会長と対等に扱われるため、大学を代表する公式の会議や行事に頻繁に招待される。十一月は、十二日の国立劇場で開催された「天皇陛下在位二十周年記念式典」、翌十三日の「宮中茶会」に出席する機会に恵まれた。十月二十三日の「園遊会」はご招待をいただいたものの、大学評価・学位授与機構の認証評価委員による本学訪問日と重なり、学長として対応せざるをえず、残念ながら出席できなかった。十二月一日は公立大学六〇周

図表１－２－６　国公私立大学の財源構成（2008 年度）

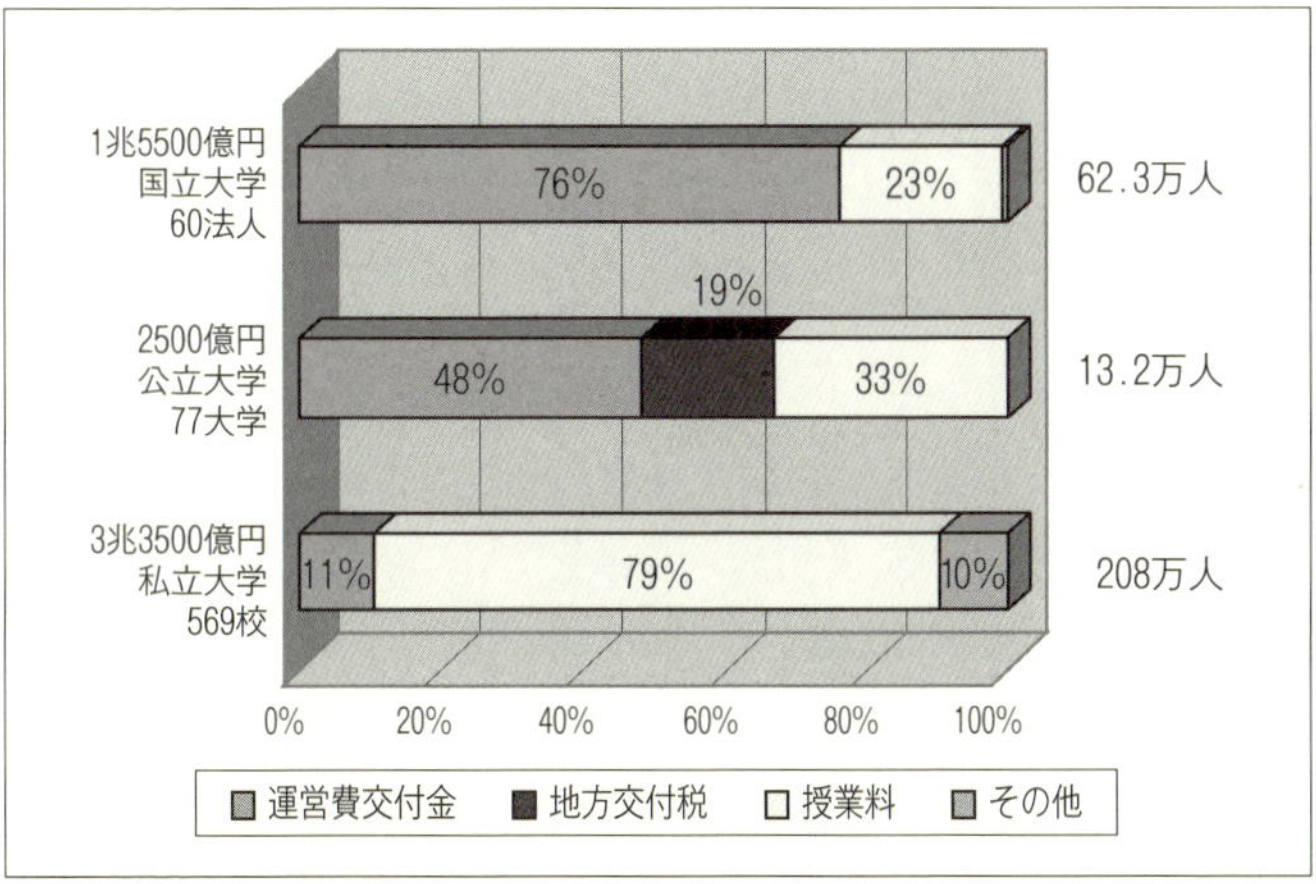

文部科学省，公立大学協会，日本私立学校振興・共済事業団より作成

図表１－２－７　公立大学と国・地方の行財政分担制度

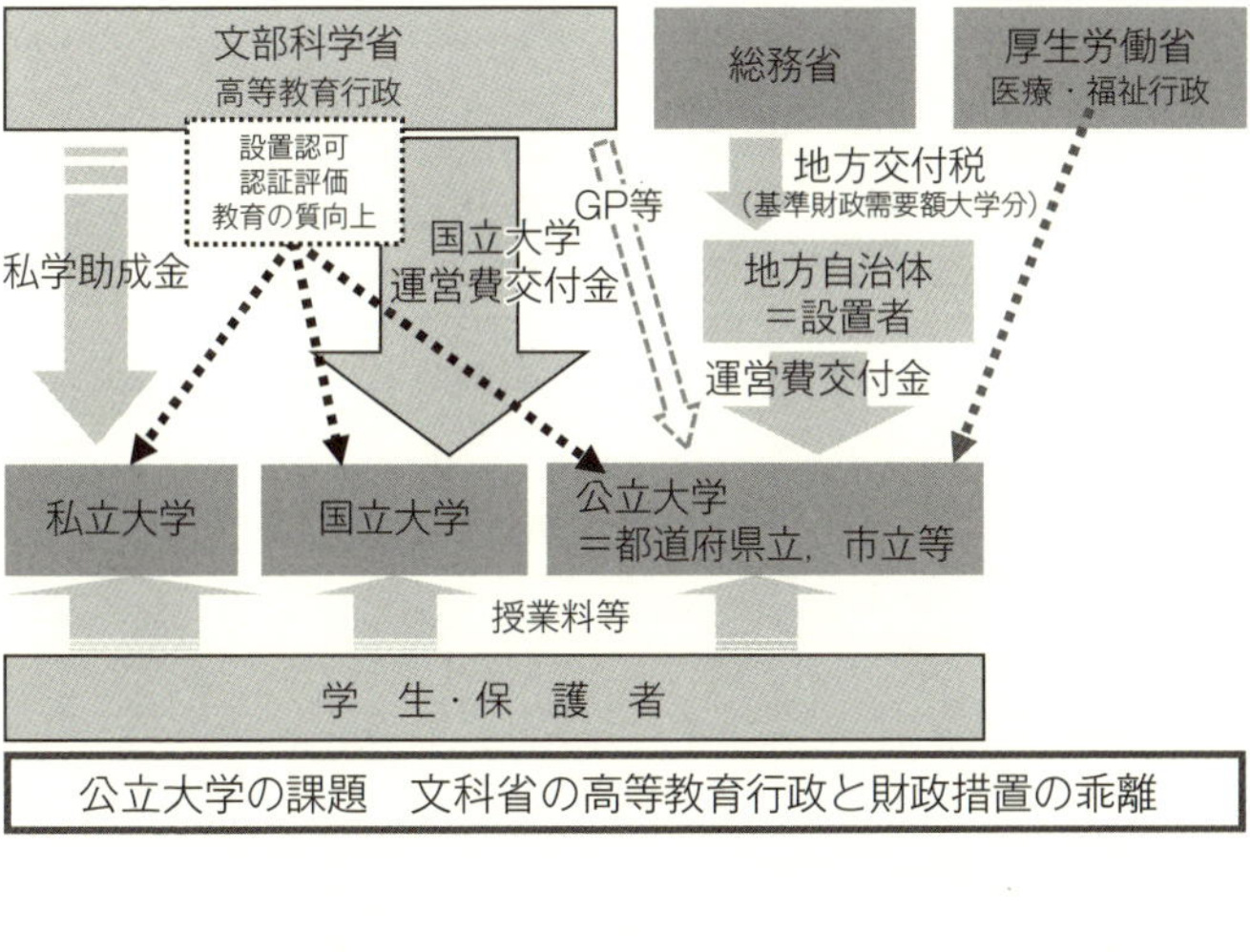

年記念式典とシンポジウムが開催された。式典への正式の招待状を手渡すことも大臣訪問の目的であった。わずかな時間であったので、公立大学が直面する大きな課題に絞って、説明することにした。

一般に、国の施策は、当該分野を所掌する政策とこれを実行する団体への財政措置が対応する。文部科学省の高等教育行政においては、八六の国立大学へは、運営費交付金（基盤的経費）として〇九年度一兆一一九八億円、それに競争的・重点的経費は、四三三三億円の大部分が支払われている。また、五百余の私立大学にも〇九年度三二一八億円もの私学助成金が支払われている（図表1-2-6は〇八年度）。こうした資金の流れが、高等教育の担い手である大学というプレーヤーの活動をコントロールするのに決定的な役割を果たしている。しかし、公立大学には、競争的・重点的経費の一部が流れているものの、文部科学省ルートからの経常費の支援はない（図表1-2-6、7）。

〇八年度、七五の公立大学の経常経費は二五五一億円（附属病院経費を除く）のうち、学生の授業料が八四七億円で、それ以外の一二二八億円は、設置者である都道府県や市による運営費交付金でまかなわれる。国立大学は国が、公立大学は地方自治体が、それぞれ運営費交付金を支払うのは、設置趣旨からみれば当然のことである。しかし、自治体の支払う運営費交付金のうち約四〇％に当たる四七六億円は、総務省が自治体に交付する「地方交付税」によって負担されていると推定される。迂回して国税が投入されているのである。

公立大学は、教育と研究の自由を原則としつつ、設置団体の自治体政策の指導を受けるとともに、国立大学や私立大学と同様、文部科学省の高等教育政策の枠の中にある。しかし、設置団体である各自治体、それを財政的に支援する総務省は、文部科学省の高等教育政策を実行するために財政支出する義務はない。他方、公立大学は、次々に打ちだされる文部科学省の高等教育政策を実行することを求められる。

具体的には、留学生三〇万人計画の推進策に対し、留学生を増やすのに必要な日本語教師の採用枠拡大や寮の整備費用が文部科学省から国立大学や私立大学に手当されながら、公立大学に支払われることはない。また、大学病院や校舎などの施設整備についても、院内感染の防止や耐震化率の向上から国立大学はもちろん私立大学にも文部科学省の支援予算が組まれているが、築三〇年から五〇年以上も経た公立大学附属病院や図書館などの改築は、当該自治体の判断に任され、財政困難な自治体ではすぐには対応できない。

高等教育行政とそれを支える財政システムとの乖離のなかに公立大学特有の困難さがある。この点の改善を大臣に強く要請した。

（「公立大学の苦悶　国の高等教育政策と財政支援の乖離」『ひろば北九州』二〇一〇年二月号）

第五節　「地域医療の砦」・公立大学附属病院について考える

高齢化時代において国民の医療に対する関心は急速に増加している。こうしたなかで、全国的に配置されている国公私立大学の医学部および附属病院は、日進月歩する医学と先端医療を武器に地域医療の拠点として大きな役割を果たしている。とくに、国公立大学は、高等教育の機会均等、高度医療機会の均等の観点から、全国的に比較的均等に分布している。戦後の学制改革で旧制大学の医学部に加え、新たに幾つかの国立大学医学部が設置され、地域的不均等はある程度改善された。さらに、四半世紀を経た一九七〇年代後半になって、国立大学医学部のなかった県に相次いで国立の医科大学が設置され、地域間均等は一層強化され、多くは二十世紀末に、国立大学医学部として統合された。

しかし、これによって全都道府県に国立大学医学部・附属病院が配置されたわけではない。四七都道府県で依然として国立大学医学部・附属病院が設置されていないのは、七県ある。このうち、福島、奈良、和歌山の三県には県立医科大学、神奈川県には横浜市立大学などの公立大学医学部・附属病院があり、国立大学に代わって「地域医療の砦」となっている。栃木県には総務省が支援する自治医科大学がある。岩手、埼玉の二県だけ国公立大学の医学部・附属病院がない。低授業料での医師の養成や先端医療の提供機会には、依然地域間不均等は残されている。さらに、国立大学と公立大学の附属病院間にも、施設整備などにおける格差が存在している。

公立大学医学部の附属病院は、九病院で一五病棟ある（図表1-2-8、9）。これら病棟のうち建築後三〇年以上経たものが三棟、二〇年から三〇年経過したものが五棟、二〇年未満のものが七棟である。三〇年以上の三棟のうち二棟については建替え工事中であり、一棟は老朽・狭隘化の解消、耐震診断が急がれているが、いまのところ建替えの見通しが立っていない。また、二〇年から三〇年経過した五棟については、いずれも老朽化・狭隘化の進行、全面改修の必要、改修計画中などの報告が寄せられてい

図表1－2－8　公立大学附属病院の施設状況（公立大学協会）

	㎡	竣工・全面改築年	課　　題
（道立）札幌医科大学附属病院	64,933	1983（85年増築）	狭隘化が著しい
福島県立医科大学附属病院	64,193	1987年	老朽化著しい
茨城県立医療大学附属病院	13,450	1996年	老朽化進行
横浜市立大学附属病院	59,082	1991年	
市民総合医療センター	12,129	1989～99年	
名古屋市立大学附属病院中央診療棟	64,615	2003年	
外来診療棟	9,799	2006年	
京都府立医科大学附属病院外来棟	9,170	1961年，63年	建替中
附属小児疾患研究施設	3,707	1982年	改修計画中
その他病棟，診療棟	53,372	1982～89年	全面改修必要
大阪市立大学医学部附属病院	86,878	1992年	設備更新必要
奈良県立医科大学附属病院本館	29,207	1962，81年	老朽，狭隘化
病院第二本館	37,813	1997，2003年	
和歌山県立医科大学附属病院	84,531	1999年	
紀北病院	11,804	1961～73年	2008～10年建替工事中

図表1－2－9　全国の公立大学附属病院の配置（公立大学協会）

る。新・改築後二〇年近い七棟についてもいくつかは、建物更新の必要性を訴えている。大学病院が十分に機能していくための建物の耐用年数は、一概に規定できないが、相次ぐ大規模地震による建築基準法の改正に伴う耐震基準の強化、先端医療技術の発展と高度医療機械の開発・設置の必要、高齢化に伴う市民の健康への関心の増大などを考慮すると、「地域医療の拠点」となっている大学病院の老朽化・狭隘化対策、耐震構造強化は、いずれの地域においても喫緊の課題であり、とくに二〇年以上の建物の放置は見逃すことができない。

国立大学の附属病院においては、二〇〇四年の全国一斉の法人化とともに、大学独自に外部資金の借入れが可能になり、安定した収入の見込める附属病院について老朽化したものから順次建替えが進んでいる。他方、公立大学法人は、外部資金の借入れも大学債の発行もできない。増改築は、専ら設置団体である自治体の判断に頼らざるをえない。一般的には、ほとんどの地方自治体財政は逼迫しており、膨大な費用を要する大学の附属病院の大規模増改築には積極的ではない。他方で、医学教育に責任を有する文部科学省、地域医療に深く関わる厚生労働省も資金的な支援は制度的に難しい。

このように、公立大学は、国と地方の「狭間」、国のなかでも文部科学省と総務省、さらに厚生労働省の行財政政策の「狭間」にあって、さまざまな課題に対し行政の迅速な対応を期待できない状況に置かれている。

一般に、国の施策は、当該分野を所掌する政策とこれを実行する組織への財政措置が対応する。文部科学省の高等教育行政においては、八六の国立大学へは、運営費交付金（基盤的経費）として約一兆二千億円、競争的・重点的経費としては約四千億円が支出されている（〇九年度）。また、五百余の私立大学にも約三千億円もの私学助成金が支払われている。こうした資金の流れが、高等教育の担い手である大学をコントロールするのに決定的な役割を果たしている。しかし、公立大学には、競争的・重点的経費の一部が流れているものの、文部科学省ルートからの経常費の支援はない。

他方、七五公立大学（〇八年度）の経常経費のうち、授業料等の自主財源が三分の一、設置者である自治体による運営費交付金が三分の二である。ただ、この運営費交付金のうち一部は、総務省が自治体に交付する地方交付税「大学分」によって負担されている。迂回して国税が投入されているわけであり、これを考慮すると自治体四八％（地方税）、総務省一九％（国税）の負担となる。

ところで、公立大学は、教育と研究の自由を原則としつつ、設置者の自治体政策の指導を受けるとともに、国立大学や私立大学と同様、文部科学省の高等教育政策の枠の中にある。また、医学部や看護・健康・福祉系学部、附属病院などは、厚生労働省の行政と密接不可分である。しかし、設置者である各自治体、それを財政的に支援する総務省は、文部科学省の高等教育政策、厚生労働省の医療・福祉行政を忠実に実行するために財政支出するわけではない。相互に独立しており、政策が対立するケースもまれではない。にもかかわらず、公立大学は、次々に打ち出される文部科学省の高等教育政策、厚生労働省の医療・福祉政策を誠実に実行することを求められる。

冒頭にのべた大学附属病院や図書館・校舎などの施設整備についても、耐震化率の向上から国立大学はもちろん私立大学にも文部科学省の支援予算が組まれている。さらに、二〇一〇年度予算案では、

「医師不足対策では、医学部定員増を受けて、医学教育や大学病院の機能強化のために二五〜三〇%増の六八億円を計上した」(朝日新聞、二〇一〇年一月十一日朝刊)。〇九年度の第二次補正予算での二九億円増に続くもので、国立大学医学部と附属病院への支援強化がなされ、公立大学病院との格差がますます拡大していく。このことは、公立大学医学部しかない福島、神奈川、奈良、和歌山県民と他地域住民との公的医療サービスの格差拡大の可能性をも意味する。また北海道、茨城、愛知、京都、大阪では国立大学医学部・附属病院と公立大学医学部・附属病院との格差拡大も危惧される。こうした国公立大学間の格差拡大は、図書館等の大規模施設についても言える。

このように、公立大学が文部科学省の高等教育行政、厚生労働省の医療・福祉行政のもとにありながら、それを実行する財政措置が期待できないことに公立大学特有の困難さがある。しかも、大学教育に責任を持つ文部科学省が公立大学の附属病院、図書館、校舎などの増改築を財政的に支援したり、地域医療や福祉に責任をもつ厚生労働省が公立大学附属病院の増改築を財政的に支援したりすることは、ますます困難になっている。なぜなら、二〇〇〇年の地方分権一括法、二〇〇四年の地方分権の三位一体改革による国と地方の対等・協力関係への転換、補助金や地方交付税の見直しなど一連の地方分権強化の流れの中で、公立大学の施設補助など使用先を特定した補助金の支出が困難となっているからである。皮肉なことに、地方分権改革が意図とは逆に「地域医療の改善」を阻害している。

こうした国と地方、国のなかの省庁間の縦割りのなかで苦悩する公立大学の様々な課題の解決には行財政システムの大胆な改革が求められる。「地域主権」という時代の流れを重視するならば、地域振興の「知的インフラ」としての公立大学の役割を位置づけることを基本に、以下のような取組みが必要である。

①　文部科学省、厚生労働省、総務省、公立大学協会による公立大学政策についての政策協議会を設置し、公立大学をめぐる恒常的な政策調整にあたる。

②　ここでの調整によって、さまざまな財政支援が必要となった場合、総務省経由の基準財政需要額における公立大学の学生当たり単位費用の算定に反映させる。とくに、施設整備費用について新たな財政支援システムを導入する。

③　公立大学法人独自の資金調達を支援するために、国立大学法人同様、借入れや起債を可能にするよう、「地方独立行政法人法」を改正する。

④　公立大学法人が施設整備準備金の積み立てが可能になるよう制度改正し、この基金を中期計画期間を超えて継続することができるようにする。

以上のような政策を実施することによって、公立大学が、高等教育の一角を支えるとともに、「地域医療の砦」としての責任を果たすことが可能になる。国および自治体、大学関係者の活発な議論を期待したい。

（「『地域医療の砦』・公立大学附属病院について考える」『大学マネジメント』二〇一〇年二月号）

第六節　若者の地方定住の主役「公立大学」

二〇〇九年六月五日、秋田市のキャッスルホテルで、秋田県立大学の開学一〇周年の式典が開催された。佐竹敬久秋田県知事、銭谷眞美文部科学事務次官に続いて、公立大学協会の会長としてお祝いの挨拶をした。といっても、五月二十五日の公立大学協会総会で「会長」に選出されたばかりで、晴れがましい舞台での初めての挨拶である。秋田へは北九州もちろん、福岡からの直行便はなく、東京でトランジットしなければならない。そのため、前の晩東京のホテルで一泊し、早朝の便で秋田に到着という経路をたどらざるをえなかった。日本海岸沿の地方都市から地方都市に行くのに、太平洋岸の首都を経由するのである。

それはともかく、一泊した東京のホテルで夜パソコンでデータを分析しながらえた「発見」をお祝いの挨拶にした。それは、秋田県の高卒者の大学進学先の地域別比率の三四年間の比較である。文部科学省の「学校基本調査」によれば、一九七〇年には、秋田県からの大学進学者四七四〇人中、首都圏（「南関東一都三県」）五八％、秋田を含む東北六県三〇％で、秋田県単独ではわずか一八％にすぎなかった。ところが二〇〇四年では、県からの進学者五二七三人中首都圏は絶対数で半減し、比率も二七％にまで落ちた。代わって、東北六県は倍増し、比率も五六％と首都圏と入れ替わった。秋田県も倍増、比率も三〇％まで伸ばした。

地域間の人口移動の中心は、高卒時の一八歳人口の移動で、なかでも進学率五〇％以上の現代では大学進学時の移動が決定的に大きい。こうした三四年間の様変わりは、若者の地方定住に大きな意味をもつ。面白いことに、この三四年間に、東北六県での国立大学の増加はなく、七大学を維持している。これに対し、公立大学は、福島県立医科大学一校から、九校に一気に増加した。青森には青森公立と青森県立保健、秋田には秋田県立と国際教養、福島には福島県立医科と会津の各県二校があり、ほかに岩手県立、（県立）宮城、山形県立保健医療と各県一校がある。これら九大学の入学定員は合わせて三千人を上回り、収容定員は優に一万人を超えている。秋田県の進学先が東北地域中心へと定着したのは、東北各県での公立大学の創設と仙台都市圏での私立大学の健闘によるものである。

こうした傾向が続けば、東京ブランドに依存した首都圏私立大学も安閑とはしていられない。一八歳人口の減少と世界不況による保護者負担の軽減圧力は、確実に地方国公立大学の地位を高めていくであろう。とくに、注目されてこなかった地方公立大学を軽視できなくなる。

ところで、公立大学協会が設立されて〇九年は六〇周年を迎えた。戦後しばらく、東京都立大学や大阪市立大学、横浜市立大学、名古屋市立大学、北九州市立大学など大都市圏の大規模大学、札幌、福島、京都、奈良、和歌山、九州などの単科の医科や歯科大学、愛知、金沢、京都、沖縄などの芸術系大学、山口、福岡、熊本などの地方都市の女子大学など三〇校程度の時代が長く続いた。しかし、一九九〇年代に短期大学の四年制化、女子大学の総合大学化、看護や医療・福祉系大学の新設ブームをへて、一気に増え、二〇一〇年で八〇校に達している。いまや日本の高等教育の重要な一角を形成するまでになっている。にもかかわらず、国の高等教育政策やマスコミの報道、受験界などで、公立大学を軽視する傾向が続いている。

そこで、二〇〇九年度の公立大学協会総会で、今期（〇九―一〇年度）の基本方針を「公立大学のプレゼンスの向上――逆風のなかの攻勢」と銘打ち、多様な形で「攻勢」をかけることにした。

（「若者の地方定住　倍増した公立大学が『主役』に浮上」『ひろば北九州』二〇〇九年八月号）

第七節　シミュレーション――道州制と国公立大学の統合

二〇〇九年六月二日、佐賀県武雄市のセンチュリーホテルで九州地域戦略会議が開催された。会議では、〇七年五月に私を委員長として設置された第二次道州制検討委員会の最後の報告がなされ、これで二年近くかかった「道州制の九州モデル」作成作業が終了した。九州地域戦略会議は、九州知事会を構成する九県（山口・沖縄を含む）と九州経済連合会など九州の経済四団体の長によって〇三年に設置された。九州の長期戦略を策定・推進することを目的にしており、広域ブロック単位でのこうした組織は、全国でも例がない。「道州制の九州モデル」が、〇八年十月に正式に答申されたが、その後約半年かけて、道州制が実現したもとでの「九州の目指す姿・将来ビジョン」を描いてみた。

この道州制のもとでの「九州の目指す姿」では、国と地方の役割分担として、外交、防衛、通貨・金融など国家統治の基本に関わる事項を中央政府の役割とし、経済産業政策、インフラ整備政策、教育・

文化政策など内政に関わる分野を道州または基礎自治体が分担する、という「国のかたち」の転換をもたらす大胆なデザインを提起している。これは、〇六年二月の第二八次地方制度調査会答申、〇七年一月の全国知事会の「道州制に関する基本的考え方」、〇七年三月の経済団体連合会（経団連）の「道州制に向けた第一次提言」と軌を一にし、都道府県を廃止して、地方政府を道州と基礎自治体の二層とし、内政部分を地方政府に移管するという方向を提起している。ただ、「九州モデル」は、中央諸団体でなく、地方分権を担うブロックを構成する県が一体となって提起したこと、具体的な行政項目に踏み込んで役割分担を詳細に提言したこと、そして、現行の税目・税率を前提に税財政の組み替えを試みたこと、などで特色を有している。

ところで、この「九州の目指す姿」では、道州制のもとでの国公立大学のあり方まで踏み込んだ提言を行っている。これによれば、内政分野の重要な部分である教育・文化行政も道州制では地方政府が担うことから、国立大学も原則として州立大学となる。連邦制のアメリカ、カナダ、オーストラリア、ドイツなどでは州立大学が中心であるから、「国立でなければ国際競争に負ける」という考え方を一蹴している。他方、我が国の八〇の公立大学のうちの五七大学が都道府県立で、道州制では都府県がなくなることから、必然的にこれらの大学も州立大学となる。現行の国立八六大学、都道府県立五九大学、あわせて一四五大学が州立となる。大阪、名古屋、横浜、北九州、広島などの有力市立大学は、政令指定都市の位置づけが不明であり、釧路、青森、高崎、都留、下関、宮崎などの小規模の市立または公立大学は、その性格から州立大学に移管しないとみてよいから、一四五に加えない。

一四五の新州立大学には、道州制単位ではもちろん、政令指定都市や中核市の都市圏単位でみても複数存在することになる。そこで、カリフォルニア大学なみに、（新）九州大学福岡校、大分校、宮崎校、鹿児島校などとして再編されるか、熊本大学と熊本県立大学、長崎大学と長崎県立大学が統合してそれぞれ（新）熊本大学、（新）長崎大学となるか、構想はつきない。

公立大学協会では、〇八年三月に「道州制と公立大学に関する基礎的研究――九州・沖縄地区をモデルにして――」という報告書を作成し、国立大学と公立大学の多様な統合・再編の方向を検討した。ただ、経団連が指摘する「大九州大学」における医学部の長崎への統合、法学部の福岡への統合など、特定の学部をブロック内の一都市に集中する考え方には、戦後半世紀の間に築いてきた、多様な高等教育機会の地域間均等の大原則を壊すものとして、批判的である。

（「道州制と国公立大の統合・再編考　多様な高等教育機会『地域間均等』原則は維持を」『ひろば北九州』二〇一〇年三月号）

（秋田県立大学創立十周年式典の帰路

秋田空港を離陸して）

朝の陽に水面《みなも》輝く早苗かな

眼下には春田貫く雄物川

（沖縄県立看護大学創立十周年式典に参加して）

秋深し壺屋をめぐり飽きもせず

秋の陽に朱色《しゅいろ》が映える首里の城

和《なご》やかに泡盛《さけ》くみ交わす秋の宵

琉球の枯山水にツワの花

第二編 大胆な改革で一新する伝統大学、北九州市立大学

北方キャンパスのインターンシップ・ガイダンス（2009 年 6 月）

第一章　独自の戦略で推進する北九州市立大学の改革

第一節　六五年の伝統を有する総合大学

北九州市立大学は、北九州市小倉南区の「北方《きたがた》」キャンパスの外国語、経済、文、法、地域創生の文系四学部一学群とビジネス・スクールを含む三つの大学院研究科、それに若松区の「ひびきの」キャンパスの国際環境工学部・同研究科、あわせて五学部一学群四研究科、学生数約六千六百人を誇る総合大学である。このうち、「北方キャンパス」は、一九四六年創立で六〇年余の伝統をもち、「ひびきのキャンパス」は、二〇〇一年創設で約一〇年の歴史を有している（図表2-1-1）。市内には、国立の九州工業大学、県立の九州歯科大学、私立の産業医科大学、九州国際大学、九州共立大学、西南女学院大学、九州女子大学など有力大学がある中で、学部数、学生規模でみて本学が最大である。

多くの地方中枢・中核都市では、国立総合大学が「地域一番大学」であるが、政令指定都市北九州市には、総合国立大学がなく、本学が「地域一番」の役割を担ってきた。とはいっても、入学者に占める

写真２−１−１　北方キャンパス

写真２−１−２　ひびきのキャンパス

図表2-1-1　北九州市立大学の歴史

創世期	1946年	小倉外事専門学校
	1950年	小倉市立北九州外国語大学　外国学部
	1953年	北九州大学と改称，商学部設置
	1963年	北九州市立となる。
	1966年	文学部設置
	1973年	法学部設置
発展期	1981年	経営学研究科設置
	1983年	外国語研究科設置
	1984年	法学研究科設置
	1989年	経済学研究科設置
	1993年	学部・学科再編　商学部が経済学部に
	2000年	人間文化研究科設置
飛躍期	2001年	北九州市立大学と改称，国際環境工学部設置
	2002年	社会システム研究科，国際環境工学研究科設置
	2005年	公立大学法人北九州市立大学となる。

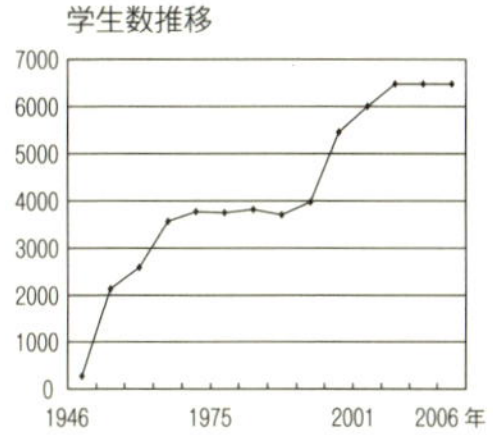

大学資料

図表2-1-2　地域別入学者と就職者

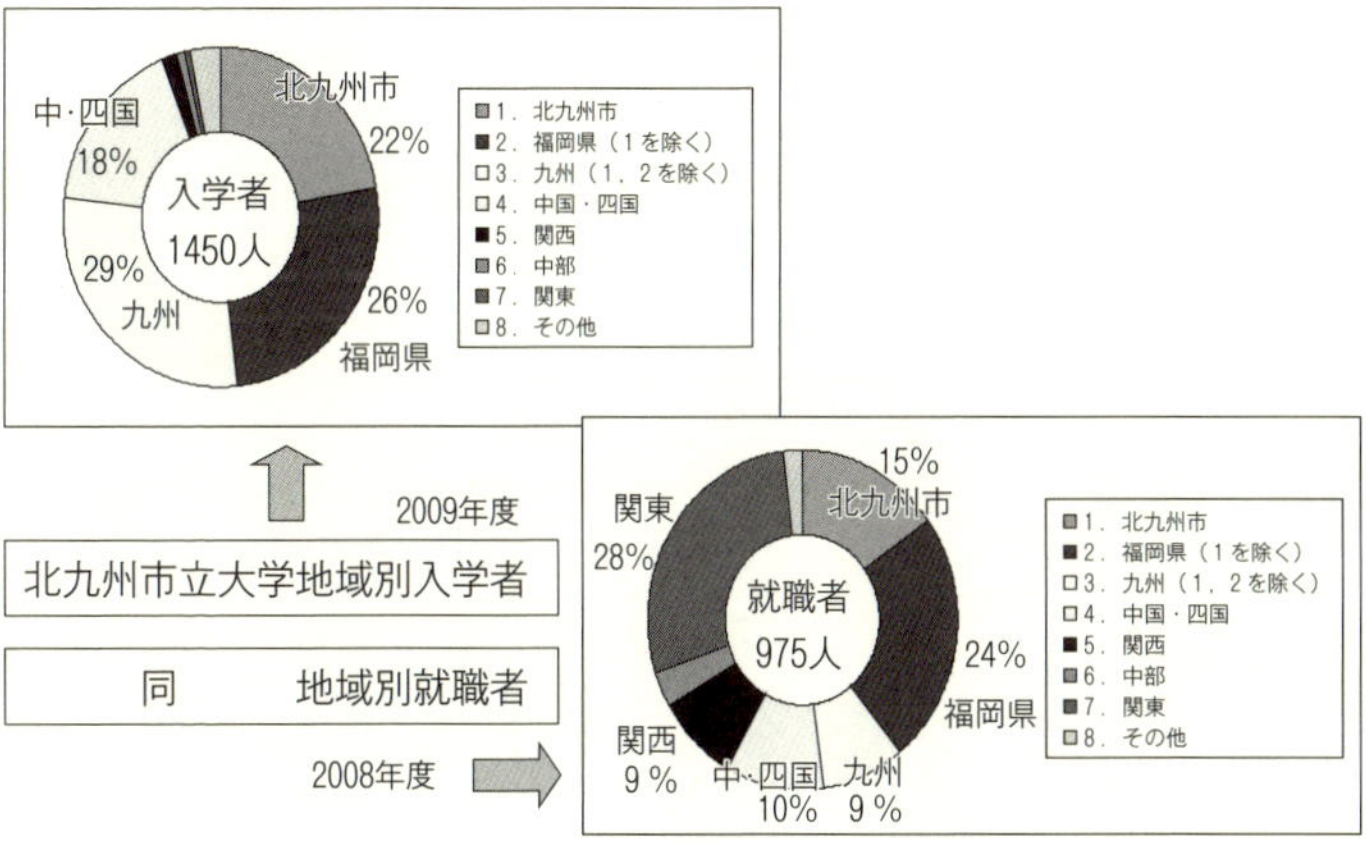

大学資料

市内出身者は二〇％前後にすぎず、約三〇％が本市以外の福岡県、約三〇％が福岡県以外の九州・沖縄、約二〇％が中国・四国など西日本各地から広く集まっている。就職先は、本市二〇％弱で、多くは三大都市圏など太平洋ベルト地帯に集中し、必ずしも地元の人材育成に特化しているわけではない（図表2-1-2）。

二〇〇五年四月に実施した本学の法人化は、「地方独立行政法人法」第七一条（理事長の任命の特例等）に基づいて、いわゆる理事長・学長分離型を採用した。それは、設置者側の文書では、本学の場合「国立大学とは違い、新たな経営システムの確立と、教育研究の改革を同時に推進していく必要があることから、経営と教育研究の双方において、高度な専門性と迅速・的確な対応能力が求められる」、また、「公立大学の中でも大規模な総合大学であり、大学の経営と教育研究の全般につき、一人が権限と責任を持つのは困難を極める」と説明している。つまり、分離型の理由を大規模性と、「教学改革」と「経営革新」の同時進行性に求めている。

本学の場合は、後者の方がより重要である。同時に法人化した首都大学東京、横浜市立大学、大阪府立大学の三つは、大学統合や学部・学科再編、任期制や教員評価の導入を「法人化」と同時に実施した。つまり、「経営革新」だけでなく「教学改革」も設置者主導で一気に断行した。改革への学内の内圧より設置者の意向が強く反映した外圧型であった。特に、前二校は理事長・学長ともに学外者が就任しただけに、その傾向が強かった。大阪府立大学は、教員側の意向が相当反映され、改革を主導した法人化前の学長が理事長兼学長に横滑りし、法人化時点で大規模な改革を断行した。

この点で本学は特異な法人化を採用した。学部・学科の再編、大学院研究科の再編、専門職大学院の設置、任期制や教員評価など「教員人事制度改革」、FDなどの「教育の質の向上」、学生支援や地域貢献などの主要課題は、法人化後の中期計画に記述され、新たに就任する理事長・学長の手腕に期待する、ということになった。「改革の先送り」である。「大学の経営と教育研究の全般につき、（理事長・学長兼任の）一人が権限と責任を持つのは困難を極める」とみたのは、それなりに首肯できる。

設置団体である北九州市が定めた中期目標では、「北九州市立大学の使命」として、「産業技術の蓄積、アジアとの交流の歴史、環境問題への取組みという北九州地域の特性を活かし、①豊かな未来に向けた開拓精神に溢れる人材の育成、②地域に立脚した高度で国際的な学術研究拠点の形成、③地域の産業、文化、社会の発展と魅力の創出への貢献、④アジアをはじめとする世界人類と社会の発展への貢献、を基本理念とする」と謳っている。法人化とともに学長として就任したとき、記者の質問に「人材育成と研究を通じて地域に根差し、地域を変革する北九州市立大学」と本学の使命を集約して表現した。

第二節　改革ナビ「北の翼」、教学主導、スピード運営——改革三要素

以上のような経過で法人化した本学にとって、「教学改革」に関わる多くの宿題が山積し、中期計画に基づく改革の早期着手が求められた。法人化とともに外部から学長に就任した私は、改革がスムースかつスピードをもって推進するために、三つの要素を重視した（図表2-1-3）。

図表2－1－3　改革推進の三つの要素

①　中期目標・計画に基づく戦略の策定 北の翼の作成，経営企画課による工程管理 ②　組織が円滑に稼動する経営システム 教授会選考部局長等および各種全学委員会等責任者参画の 教育研究審議会中心の大学運営＝「教員の自治」の確立 ③　スピードある計画の実行 各種委員会責任者に若手教員起用，多面的な改革の提案 ＝「ミドルアップ」型運営

一つは、中期目標・中期計画の「戦略化」である。一六九項目にわたる中期計画を実行に移すには、担い手である全教職員、とりわけ幹部の教職員が計画内容をわがものとするよう、わかりやすくデザイン化する必要がある（図表2－1－4）。改革の四分野について、両翼を教育と研究の翼、社会貢献を尾翼、経営を頭部とする鳥に見立てた。また、四分野に共通する教育研究組織・体制の整備を心臓部に位置づけた。その上で、それぞれの分野の主要な改革項目を列挙する。これによって、一六九項目を「一次元」的に羅列した文章である中期計画を「三次元」的に表現する。

さらに、それぞれの翼の中心プレーヤーを明確にする。当然、両翼の主役は「教学」を担う教員である。すなわち、教育研究審議会、各学部教授会、教務・学生などの全学委員会の意思が重視され、受益者としての学生の一定程度の参画が期待される。尾翼は、社会貢献の中心となる教職員および受益者としての企業・市民である。そして、肝心の経営については、法人化の趣旨から執行部と経営審議会が責任を負い、これを事務局職員が支えるとともに、設置団体であり運営費交付金を支出する北九州市も関与する。また、組織再編については、経営サイドと教学サイドの協力のもとで推進することから、両方のインターフェイスである心臓部に位置する。これによって、「鳥の翼」に「厚み」をつけること、つまり「三次元」化した。これに加えて、それぞれの分野ごとに、六年間の大略的な「工程表」をつくり、「四次元」化を行った。これを「北の翼」と命名し、中期計画の戦略を明確にした。車で言えば、カーナビに行き先と経路を明示したことになる。「出発進行」を待つだけである。

大学改革を進めるに不可欠な第二の要素は、法人化のもとでの学内「意思決定システム」の構築である（図表2-1-5~8）。法人化によって、経営に関わることは経営審議会、教育と研究に関わることは教育研究審議会で審議され、最終的に理事長・学長・副学長（二人）、事務局長、学外理事（二人）などで構成される役員会で決定することになっている。しかし、本学の場合、立ち遅れていた「教学改革」をハイスピードで実行する独自のシステム構築が不可欠であった。予算・決算、施設整備などの事項を審議する経営審議会は、東京在住の学外委員もおり、頻繁に開催することはできない。役員会も、多忙な学外委員もおりフレクシブルな対応は困難である。これに対し、「教学改革」を主導する教育研究審議会での議論はスピードを要し、役員会、経営審議会に歩調を合わせることはできない。加えて、設置者主導で外圧的に「教学改革」を断行した他の公立大学と異なり、本学は「教学」の真の担い手である教員の参画をえながら民主的に改革を進めていかなければならない。それこそ「正攻法の大学改革」である。

（組織運営）

財務運営

■ 戦略的な資源配分

■ 自主財源充実・経営効率化
民間委託・発注方法の見直し等支払事務の効率化・経費の節減

■ 外部資金の確保
科研費など外部研究資金の年間５億円確保

■ 資産管理
知的財産等に関する全学的ルールの確立

広報

■ 広報機能の強化
広報・広聴機能を強化する体制構築　高大連携の拡充

危機管理
情報セキュリティポリシーに基づき，対策マニュアル作成・研修等

人権啓発
セクハラ・アカハラ等防止の研修会・講演会等人権研修会等

施設整備

■ 長期整備計画の策定・良好な教育研究環境整備
長期の施設整備計画の策定

大学の原点である「教育」「研究」という両翼。

地域・海外の風を受け舵を切る「社会貢献」という尾翼。

力強い羽ばたきを生み出す「教育研究組織」という心臓部。

確かな目で進むべき方向を見定める「経営」という頭脳。

これらが相互に連携しあって，より魅力ある大学を目指し，
北九州市立大学は羽ばたいていきます。

体制の整備

育センターの整備

科等再編をにらんだ全学的検討

再編，昼夜開講制の見直し

研究科博士課程の再編等

研　究

研究体制の構築，重点的な研究推進

■ 研究体制の構築
教員評価システムの導入
研究評価結果に基づく研究費競争的配分システムの構築
研究活動の評価・研究成果公表
外部研究資金・内部研究費の柔軟な執行手続き

■ 重点的研究の推進，研究交流
実践的，応用的研究推進のため，人文・社会科学分野で研究活動高度化
重点的・先端的研究分野での優れた研究成果創出，国際水準の研究拠点形成
東アジア地域の大学等との研究交流や共同研究

貢 献

産学官連携，地域還元の推進

■ 産学官連携のルール・環境整備
産学官連携推進の全学的組織体制整備
知的財産等に関する全学的ルールの確立
利益相反の方針・ルール策定

■ 産学官連携プロジェクト・地域還元の推進
技術開発センター群の設置
北九州ヒューマンテクノクラスター構想の推進，システムLSIを軸とした新産業の創出
研究成果の地域社会還元・産業支援
中小企業の技術支援（北九州エコタウンとの連携）

国際交流の推進

■ 国際教育交流センターの運営体制充実
国際教育交流センターの運営体制の整備・充実・再編

■ 留学生の受入・支援
東アジア地域の優秀な学生の受入体制構築・人材育成拠点形成
交換留学制度の整備，単位互換制度の確立
留学生の受入れ体制・支援体制整備（奨学金確保，留学生後援会等との連携）

■ 国際学術交流・国際協力
東アジアを中心とした国際協力事業への取組強化
学術交流協定の促進，学生・教職員の海外留学・派遣の効果的実施体制整備

■ 地域の国際化
国際教育交流センターを中心とした市民，ＮＰＯ等と留学生との交流強化
市民向け多文化理解講座の企画・実施

的な企画・運営・評価体制整備

等履修生制度等
提供など

練事業）等の積極的実施

極的参画
との連携強化

図表 2－1－4　北九州市立大学「北の翼」（北九州市立大学中期計画（2005 年度～2014 年度））

経営

組織運営

■ 戦略的・機動的な執行体制
理事長・学長のリーダーシップによる機動的な大学運営
大学全体の課題に関する企画戦略組織の体制整備

■ 学部運営の強化
常任委員会の活用

■ 大学運営における透明性の確保
自己点検評価体制の確立

人事制度

■ 教員人事制度の構築
教員評価システムの導入
女性教員・女性事務職員の登用拡大
語学教師制度の見直し（任期，応募資格等）
教授半数制の見直し
サバティカル制度等の導入

■ 事務職員の資質向上・人材確保
事務職員について人事評価制度導入

教　育

教育内容・方法の改善

■ カリキュラムの整備
一貫した体系的な教育プログラム，カリキュラムの整備
少人数授業科目，演習科目の充実
教養教育科目の見直し・専門教育との連携強化

■ 語学教育・情報処理教育
実践的な英語教育（TOEIC等活用の単位認定）
海外英語習得プログラム・海外留学の活用
情報処理教育の環境整備（教室整備等）

■ 授業手法・内容の向上
授業評価（学生による授業評価拡充）
自習用設備の充実

■ 厳密な成績評価
表彰制度を全学実施
ＧＰＡ制度の全学導入

入試，就職，学生支援

■ 大学入試（優秀な学生確保）
一元的管理組織「入試センター」の設置
ＡＯ入試の導入
選抜方式別の学生の追跡調査（修学・進路状況）

■ 学生支援
生活相談・進路相談窓口担当者と専門スタッフ等との連携，相談体制整備
休・退学，留年、成績不振者等の実態調査・対策
学生の自主的活動（ボランティア等）の支援体制強化

■ 就職支援
インターンシップシステム構築
就職に関する民間ノウハウ・人材の活用
「キャリアセンター」の設置，就職率90%以上

教育研究組織・

学部・学科等の再編／基盤教

■ 平成19年度目途の学部学
基盤教育センターの設置
専門職大学院の開設
文系４学部の再編
学部・学科，大学院の新設
教員配置状況の見直し
文系修士課程と社会システ
中期計画の柔軟な見直し

社 会

社会人教育の推進

■ 専門職大学院の設置検討
専門職大学院の開設　（ビジネススクール）

■ 社会人対象の教育充実
社会人対象の教育システム充実

■ 選抜方法の整備
社会人受入れのための総合的な選考方法の導入

大学間連携の推進

■ 北九州地域コンソーシアムの形成
学研都市に立地する大学院等との連携強化
北九州地域コンソーシアムの形成も視野に入れた単位互換や共同授業などの実施に向けた調整

地域社会との連携

■ 推進体制の整備
公開講座委員会の改組，地域連携事業の全

■ 初中等教育機関との連携
高校生が聴講できる「体験入学制度」・科
初中等教育機関への実践的教育プログラム

■ 生涯学習・スキルアップ等の推進
市民向け修学制度の創設
国・県の委託事業（地域再就職希望者支援

■ 地域企業支援

■ 自治体、ＮＰＯ，後援会等との連携
国や地方自治体の各種審議会・委員会への
自治会等地域住民団体や非営利組織（NPO
後援会，同窓会との連携強化

大学資料

図表2－1－5　北九州市立大学の執行体制

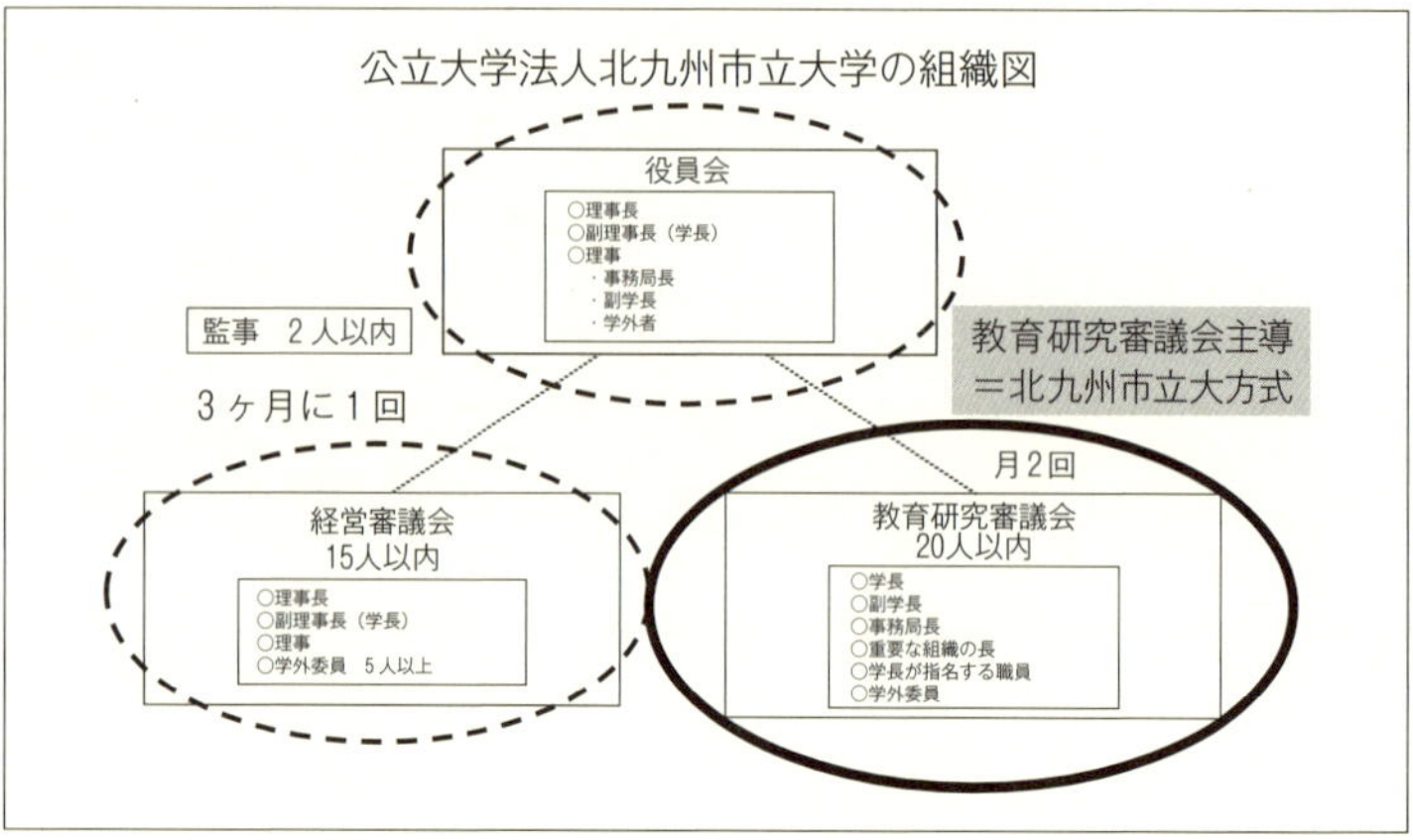

図表2－1－6　北九州市立大学役員

（2010年4月1日現在）

役　員		
役　　職	氏　　名	所　属　等
理事長	阿南　惟正	公立大学法人北九州市立大学　理事長
副理事長	矢田　俊文	公立大学法人北九州市立大学　学長
理　　事	重渕　雅敏	北九州商工会議所　会頭
	宮崎　　哲	ひびき灘開発株式会社　代表取締役社長
	近藤　倫明	公立大学法人北九州市立大学　副学長 同　文学部教授
	松藤　泰典	公立大学法人北九州市立大学　副学長 同　国際環境工学部教授
	石神　　勉	公立大学法人北九州市立大学　事務局長
監　　事 （50音順）	奥村　勝美	公認会計士
	清原　雅彦	弁護士

大学資料

図表2－1－7　経営審議会

年4回開催

役　職	氏　名	所　属　等
学内委員	理事長，副理事長及び理事（5名）	
学外委員	石丸美奈子	イメージショップ主宰　コピーライター
	岡田　修三	東京海上日動火災保険株式会社　特別参与
	草間　朋子	公立大学法人大分県立看護科学大学　学長
	高橋　孝司	(財)九州ヒューマンメディア創造センター理事長
	長尾　亜夫	西日本鉄道株式会社　取締役会長
	中津井　泉	株式会社リクルート「カレッジマネジメント」編集顧問
（50音順）	安川　健児	株式会社 TVQ 九州放送専務取締役

大学資料

そこで、学長、副学長、各学部長・研究科長、各センター長、教学や学生関連の全学委員会の長からなる教育研究審議会（二〇人）を月二回で開催し、ここでの審議と各教授会や各種委員会での審議を結合し、中期計画に基づく「教学改革」を主導する。他方、役員会や経営審議会は、「教学改革」をサポートする視点から経営に関わる基本事項を審議するため、三ヵ月に一度のペースで開催することにした。つまり、硬直した「教授会自治」を弱める一方で、改革の主導をかつての「全学評議会」主導に移行したのである。「教授会の自治」から「教員の自治」への移行である（清成忠男氏の公立大学学長会議講演、〇六年十一月六日）。他方、理事長・学長・副学長（三人）、事務局長、経営企画局長による「執行部会議」（七人）を月二回の教育研究審議会の前に開催し、「経営と教学に最終的な責任をもつ」理事長との頻繁な意思疎通を図る。これによって、理事長・学長―学部教授会を軸とする「教

図表2－1－8　教育研究審議会

（2010年4月現在）

教育研究審議会委員

毎月2回開催

役職	氏名	所属等
学長	矢田　俊文	
大学の副学長	近藤　倫明	文学部　教授
	松藤　泰典	国際環境工学部　教授
	中野　博文	外国語学部　教授
事務局長	尾上　一夫	
教授会選出	伊藤　健一	外国語学部長
	白石　和孝	経済学部長
	松尾太加志	文学部長
	山本　光英	法学部長
	梶原　昭博	国際環境工学部長
	伊野　憲治	地域創生学群長
	横山　宏章	大学院社会システム研究科長
	齋藤　貞之	大学院マネジメント研究科長
	（梶原　昭博）	大学院国際環境工学研究科長 （※国際環境工学部長が兼務）
	漆原　朗子	基盤教育センター長
学長の定める教育研究上の重要な組織の長 学長指名	古賀　哲矢	都市政策研究所長
	木原　謙一	国際教育交流センター長
	田村　慶子	学術情報総合センター長
	田部井世志子	学生部長
	二宮　正人	教務部長
	田村　大樹	入試広報センター長
	（中野　博文）	キャリアセンター長 （※都市政策研究所長が兼務）
	（松藤　泰典）	地域貢献室長（※副学長が兼務）
	（近藤　倫明）	評価室長（※副学長が兼務）
	（横山　宏章）	アジア文化社会研究センター長 （※大学院社会システム研究科長が兼務）

大学資料

学部門の自治」に配慮した「大学運営」をスムースに進める「仕掛け」を作った。車で言えば、学部という車体・車輪が、執行部というエンジンと連結する駆動システムの構築が肝要となる。でなければ、学長がリーダーシップを標榜してひとりで力んでも、学部が反応しない「空吹かし」状況になる。残念ながら、少なくない国公立大学法人に散見される。加えて、後述するように、改革の具体的な推進力となったのは、教育研究審議会委員でもあり、教学関係の全学委員会責任者である、学長が指名した四〇歳代の若手教授である。彼らはいままでの古い大学の体質を一掃するような改革案を次々に提案し、実行に移した。北九州市立大学の改革は、上から指示する「リーダーシップ型」でも、教授会提案を中心とする「ボトムアップ型」でもなく、若手教授陣が主導する「ミドルアップ型」である。

第三の要素は、スピードある計画の実行、つまり、エンジンを安定して回転させることである。エンジンおよび駆動システムとは、執行部会議―教育研究審議会―各教授会、および改革推進のため特別に設置された職員組織である経営企画課であり、若手教授主体の分野での改革動力である。運転は最終責任を負う理事長・学長である。リーダーシップとは、エンジンおよび車体・車輪の調子に配慮しながら、カーナビの示す経路をできるだけ速くかつスムースに運転することである。

法人化初年度の改革の中心は、「法人化」の法的意味を実践し、教職員がその有効性を実感することにおいた。

そのため、第一に、事務上の各種規制を緩和した。具体的には、教員研究費での旅費上限の撤廃、図書購入時の立替払いやインターネット購入可能、ＰＣなど機器の市当局一括購入から個人購入の実現など、市の一部局であったがゆえの規制からの解放を実行に移した。教員の身分証明書が「北九州市職員」と一本化されていたのを、「学長」、「副学長」、「学部長」、「教授」、「助（准）教授」等として明記させたのもその一環である。また、市との予算折衝なしに設備投資できるようになったので、モノレール駅に最も近いキャンパスの一角に「通用口」をつくり、学生や教職員の通学・通勤時間を短縮した。

第二に、教員人事システムの大胆な改革を行った。定員管理の規制がなくなったことから、教授ポストを教員定員の二分の一から三分の二に量的に拡大し、学内の教授ポストを四〇人ほど増やした。他方で、昇任基準を厳格にして「質的規制」を強化したため、助（准）教授の教授昇任は約一〇人にとどめた。優れた教員の昇任へのインセンティブの向上に配慮しつつ、昇任のハードルを高くして順番待ちの雰囲気を一層し、人件費の膨張を防いだ。さらに、「教授会自治」を支えてきた教員人事権を教育研究審議会に移した。他方で、ピア評価を重視し、理事長や学長、学外の経営審議会委員等の個別人事への参画を排除した。「教員の自治」の確保である。さらに公立大学教員の果たす社会的責任として教員評価制度を早期に導入した。

第三に、二年目から「教学改革」の軸となる教育研究審議会の刷新を図った。本審議会は、学長・三名の副学長・事務局長の執行部五人、各基礎組織で選出された六人の学部長・研究科長のほか、国際教育交流センター、基盤教育センターなどのセンター長や副センター長、教務部長、学生部長など七ポストがあり、ここに四〇歳代の委員を学長が任命した。次代を担う優れた人材の意思決定中枢への参画である。同時に、これらの若年教授と副学長で学部・学科再編小委員会を設置し、「教学改革」のエンジ

図表2-1-9　学部・学科・センター間移動（2007年4月）

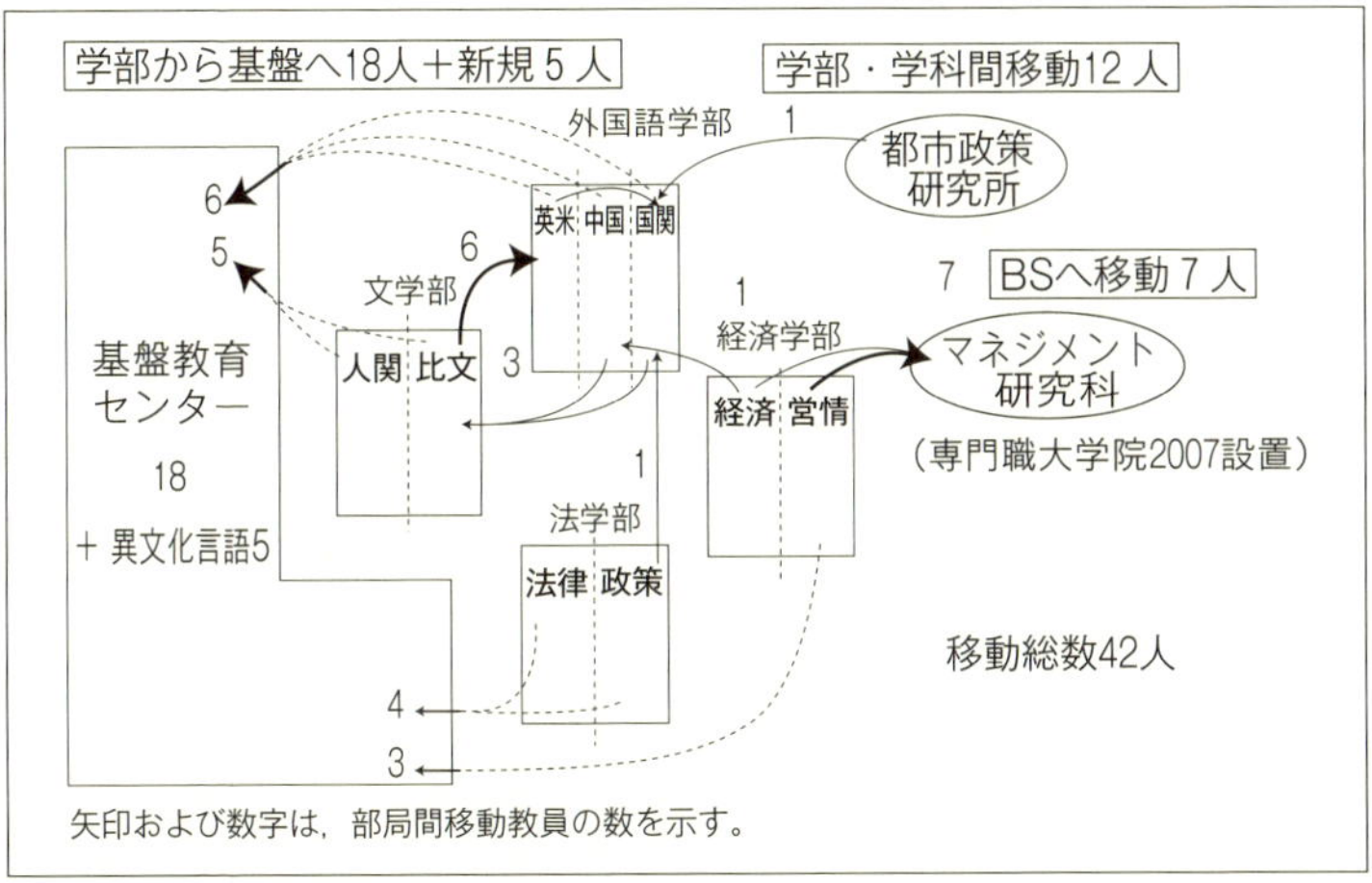

大学資料

ンを強化した。

第四に、こうした刷新をベースに組織再編を一気に実行した。まず、〇六年度には、入試センター、広報センター、キャリアセンター、基盤教育センターなどの組織を新設し、本格的な教学改革体制づくりを行った。後の二センターについては、専任教員を学内移動または新規採用した。さらに、学部・学科再編小委員会の議論をもとに、文系四学部一六〇人について学部・学科間の教員移動を実施し、基盤教育センターへ一三人（二〇一〇年四月四〇人）、ビジネス・スクールへ七人、学部・学科・研究所間一二人、計四二人の移籍を行った（図表2-1-9）。この結果、基盤教育の充実、経営専門職大学院の設置、外国語学部英語専攻の英米学科、中国語専攻の中国学科への昇格が実現した。総学生収容定員を動かさず、教員ポストの増員もせずに、「選択と集中」に基づく資源の再配分を断行した。これらの組織改革は、二〇〇七年度から実施に移された。また、市の外郭団体である研究組織から、研究機能と研究者を本学に移行し、計七人の教授・助（准）教授・講師が増員となった。とくに、（財）北九州都市協会から移籍した四人を迎え入れた本学の産業社会研究所は、名前も都市政策研究所と変え、行政や経済団体からの委託研究や共同研究を強化し、人文・社会科学系研究の産官学連携の拠点とした。

こうして、六年間の中期計画で掲げられている一六九の改革項目のうち、〇五、〇六年度すなわち中期計画六年の三分の一を経過した時点で一〇〇項目、約六〇％が完了した。これによって、本学の「教学改革」は、法人化とともに大胆な改革を実行した諸大学にようやく追いついたのである。しかも、本学の場合、設置団体の力に依存したというよりは、「法人化」という新たな枠組みのもとで、学内の改革エネルギーに依拠しつつ、「教員の自治」を重視しながらの改革である点で大きな特徴をもっている。ここで培われてきた内圧主導型の改革こそが、「持続性」をもった改革を保証するものである。

こうした改革のスピードは衰えず、〇七、〇八年度の二年間に文系四学部夜間主コースの見直しに伴う地域創生学群の設置（〇九年開講）、文系大学院修士課程四研究科の社会システム研究科博士課程への統合・再編、国際環境工学部の環境生命工学研究科の新設による四学科から五学科への再編、同研究科二専攻から三専攻への拡充などの学部・学科、研究科・専攻の再編が断行された。さらに、非常勤の「語学教師」ポストの常勤化や新学群・新学科による教員の大幅増員、教員評価の見直しなど教員人事体制の整備、入試センターと広報センターの統合による入試広報センターの設置と入試および広報体制の抜本的強化、学生プラザの新設や早期支援体制の導入など学生支援、地域貢献の徹底した強化などの改革によって、期間の半ばの〇八年度末までに中期計画の約九五％を完了した。

（「大学が地域を変える　北九州市立大学の法人化と改革」リクルート『カレッジマネジメント』一四二、一四三、一四四、一四五　二〇〇七年、より一部修正）

第三節　改革の本質は「大学の自治」にある

二〇〇七年十一月二十七日東京・銀座の「ブロッサム」で、公立大学協会のシンポジウムが開かれた。ここで、私は、「北九州市立大学の改革」というタイトルで発表を行った。

公立大学協会は、法人化の流れが始まった〇五年から全国の公立大学の設置団体である自治体関係者、学長・事務局長などの経営陣、幹部事務職員などを対象に法人化や大学改革に関するシンポジウムやセミナー、講演会などを連続的に開催してきた。私は、この度の発表で六回目になる。〇五年の北九州市立大学の法人化とその後の改革が全国的に注目された。〇六年には、三回のセミナーのほか、事務局長会議、学長会議を合わせて、年間五回の講演をこなした。〇七年には、セミナーの回数が減ったこともあって登板回数は少なくなり、ほぼ一年ぶりの発表であった。今回は、法人化以来三年間の改革について、

一　教養教育の再生を目指した基盤教育センターの設立と二〇数人の専任教員の移籍、外国語学部英米学科、中国学科の専攻からの昇格、国際環境工学部の新学科の設置、夜間主コースの見直しと地

域創生学群の新設など学部・学科の再編

二　ビジネス・スクールの設置、文系修士課程の社会システム研究科前期課程への編入、国際環境工学研究科の新専攻の設置など大学院改革

三　キャリアセンターの新設、学生プラザの設置など学生支援システムの抜本的強化と協定による海外派遣学生の大幅増

四　受験者数の大幅減少傾向の増加への転化、就職率の大幅増、六年間の中期計画の九割を三年で達成する見込みであることなど、改革の成果が数字となって現れていること

以上の四点に整理して説明した。

会場からの反応は多様な質問が出され、大変活発であった。しかし、多くの質問は、なぜ、短期間にこれだけの改革が可能であったかという点に集約される。「設置団体である市との関係はうまくいっているのか」、「市から派遣されてくる職員の役割はどうなのか」、「理事長・学長分離型の法人化はうまくいくのか」、「執行部と教授会との関係はどうなのか」、「教員の四人に一人が学部を移籍しているが、そのようなことは可能なのか」、「カリキュラムを二〇％減らしたが教員の抵抗はないのか」、「学生数が変わらず運営費交付金が減額されるなかで教員数が法人化時の二四三人から二六四人に二一人増やせたのは何故なのか」などなど、いずれも現行の大学のシステムおよび法人化が突き当たる課題を熟知した鋭いものばかりであった。

こうした質問に、簡単かつ明確に回答するほど私はお調子ものではない。一つ一つの改革に関係者が

大変な困難にぶつかり、苦悩しながら突破してきたのであり、多くの物語が背景に隠れている。にもかかわらず、決定的な対立もトラブルもなくここまできたことは確かである。これを、法人化のメリット、理事長・学長の強いリーダーシップと評価することは、事態の本質を見失う。逆説的に言えば、大学外の世論が批判してやまない「大学の自治」に基づく改革にこそ真の要因がある。大学の国際競争力の低下、少子化のなかでの受験生の激減、首都圏・関西圏の主力大学の一人勝ち的な大学間競争、中央集権的な大学改革圧力という逆風のなかで、強い危機意識を背景としつつ、研究・教育の質的向上、市民への社会貢献を目指した地方公立大学の「教職員主導の多様な実践」がスムースかつスピードをもった構造改革を可能にしたのである。

（「地方公立大学の改革の本質とは　改革求める教職員の熱意こそ」『ひろば北九州』二〇〇八年三月号）

（甑《こしき》島・ドクターコトーを訪ねて）

甑島玉垣沿いの鹿の子百合

梅雨明けの海面すべる高速艇

（九州地域戦略会議・雲仙にて）

野分去る雲仙のまち朝もやに

秋晴れやいのち育む潟はるか

（九州フォーラム・石垣にて）

竹富の牛車に揺られ秋惜しむ

（九州フォーラム・霧島にて）

ひぐらしのこえ聴きながら露天風呂

第二章　教学主導の大学運営システム

第一節　「教員の自治」と「ミドルアップ」による大学運営

一　「教員の自治」重視の法人運営

二〇〇九年三月十日、北九州市立大学の〇八年度最後の経営審議会が開催された。ここで四年間勤めてこられた六人の委員が引退することになった。六人とは、出口隆理事（元北九州市助役）と明石博義（元西日本鉄道会長）、稲積謙次郎（元西日本新聞編集局長）、富浦梓（元新日本製鐵常務取締役）、下村輝夫（九州工業大学学長）の四氏の学外委員、それに奥鶴雄監事（公認会計士）である。任期四年が満了したからである。

公立大学法人北九州市立大学には、地方独立行政法人法の「公立大学法人に関する特例」に基づいて、「経営に関する重要事項を審議する経営審議会」と「教育研究に関する重要事項を審議する教育研

図表2-2-1　教育研究審議会主導の大学運営——教員の自治（2010年度）

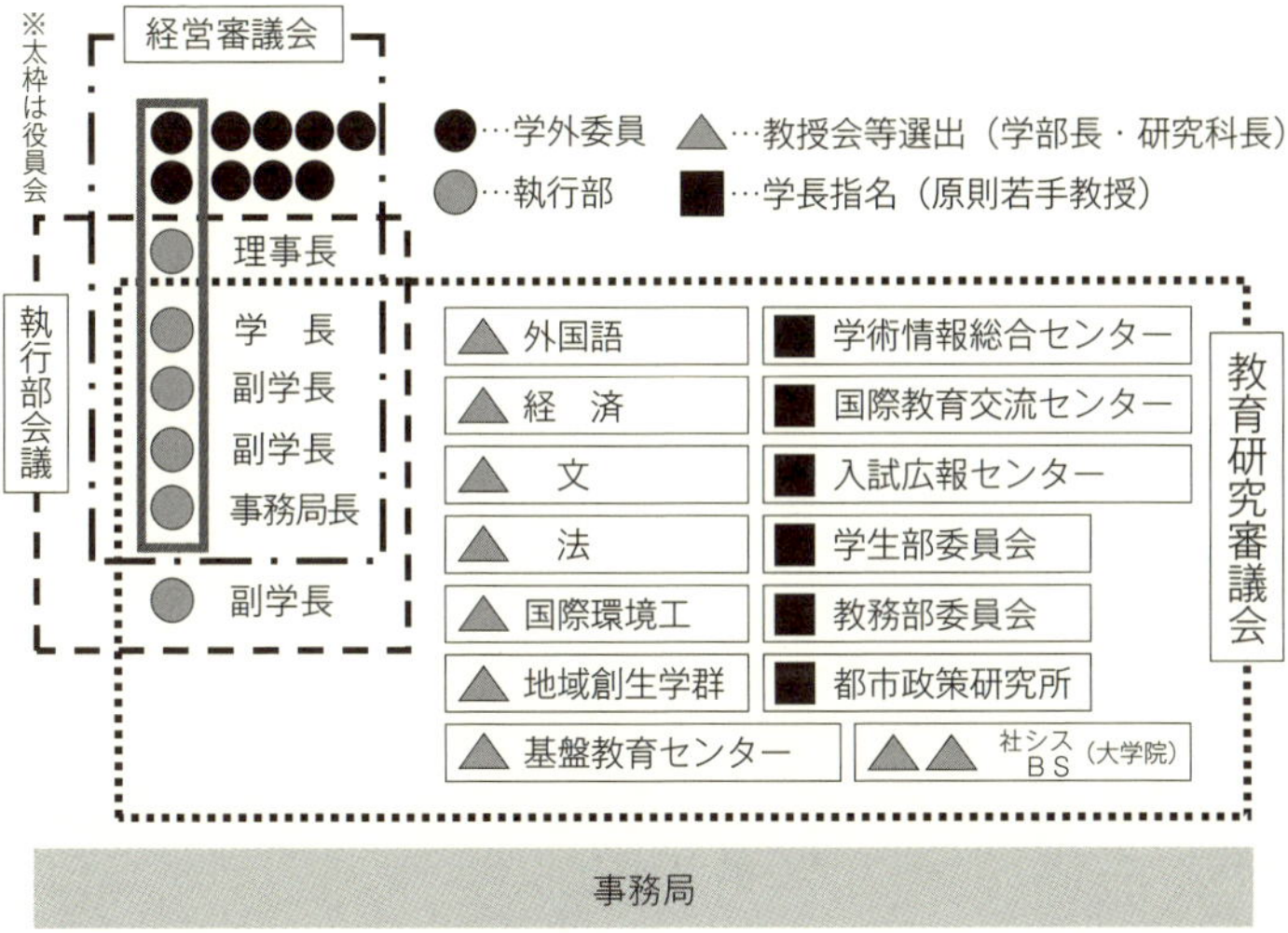

究審議会」（七七条）が置かれている。前者は、学外者が参加し、後者は学部長など学内者中心に構成されることを前提としている。そのうえ、理事長が学長を兼ねるのを原則としているが、本学では「学長を理事長と別に任命する」特例事項を適用している。

そのため、法人化以前の、学長を軸に全学評議会―各学部教授会という単線型の学内者だけの運営（つまり「教授会自治」型）から、理事長―経営審議会（＝学外者中心）、学長（＝副理事長）―教育研究審議会（＝学内者中心）の複線型運営へと大幅に変更したことになる。しかし、これだけで、理事長・学長に権力が集中し、学外者の関与が増大し、大学の自治が崩壊したと評価するのは短絡過ぎる。システムをどのように運営するかは大学の自由である。

たとえば、九州大学の新総長に就任した有川節夫氏は、「従来は何事も一部の幹部が詳細まで詰めて最終段階で会議にかけ、さっと終わらせてよしとして」、「組織内がぎくしゃくし、閉塞感が充満した」(西日本新聞、二〇〇八年十二月六日)と率直に新システム運営の欠陥を語っている。理事長＝学長、数名の副学長、事務局長、それに学外理事による役員会で詳細まで詰めて、教育研究審議会等に上意下達するやり方では「閉塞感が充満」するのは当然である。「トップダウン型」運営の「弊」であろう。

これに対し、北九州市立大学では、経営審議会を三ヵ月に一回程度開催し、同時に役員会も行っている。他方、大学の日常的運営の中心となる教育研究審議会を月二回開催し、意思決定のスピードに著しい格差を設けている。しかも、教育研究審議会委員には、学長・副学長・事務局長など執行部のほか、学部長や研究科長等の教授会代表、学生部長、教務部長、入試広報センター長など学部を超えた全学業務の責任者、以上の三グループからそれぞれ五〜九人とバランスの取れた構成となっている。

このうち、教授会選出の部局長等は、教学の担い手である教員の間接的参加を保障し、全学業務の責任者である若手教授陣は、長期間の大学づくり展望をもつものとして期待される。事実、中期計画の具体化は、副学長と若手教授が核となって提案し、全国的に注目されている数々の大学改革を牽引している。また、教育研究審議会の前に「執行部会議」を開催し、理事長との円滑な意思疎通を図っている。これによって、大学の使命である教育と研究を担う若手教員が主導する「ミドルアップ型」の運営が行われている。「教員の自治」の維持である(図表2-2-1)。

学外者を中心とする経営審議会では、全国的な大学政策の動きを紹介し、また、卒業者を受け入れている企業の経営者として、いつも好意的かつ有益な意見が出された。これらの学外者の意見を生かすことが学長の大きな任務である。引退された六氏に深く感謝している。

（「法人化のもとでの大学運営　教員自治を重視した独自の改革」『ひろば北九州』二〇〇九年六月号）

二　「ミドルアップ型」改革＝若手教授が改革を牽引

二〇〇八年二月十二日北九州市立大学の教学事項の最高決定機関である教育研究審議会で次年度のメンバーが承認された。これによって、〇六、〇七年度の怒涛のような学内改革を主導したメンバーの大半が入れ替わる（図表2-2-2）。

教育研究審議会は全部で二〇人、大きく三つのグループから成っている。学長と三副学長、事務局長の五人の「執行部」、五学部長と二研究科長などそれぞれの教授会から選出された七人の部局長、学術情報センターなど附属施設長や教務部長、学生部長など全学委員会の長である。

この第三のグループは、規則上は学長が指名することができるが、慣例的に学部間の順送りになっていた。そこで、学長に就任した二年目の〇六年度から規則に沿って学長指名にした。しかも、八人のうち七人についてはすべて四〇歳代の教授にお願いした。阿南惟正理事長をはじめ、三副学長の意見を聴きながら人選した。この七人と学長・副学長によって、学部・学科再編小委員会を設置し、大胆な改革に乗りだした。

教養担当教員と専門担当教員の「分離」体制を解消する文部科学省の方針によって、ほとんどの大学

図表2－2－2　教育研究審議会（2006，07年度）

毎月1回開催

役　　職	氏　名	所　属　等
学長	矢田　俊文	
副学長	晴山　英夫	経済学部　教授
	国武　豊喜	国際環境工学部　教授
	近藤　倫明	文学部　教授
事務局長	羽田野隆士	
学長の定める教育研究上の重要な組織の長	板谷　俊生	外国語学部長
	迎　由理男	経済学部長
	赤塚　正幸	文学部長
	三宅　博之	法学部長
	松藤　泰典	国際環境工学部長
	谷村　秀彦	大学院社会システム研究科長
	齋藤　貞之	大学院マネジメント研究科長
	（松藤　泰典）	大学院国際環境工学研究科長 （※国際環境工学部長が兼務）
	柳井　雅人	学生部長
	中野　博文	教務部長
	（晴山　英夫）	都市政策研究所長（※副学長が兼務）
	伊藤　健一	国際教育交流センター長
	棚次　奎介	学術情報総合センター長
	（近藤　倫明）	基盤教育センター長（※副学長が兼務）
	伊野　憲治	入試センター長
	（晴山　英夫）	キャリアセンター長（※副学長が兼務）
教育研究審議会が定めるところにより学長が指名する職員	漆原　朗子	基盤教育センター副センター長
	吉塚　和治	地域貢献室副室長
	前田　　淳	評価室副室長

大学資料

で「教養部」が廃止されて十年余が経過していた。この結果、入学早々になされる「教養教育」が専門教員の輪番制か非常勤講師依存となり、教育責任が「希薄化」し、全国的に「教養教育の空洞化」が深刻な課題になっていた。これにいち早く対応したのが北九州市立大学で、新たに「基盤教育センター」を〇六年度に設置し、専門学部から基盤教育担当の専任教員を異動することにした。異動は、教員の承諾を前提にするので、学内から希望者を募ったところ、八人が応募した。そのなかから漆原朗子教授に副センター長をお願いし（当初、センター長は近藤倫明副学長が兼任、〇八年四月から教授会選出で漆原氏がセンター長に留任）、メンバーの増強と新カリキュラムの企画を依頼した。教授は、精力的に行動し、〇七年度の開講時には二四人の教員陣を確保し（一〇年四月四一人）、新時代の教養カリキュラムの企画・実施にこぎつけた。

また、晴山英夫・近藤倫明両副学長と中野博文教務部長が核になって、北方キャンパス四学部の学部・学科再編を主導し、基盤教育センターやマネジメント研究科への教員の異動、さらに文学部や外国語学部の教員の入れ替えなどによって、外国語学部英語専攻の英米学科、中国語専攻の中国学科への昇格を含め、四人に一人の割合で教員の学部間移動を実行することができた。この過程で全学部のカリキュラムを約二〇％減少し、非常勤講師も約二割減らす体制をつくった。

学部中心の入試体制が温存され、出題・入試・採点など個々に多くの学部間調整課題を残していたのに対し、新たに就任した伊野憲治入試センター長は、受験生の立場、緊張を強いられる入試事務員の立場を重視し、多様な課題を一挙に解決していった。また、晴山副学長と二人三脚で夜間主コースの再編による「地域創生学群」の創設を主導した。

柳井雅人学生部長は、学生自治会からの要望に誠意をもって対応するとともに、いくつかの学生の不祥事に原則的立場で解決を図った。これに加え、学生相談機能を抜本的に改革し、独自の学生支援システムを確立し、いまや多くの学生が活用している「学生プラザ」の開設にこぎつけた。

伊藤健一国際教育交流センター長は、タコマ・コミュニティカレッジへの年間五五人の学生の派遣協定を結び、前田淳評価室副室長は、新たに導入した教員評価を誠実に実行した。吉塚和治地域貢献室副室長は、国武豊喜副学長、松藤泰典学部長を支え、ひびきのキャンパスの産学連携や国際環境工学部の学科再編に手腕を発揮した。七人の若手教授に感謝感謝である。

（「大胆な大学改革　主導した七人の教授に感謝」『ひろば北九州』二〇〇八年五月号）

三　『明るい病院改革』に共鳴

二〇〇七年十一月二十五日リーガロイヤルホテル小倉で、北九州市立大学大学院マネジメント研究科（ビジネス・スクール）の開校記念シンポジウムが開催された。ここでは、九州大学、立命館アジア太平洋大学、経済界が主催の碧樹館のビジネス・スクール責任者も加わって、地域のビジネス人材の育成と連携について熱心に話し合った。

基調講演として、麻生泰・麻生ラファージュセメント社長にお願いした。それは、偶然、書店で手にした氏の著書『明るい病院改革』（日本経済新聞社）を読んで多くの点で心打たれたからである。氏が深く関わってきた飯塚病院は、「日本一のまごころ病院」として、「患者さんが行きたくなる病院、医療従事者が勤務したいと思う病院、地域自治体が信頼して任せられる病院」という目標を明確にかかげて大改革に取り組んだ。その結果、「研修医が行きたい病院」で日本第四位（『日経メディカル』二〇〇三年十一月号）にランクされるほどになった。二〇〇〇年から〇七年の七年間に医師数が一七七人から二二九人、売上高一七五億円から二二九億円とともに約三〇・六％増という成果を挙げている。こうした改革について、麻生氏は、「私が重要と考えているのは、病院事業はサービス産業だということです。サービス産業ならば、CS（顧客満足度）の向上はもちろんのこと、医療の質と経営の両立を目指そうとする意欲、そしてES（病院勤務者の満足度）の向上による明るくやりがいを実感できる職場環境の追求は当然のことです」とその真髄にふれている。

病院と大学ではESはとくに重要である。それは、中核となる医者や学者が高度な専門知識を有し、かつ不断の「高度化」を求められる典型的な「頭脳労働者」である点にある。そのため、「明るくやりがいを実感できる職場環境」がなによりも求められる。建物や設備の充実だけでなく、組織の意思決定への参画と責任意識、改革の方向性への期待、上司や同僚との人間関係が大きく影響する。彼らは、「職場環境」に不満があれば、自由に移動できる。閉鎖的で縦社会の民間大企業と異なり、開放的で自由な労働市場が組織の存立を厳しく問うてくる。

なかでも、学者は自らの精神活動の赴くままに仕事をし、その意味で「わがまま」（go on my way）であり、ともすると他人の迷惑を顧みない「わがまま」（selfish）に転化する。また、成果が外から評価しがたく、「生産性」が測定不可能で、自己満足に堕す場合も少なくない。これらの点が、国際競争と効率重視の「改革優先」の時代に集中的砲火を浴び、国立大学や公立大学の「法人化」、運営費交付金の削減、競争的資金の増加、任期制の導入や評価制度の強化など一連の「大学改革」の嵐が吹きすさぶ結果となった。

しかし、この改革によって「職場環境」の改善→モチベーションの増大→教育と研究の質の向上という方程式が稼動しているかというと、大いに疑問である。外部からの改革圧力をストレートに取り込んだ多くの大学の教員は、任期制と評価を意識して研究と教育の成果を挙げるのに汲々とし、科学研究費やGP（Good Practice＝教育支援プログラム）などの競争的資金確保のための書類書きやミスのない予算消化に貴重な時間と頭脳を使うなど、「職場環境」は悪化している。外圧を適度な刺激として、自らの組織の実態に合わせマイペースで改革してこそ、「職場環境の改善」に結びつけることが可能となる。いまこそ、教員主導の改革によって「明るくやりがいのある職場環境」をつくることが求められる。北九州市立大学は、飯塚病院の改革と多くの共通点を有している。

（「『明るい病院改革』に共鳴　大学も自らの主導で改革すべき」『ひろば北九州』二〇〇八年四月号）

四　中期計画ナビ＝「北の翼」

二〇〇八年四月二十八日夕方、小倉の飲食店で北九州市立大学経営企画課の送別会が開かれた。新年度の人事によるあわただしい引継ぎ業務が一段落し、ゴールデンウィークに入る直前のタイミングをねらっての飲み会である。送られる人は、甲山乙也、木原正彦、星之内正毅氏ら三人の係長と河合恵美さんである。

いずれも〇五年に北九州市立大学が「公立大学法人」化に伴って新設された経営企画課の有力メンバーである。法人移行事務に多忙な時間を割き、法人化後の改革を推進するために全力を傾注したメンバーでもある。このメンバーに永津美裕前経営企画局長、江島広二課長を加えた職員が最も困難な法人化移行期をリードした。出航・離陸をへて巡航飛行になるまでをしっかりと稼動させたと言えよう。

大学の事務機構は、経営企画課のほか、北方キャンパスに総務課、教務課、学生課、学術情報課、入試広報課、ひびきのキャンパスに管理課があり、事務局長、次長、ひびきの担当部長など幹部職員を核に約一五〇人の職員がいる。職員は日常的な教育支援業務に加え、法人化後の「改革」遂行に多忙な日々を過ごし、全国的に注目される本学の改革に大きく貢献した。ここであえて、経営企画課に着目するのは、法人化後の改革を企画・推進する部署として新設され、みごとにその責を果たしているからである。

〇五年に学長に就任した私には、役所の文書として箇条書きとなっている一六九項目にのぼる中期計画からは、メリハリのきいた戦略の策定や工程表をうまくデザインできなかった。そこで就任早々、学長室の隣にある経営企画課に頻繁に出入りし、中期計画を一枚の図柄に収める方法を模索した。そして、本学の校歌に「天翔ける理想の翼」という一節があり、ここに中期計画の主要項目を配置することを思いついた。つまり、大学にとって最も重要な使命である「教育」項目を「左翼」に、「研究」を

「右翼」に配置し、「社会貢献」を「尾翼」、そして「経営」を「頭部」に配置し、キーとなる「組織再編」を教育・研究・経営の接点として位置づけて「心臓部」に配置した。これをPC技術に熟達した経営企画課のメンバーがセンスよくデザインしてくれた。こうしてできあがった図を企画課の皆で「北の翼」と命名した（図表2-1-4、六〇-六一ページ）。

この図に振り分けられた左翼＝教育は教員と学生、右翼＝研究は教員と大学院生がそれぞれ主役で、尾翼＝社会貢献は教職員・学生と市民が担い手となる。他方、経営責任は、理事長・学長・事務局長・副学長など執行部に集中し、経営審議会が支える。改革の中核となる「組織の再編」は、執行部と学部長・研究科長の集団による共同作業が不可欠となる。この図は、各分野の主役も明確にしている。

この図をベースに中期計画期間六年間の「工程表」が策定された。これが、いわば「カーナビ」となって、理事長・学長・副学長・事務局長・経営企画局長（〇八年、このポスト廃止）からなる執行部会議、経営審議会・教育研究審議会・各組織の教授会がそれぞれの分野の改革を実行してきた。経営企画課は、このカーナビに基づいて改革の工程管理を行うとともに、大胆な組織再編の「プラットホーム」の役割を担った。基盤教育センター、ビジネス・スクールであるマネジメント研究科、教員四人に一人の組織間移籍を伴った大規模な学部・学科再編、社会システム研究科の博士一貫課程への再編、北方四学部の夜間主見直しと新しい学士課程である「地域創生学群」といった列車が、短期間のうちに次々に出発していった。

法人化後三年を経た〇八年三月には、一六九項目のほぼ九五％が完了、またはほぼ完了した。

（「改革のエンジン『経営企画課』　改革ナビ『北の翼』を策定、遂行」『ひろば北九州』二〇〇八年九月号）

五　法人化後初のキャンパス施設改善――「モノレール側通用門」

二〇〇七年三月二十四日北九州市立大学の卒業式が行われた。学長として就任以来二回目の「学位授与式」の告示を話さなければならない。四月に行われる入学式の「式辞」とともに、頭痛の種である。毎年同じことを述べるわけにもいかず、一年間手当たり次第に、いろいろの本を読む。私の考えにマッチし、かつ現代の若者にもフィットする「思想」に遭遇することは、めったにない。今年は、「有為転変する社会で生きていくには、自らの人間力を引き続き向上させるため、日々努力していかなければなりません。与えられたポジションから知識と経験、人間観を一つ一つ自らの血や肉にしていくとともに、組織のなかからでなく、一人の人間としてより広い世界に関心を向け続けることも重要です。……緊張感をもって生きて下さい」という趣旨の言葉を贈った。とともに、「五五回の卒業式を記念して、モノレールの駅から同窓会館に近接したところに新たに通用門を設置し、キャンパスへの近道をつくりました。皆さんへの贈り物として、急いで完成してもらいました」というエピソードを加えた。

北九州市立大学の北方キャンパスは、小倉南区北方の国道三二二号線の東側に沿って南北三五〇メートル、東西二三〇メートルの長方形の形をして立地している（図表2-2-3）。学生の多くは、国道の真上を走るモノレールの「競馬場前」駅で降り、約一八〇メートル国道沿いに北上して西門から入る。学長に就任して一年ほどたったある会合で、同窓会の村山昌生事務局長から、モノレールの駅からキャン

図表２－２－３　北方キャンパス施設図

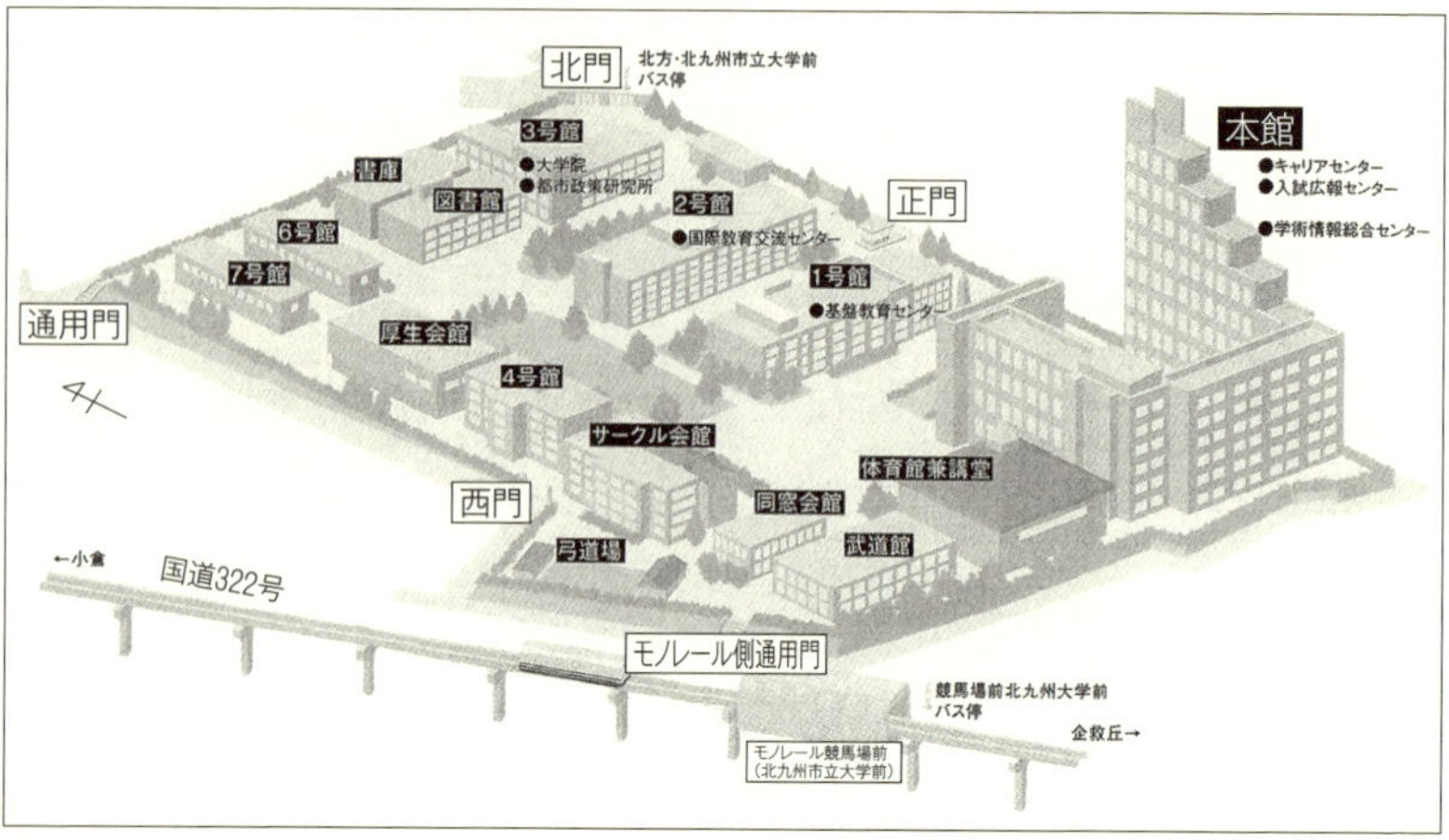

大学資料

パスにショート・カットで入ることはできませんか、と問われた。よく観察すると、確かにこれが実現すれば、本館へは三～五分登校時間が短縮される。また、西門付近のマンション住民の登下校時の騒音も緩和される。

そこで、公立大学法人になり、施設の整備について市当局との予算折衝が不要となったことを利用して、「通用門」の設置を検討するよう事務当局に依頼した。会館が近接している同窓会の資金援助も得られることもあり、財政的な問題をクリアでき、「通用門」の建設に踏み切った。私自身、「通用門」開設以来、学生の駅からの動きに注目しながら、登校時にモノレール駅から歩いている。五月の連休まで多くの学生が新しい「門」を横目でみて、西門まで国道沿いを歩いていたが、連休明けになるとショート・カットしてキャンパスに入る学生が増え、夏休み前には、ほとんどの学生が「通用門」を使うようになった。学生や教職員の利便性の改善に寄与したことは確かである。その後、「通用門」の名前について、事務と話し合った。すでに、自衛隊側に「正門」があり、さきの「西門」のほか、「北門」もある。当然、位置的にみて「南門」とする案が有力となったが、なんとなく外部の人にわかりにくいので、「モノレール側通用門」という常識的な名前に落ち着いた。

法人化を契機に、市当局との折衝の必要のないキャンパス施設の改善をどんどん実施している。すでに、教員の要望でCALL教室を強化し、学生の要望を受けパソコンを備えた自習室を拡充した。〇七年には、学生の修学・就職・生活・からだと心の悩みなど多様な相談を総合的に受け止める「学生プラザ」を本館一階に改築してオープンした。

(「『モノレール側通用門』の設置　法人化を機に次々改善策実行」『ひろば北九州』二〇〇七年十月号)

第二節　教員人事は教授会から教育研究審議会に

一　新たな教員人事システムの構築

二〇〇八年三月六日、北九州市立大学の臨時の教育研究審議会で七人の教授への昇任と四人の准教授への昇任が審議・承認された。法人化から三年、大学運営で最も神経を使う教員選考システムが軌道にのったことを実感した(図表2-2-4)。戦後の学制改革以来、半世紀以上、日本の大学では、大学の自

図表2-2-4　教員人事システムの改革

1. 教員選考体制の変更・教授会から教育研究審議会へ 公開公募，論文，面接，模擬授業，昇任基準明確化 2. 教員定員規制の緩和 ①教授枠の拡大②ポストの新設（キャリアセンター，ビジネス・スクール） 3. 語学教師ポストの常勤化―外国人教員の増強 4. 学部・学科再編と教員の再配置 5. 特任教授制度の採用―ビジネス・スクール，地域創生学群 6. 女性教員の採用増加 7. 任期制度の限定的適用―工学部・大学院，異文化言語等 8. 教員評価制度の適用，08年見直し（ポイント制から自己点検制へ）

治、教授会の自治の象徴が教授会による教員選考方式であった。これには相当の合理的根拠がある。教授選考は、大学教員としての研究上の業績の評価と学生を教育する適性の二点が判断基準となる。前者については、研究分野が細分化されているため、専門に近い分野の教員による選考が適している。いわゆるピア（peer―同一分野）評価である。このため専門分野に近い組織、つまり、学部教授会、学科会議、さらに各講座などで人事が決定される。こうしたシステムは、他方で大きな弊害をもたらしてきた。講座中心の人事の場合、教授と教え子の関係が複雑に絡み、対立が生じやすい。場合によっては、何代にわたっての係争を生む。また、学閥や学派、思想対立も顕在化し、教授会投票では厳しい票読みがなされる。小説『白い巨塔』もまんざら虚構ではない。

こうした実態をとらえ、経済界や大学外の識者は、日本の大学の研究や教育での国際競争力の低下の原因を伝統的な「教授会自治」に求め、教授会での人事選考方式の変更を主張する論調を展開してきた。そのため、人事権を理事長・学長に集中することを主張し、国公立大学の法人化によってこれを制度化した。しか

図表2-2-5　教員定数の増加

（単位：人）

	2005年度	2006年度	2007年度	2008年度	2009年度	2010年度	増員数 合計	備　　考
教員定数	243	254	264	276	276	276	−	
前年からの増減（＝A＋B＋C＋D）	−	11	10	12	0	0	33	
北九州市より移管　A		7					7	北九州市の予算上の措置
(財)都市協会		(4)					(4)	
北九州市環境科学研究所		(3)					(3)	
国際環境工学研究科新専攻設置　B			6				6	
語学教師の定数化（異文化言語教育担当教員）　C		3	2	6			11	
大学独自の採用　D		1	2	6			9	
キャリアセンター		(1)					(1)	
ビジネス・スクール			(1)				(1)	
基盤教育センター			(1)				(1)	
地域創生学群				(6)			(6)	
北九州市の予算上の定数	243	250	256	256	256	256	13	
教員数	230　−	239　−	252　−	260　−	267　−	269　−		各年度4月1日現在
教授	118 (51.3)	128 (53.6)	136 (54.0)	144 (55.4)	144 (53.9)	152 (56.5)		05年10月，教授定員1/2から2/3へ緩和
准教授（助教授）	97 (42.2)	97 (40.6)	98 (38.9)	99 (38.1)	109 (40.8)	107 (39.8)		
講師・助教	15 (6.5)	14 (5.9)	18 (7.1)	17 (6.5)	14 (5.2)	10 (3.7)		
女性教員	21 (9.1)	29 (12.1)	34 (13.5)	36 (13.8)	42 (15.7)	43 (16.0)		
外国人教員	19 (8.3)	22 (9.2)	24 (9.5)	26 (10.0)	27 (10.1)	28 (10.4)		
うち異文化言語担当教員		3 (1.3)	5 (2.0)	7 (2.7)	8 (3.0)	8 (3.0)		

大学資料

＊教員数・女性教員・外国人教員の欄の（　）は，各年度の教員数に対する割合

＊2010年度の教員数については，退職，異動の予定者及び採用で内定済みの者のみ反映

し、それはあくまで形式であって、ほとんどの大学では実質的に従来通り教授会で決定している。法律を形式的に適用して理事長・学長主導で人事を行った場合、学内紛争の火種となっている。教授会内の紛糾を回避するための人事権の集中は、「ピア評価」による学問的水準の維持という側面を否定することになるからである。当該研究分野に疎い理事長や学長が個別人事に介入すると、モラルハザードが生じ、学界における大学の評判を低下させる。学者の間では、教授会で人事対立が恒常化している大学への就職が敬遠されるとともに、理事長が強い人事権を持つ私立大学等への就職もまた極端に嫌われる。これらの大学では優れた教員が集まりにくい。

北九州市立大学では、法人化とともに、従来の教授会での教員採用システムを大胆に変更した。しかし、理事長や学長に人事選考の実質的な決定権を移行したわけではない。教学事項の最高審議機関である教育研究審議会（以下、審議会）へ学部・研究科等の教員の人事選考権を移行したのである。具体的には、審議会で、当該ポストを選考する学部の学部長、専門分野に近い学部内教員三人、そして学部外の審議会委員一人、計五人で選考委員会を発足する。その後、公募―面接―模擬授業の経路をへて委員会で選考し、結果を審議会に報告し、承認する。投票は行わない。ピア評価の原則を維持しつつ、教授会内の「政治化」を回避し、学部長と審議会の責任を明確にするシステムである。この結果、人事は順調に進んでいる。また、選考過程で模擬授業を必修化したことからか、女性が選考されるケースが多く、女性教員数は、〇五年四月から一〇年五月までの五年間に二一人から四三人に約二倍に増加し、全教員に占める比率も九・一％から、一六％に上昇した。さらに、教員定数のうち教授比率五〇％を上限としていたのを三分の二まで量的に緩和した。他方で、教授昇任基準を厳しく設定し、いわゆる就任の順番での昇任という慣行を一掃した。その結果、業績の高い四〇歳代前半の教授が増えた。年功序列から業績主義の人事が定着しつつある。

（「ピア評価と教員選考システムの変更　教授会から教育研究審議会へ」『ひろば北九州』二〇〇八年六月号）

二　運営費交付金の削減のなかでの大幅な教員増の実現

二〇〇八年四月一日、北九州市立大学で教員の辞令交付式が行われた。今年の新任教員は、教授五人、准教授六人、講師五人名合わせて一六人という大規模なものである。これで、教員の定員は、法人化した二〇〇五年から三年間で、二四三人から二七六人へ三三人増加した。（このうち、実人員は、二三〇人から二六〇人と三〇人増えた――一〇年四月には二六九人へと三九人増）（図表2-2-5）。

そもそも法人化によって、北九州市が設定する「教員定員」という考え方がなくなり、大学独自の予算の枠内で教員を採用することができるようになった。しかし、総予算の約三分の一を占める運営費交付金が毎年五％減少するなかで、教員定員を増やすことは極めて難しい。多くの国公立大学では、国や自治体からの交付金の減少によって教員の削減に追い込まれている。北九州市立大学は逆に一二％も教員増を実現した。この間学生数は維持したままであるから、教育の質保証のメルクマールとなる教員一人当たり学生数は、入学定員ベースで五・七人から五・〇人へと減少したことになる。全国的にも珍しい。

教員増が実現できた要因は、大きく次の五つに分けられる。

一つには、市の外郭団体の北九州都市協会から四人の研究員が給与や研究費とともに本学の准教授・講師に移籍した（その後、教授・准教授に昇任）。これによって、北方キャンパスにあった産業社会研究所が新たに都市政策研究所として再出発することになった。従来の自主的研究とともに、積極的に学外の委託研究を受け、地域のシンクタンクとしての機能を強化した。

二つには、国際環境工学部に新たに環境生命工学科やエネルギー循環化学科を設置するため、市付属の環境科学研究所から三人の研究者が移籍し、さらに六人の教員ポスト増を認めたことである。この定員は市の予算措置を伴って増えた。

三つ目は、外国語教育を重視する本学は「語学教師」と呼ばれるネイティブ・スピーカーを長い間非正規雇用していたが、これを「異文化言語教育」担当の正規雇用に順次切り替えている。かつての一一名の「語学教師」のうち、これまで八人分が正規雇用に転換している。「語学教師」の持ちコマ数が多かったため、非正規から正規への転換による追加費用負担はそれほど多くはなく、大幅なコストアップに直結せずにすんでいる。

四つ目には、北方キャンパス四学部の夜間主コースを廃止し、夜間主を含む「地域創生学群」という学士課程を〇九年四月に発足したことに伴い、新たに六人の教員増を実現した。その財源は、夜間主から昼間主への入学定員一一二人の振り替えに伴う授業料収入増加分をあてた。

五つ目には、独自の予算措置がないまま、基盤教育センター、ビジネス・スクール、キャリアセンターなどの新組織設置に伴う教員陣強化のため、計三人増やした。

こうして定員増三三人中、市からの予算措置で一三人、大学の収入増分で六人、非正規から正規雇用転換で十一人、独自の負担増で三人となる。

法人化後、設置団体によって厳しく決められていた定員規制を撤廃し、大学独自で教員数を決めることができるようになった。とはいっても、予算枠が増加するわけではなく、逆に市からの運営費交付金が毎年削減されるので、授業料をあげるか、学生数を増やさなければ教員の数を増やすことはできない。しかし、北九州市立大学では、独自の財源確保によって、教員数を増やすことに成功した。

(「三年間で北九大教員二六人増　交付金減少の中で定員増を実現」『ひろば北九州』二〇〇八年七月号)

三　教員評価制度の大胆な見直し

二〇〇八年九月九日の教育研究審議会で、新しい教員評価制度が承認され、〇八年度から施行されることになった。その結果は、翌々週の二十四日に開催された経営審議会に報告され、委員の関心をよび、活発な意見の交換が行われた。大学という組織への評価活動は、すでに二〇年近い歴史を有し、いままでは、法律によって七年に一回は大学評価・学位授与機構や大学基準協会などの評価機関による「認証評価」を義務付けられている。加えて国公立は大学法人化されたことによって、設置団体である国ないし地方自治体から中期目標・中期計画などの「法人評価」を義務付けられている。しかし、大学を構成する個々の教員の評価については、評価方法の困難性や評価結果の待遇への反映を危惧する教員の抵抗などによって、教員評価を実施する大学はそれほど多くはない。そのなかで、北九州市立大学では、法人化とともに一年間の試行ののち〇六年度から果敢に実施し、すでに二年を経過していた。

法人化とともに始まった「怒涛のような改革」は、幹部だけでなく中堅教員主導のいわば「ミドルアップ型」で実施されただけに、教育・研究を担う教員の強い抵抗もなく実施された。しかし、大学教員に対する評価だけは、学内に強い不協和音が残った。いままで教育・研究の自由を謳歌してきた大学教員の抵抗感として認識する以上の強さを感じざるを得なかった。そこで、二年間の評価活動を「評価」する委員会を発足させ、学内の意見の集約を依頼した。〇七年六月から十一月までの半年間、委員の間に激しい議論がたたかわされ、七回にわたる会議でもまとまらず、三案併記の報告書が提出された。

それまでの制度は、教育、研究、社会貢献、管理運営の四分野の活動や成果について、細かく点数を決めそれぞれの分野の点数に各人が申告した分野ごとの比重をかけて総合点とする。これに基づき北方キャンパスの全教員を序列化し、総研究費の三分の一を財源として傾斜的に再配分するというものである。批判は、細かい評価項目と評価点設定の恣意性と公平性、研究費の傾斜配分に集中した。評価点の例をあげれば、評価の高い学術雑誌五点、査読つきの学術雑誌三点、博士論文二から四点など細かく設定されている。複雑な評点項目を意識して活動することの不自由さ、評価シートに書き込むことの煩わしさも指摘された。

三案併記の報告を受けて、十二月二十六日の教育研究審議会で大胆な学長提案を行った。ここで、教員の自己研鑽、社会への説明責任、中期計画の誠実な履行などから教員評価は継続することを明言するとともに、評価方法の大幅な変更案を提起した。具体的には、項目ごとの詳細なポイントによる「量化主義」は廃止すること、代わって、教育・研究・社会貢献・管理運営活動の実績を自ら記載し、これをネットで社会に公開すること、これらの四分野の活動について比重をつけたうえで、自らA、B、Cの評価を行うこと、部局長は、この評価をベースにとくに優れた実績と判断されるものをS評価とすること、また十分な根拠があれば特定の教員についてC評価を付すことができること、以上の内容を骨子とした。これに基づき、副学長・部局長等で構成する教員評価委員会で四ヵ月議論の後、詳細な実行案を作成した。それは、S評価の教員の一ないし二割をめどに年に二〇万円の研究費を増額し、一般教員の研究費減額はしないことなどが付加され、教員活動報告の具体的フォーマットが提示された。教員評価の先導を走ってきた本学が、実績をベースに大胆な見直しをした意味は小さくない。

（「教員評価制度の大胆な見直し　全国に先駆け、実績を積極的評価」『ひろば北九州』二〇〇八年十二月号）

［参考］学長提案「北方キャンパスにおける教員評価制度の見直しについて」（二〇〇七年十二月二十六日）

北九州市立大学の教員評価制度は、平成十三年度から実施されてきたひびきのキャンパスに続いて、平成十七年四月一日の公立大学法人化とともに策定された「中期計画」に基づいて、平成十七年度より全学部で試行的に実施され、平成十八年度から北方キャンパスに本格的に導入された。平成十八、十九年度の二年間にわたって実施される過程で学内の多くの教員からさまざまな問題が指摘された。そこで、平成十九年六月に「教員評価改革委員会」が設置された。委員会は七回にわたって開催され、真剣な討議がなされ、十一月二十八日教員評価改革委員会委員長あてに「北方キャンパスにおける教員評価改革に関する答申」がなされた。答申は、委員会での厳しい議論を反映して、A案、B案、C案の三つが並列するものとなった。それぞれの答申には、関係する委員の真摯な意見が率直に反映されており、新しい「教員評価制度」に取り入れるべき多くの見解が存在しているものの、一つの制度として取り纏めるには重要な点で相互に相容れないものがある。

しかし、以下で述べる意義の二、三の視点からみれば、教員評価制度の廃止という選択はありえず、異なる案が並列したまま一本化できないと、結果的に現行システムを継続せざるを得なくなり、「教員評価改革委員会」の議論が無駄になってしまう。そこで、教員評価改革委員会の委員長の責任として、三つの案を参照しつつ、新しい教員評価制度を提案する。

まず、教員評価の意義について改めて問い直し、その視点から三案およびひびきのキャンパスで早期に実施されている「教員の自己点検・評価とその活用について」との整合性に配慮して、北方キャンパスにおける新しい「教員評価制度の骨格」について提案する。

〈教員評価制度の意義〉

教員評価制度の意義は、大きく以下の三点に整理される。

1、教員評価は、本学の使命である、教育内容の一層の充実、自由な研究活動に基づく優れた研究成果の蓄積、本学の研究・教育資源をベースとする社会貢献活動の実行、これらの活動を促進するためのスムースでスピードをもった管理運営、以上の四領域を担う教員の日常的営みの指針となること。および個々の教員の諸活動のインセンティブを高めることに資すること。

2、本学が、教育対象である学生およびその保護者、設置団体である北九州市およびそれを支える北九州市民などを基盤にして成立していることから、公立大学法人としての大学はもとより、それを構成する個々の教員の行動についても、厳しい自己点検・評価が求められていること。換言すれば、ステークホルダーに対する説明責任を果たすこと。

3、こうした観点から、中期計画（三五項目）では、「教員については、平成十七年度から教育、研究、社会貢献、管理運営を評価対象とする教員評価制度を導入し、平成十八年度には評価結果の研究費への反映を図ると共にシステムの検討・修正を行い、平成十九年度を目途に昇任や賞与等その他の処遇について評価結果を反映させることを検討する」と記述されており公立大学法人として、これを誠実に実行する義務を負っていること。

〈現行評価制度の問題点〉

二年間の実施のなかで、現行の評価制度がこうした意義を十分に遂行するものであったか否かが問われており、これを検証することが「教員評価改革委員会」の課題でもあった。委員会報告において、それぞれの案によって強弱の差、ベクトルの差はあるが、指摘されている共通の問題点は、大づかみに以下の三点に集約される。

1、評価するものと評価されるものとの関係、そこで生じる恣意性への危惧。

2、教員の教育・研究・社会貢献など質的差異性が顕著で自由かつ独創性を要求される活動に対して、「量化（ポイント制）」を主体とした評価システム」を適用していることへの強い違和感。また、1の恣意性を排除し公平性を担保するためにますます「量化」を細分化せざるをえなくなるというジレンマ。

3、現行の研究費配分などに加えて、昇任・昇格、サバティカル制度など評価結果の適用に対する積極的提案と他方での強い疑念の共存。

〈新しい教員評価制度の骨格〉

以上の、「教員評価制度の意義」を可能な限り現実化し、かつ「指摘される問題点」に対してなんらかの方向性を提起することを目的として、以下のような新しい教員評価制度の骨格を提案する。今後この考え方に基づいて、実施可能な「具体的なシステム」の検討を行うこととしたい。

① 個々の教員の自己点検・評価を原則とする。

教員には、研究・教育・社会貢献・管理運営など多様な性格を有する活動が要請されている。テーマ設定においても研究方法においても本来自発的で自由な活動としての研究、高等教育機関としての大学・学部・学科が設定したカリキュラムの一端を担うという意味では強い責任を負うべき教育活動、自発的に行う側面と大学や学外組織等の企画に協力する側面など両面をもつ社会貢献活動、自らの研究と教育そして生活の場となっている大学という組織を維持し、かつ少子化と厳しい競争のなかで不断の改革を推進する担い手としての管理運営労働など、教員の活動は自発性・自由性と共同性・義務性の両側面がない交ぜになっている。前者を重視すれば教員評価は自己評価をベースにすべきものであり、後者に注目すれば学長・部局長などの管理者主導の評価にも合理的根拠がある。しかし、教員の研究・教育・社会貢献の内容を豊かにし、深めていくには、教員自体の内在的動機づけが決定的であることは否定できない。このことを重視すれば、教員評価のベースを教員自らの点検・評価におくことが、インセンティブを高める点では有効であろう。そのうえで教育や管理運営活動の義務遂行等を中心に部局長などの再評価を加えるという評価システムを採用するのが妥当であろう。そこで以下のような手順を提案する。

イ　教員は、教育、研究、社会貢献、管理運営の四領域について、一定のフォームに基づいて「活動報告書」を作成し、これを公開するとともに、自らそれぞれの項目についてA、B、Cの三段階で評価する。Cについてはそれぞれの領域について教員が行うべき最低限の義務を遂行しない場合に限定される評価とする。

ロ　ただし、部局長は、常任委員会の意見を参考にして個々の教員の評価を修正することができる。また、学長は、部局間バランスなどの必要から副学長の意見を参考にして、部局長による個々の教員の評価を再度修正することができる。

　修正に当たっては、個々の修正のほか、とくに顕著な成果をあげたと評価できる教員については、各部局の教員数の二〇%を上限としてS評価に修正することができる。また、あらかじめ設定された基準を下回ると判断された教員にはCランクをつけるものとする。

ハ　評価者となる学長、副学長、部局長は評価の対象としない。

②　原則として「量化を主体とした評価システム」は適用しない。

二年間にわたる現行の評価制度の実施過程で最も批判が集中したのは、この点であると認識される。教員の教育・研究・社会貢献など質的差異性が顕著で自由かつ独創性を要求される活動に対して、「量化（ポイント制）を主体とした評価システム」を適用することは、多くの困難をもたらすことが明らかとなったといわざるを得ない。「公平性」、「厳密性」を追求してよりよい「量化」を求めても、システム開発者の善意とは逆に、教育・研究・社会貢献への教員の自由かつ創造的な活動を阻害する危険性を強めざるをえないというジレンマに陥らざるをえない。

このことは、教員評価システム導入の第一の意義と逆行することになりかねない。したがって、教員の活動について細目を設定してポイントをつけるという「量化主義」は、原則として廃止する。

ただし、一定のフォームに基づく教員の活動報告書をベースにした教員の自己・点検評価において、教員の自己申告による領域間配分、領域ごとのS、A、B、C評価ののちの総合評価計算、C評価設定において教育、研究、社会貢献、管理運営における教員が負うべき最低基準については、簡単な数式計算や量的基準を設定する。

「量化主義」は、評価される者、評価する者ともに、多大な時間を要し、かつ相当程度の精神的疲労を伴う。わが国の大学で評価制度が本格的に導入されてから一〇年を経過し自己点検・評価、認証評価、法人評価等のために教員への負荷が重くのしかかり、全国的に「評価疲れ」が蔓延し、評価される対象となる研究・教育に割かれる時間がなくなるという、笑えない「パラドックス」に陥っている。そのため、評価制度の簡素化と評価労働の効率化が喫緊の課題となっている。本学においても、毎年度の評価に加え、平成二十一年度の認証評価、平成二十二年度の中期計画終了にともなう包括的法人評価を控え、学内の評価活動の簡素化・効率化は重要な課題となっている。こうした視点からも「量化主義」を継続することは困難といわざるを得ない。

③　教員評価制度の活用

教員評価結果については、従来の研究費の再配分のほか、今後導入を予定しているサバティカル制度における適用教員の選任、任期制教員の再任判定などの基礎資料として利用するとともに、教員の昇任における参考資料とする。ただし、利用のありかたについては、恣意性を極力排除する必要から、それぞれのケースにおいて別途検討し、基準を明確にするとともに、個々の判断においても説明責任を果たす。また、個々の検討に当たっては、特に努力した教員が報われる方向で詰められていくものとする。これにより、教員評価制度のもつインセンティブ効果を強める。

④　ひびきのキャンパスの評価制度との共通化

新しく提案する制度は、自己点検・評価をベースとすること、四段階評価とすること、「量化主義」を原則としないこと等において、ひびきのキャンパスにおいて実施されている教員評価制度と共通性を有し、諸制度の両キャンパスでの統一化を進めていく上で前進である。

〈**新制度の実施と経過措置**〉

なお、新制度の適用については、原則として平成十九年度の教員評価から適用する。そのため、活動報告書のフォーム、評価結果の利用の具体的基準等については、「報告書」での各案を参考にして平成一九年度内に策定する。

［**付記**］新しい教員評価制度は、その後活動報告書のフォーマットが確定し、二〇〇八年度に一学期末までに、旧方式で提出しなかった教員を含め、全教員の二〇〇七年度分の報告書が提出され、ネットで公開された。

（博多湾六題）

春風やヨットが競う今津湾
桜咲く愛宕の山はカーラッシュ
釜山行くビートル駆ける春の海

風の海見晴らす庭の沈丁花
博多湾黄砂の中に陽が沈む
博多湾冬の星空機の灯

第三章　教養と専門のバランスを重視した教学改革
――学部・学科再編

第一節　入学から就職まで一貫した教育システム

二〇〇五年に法人化し、本格的な改革にのりだした北九州市立大学は、わが国の大学が高度成長以来引きずってきた共通の多くの課題に取り組むとともに、他方で「大学改革」によって新たに全国的に生じた課題にも取り組まなければならず、「二重の改革」に直面せざるをえなかった。

前者の課題とは、学部教授会自治が強く、入試、教養教育、専門教育の相互乗り入れ、学生生活指導、就職支援など学部を超えた全学的課題への取組みに一貫性を欠いていたことである。大学は一つの経営体であり、学生への教育責任は教職員が共通理念に基づいて一体として果たされなければならない。「学部あって大学なし」の状態は許されない。

他方、後者の課題とは、多くの大学が直面している「教養教育の空洞化」である。これは、一九九一年の設置基準の大綱化を契機に専ら教養教育に携わる教員と専門教育に携わる教員の区別を廃止することを強力に指導したことから生じた。「教養教員の専門教員化」が行われ、カリキュラム上の教養科目（または共通教育科目）を残しながら、その担当を専門教員の「輪番制」にし、または非常勤講師に依存した結果、教育内容や方法の「改善」が行われにくくなり、教育の「空洞化」が生じている。専門的知識を身につけた人材の育成にとって、基礎となる幅広い知識の修得がますます必要となっている。そのなかでの教養教育の「空洞化」は、人間力育成に深刻な課題を提起している。これに対しても個々の大学の責任でできるだけ早く取り組まなければならない。

第一の課題の解決に対して、私は、就任早々、図表2-3-1にみるように、「入試から就職まで一貫した教育システム」の構築を提起し、実行してきた。これは、経営学でいうサプライ・チェーン・マネジメントの考え方を大学の経営戦略に適用したものである。

従来の大学は、「学部あって大学なし」といわれるほど、「学部」主導で運営されていた。そのため、教員人事、学部のカリキュラム、学生の入学・教育・卒業・就職に関するほとんどの権限は、学部教授会が握っていた。そのため、学部間で協力して実施しなければならない、高校に対する入試広報、センターテストを含む入学試験の実施、大学教育に不可欠な教養教育、学生の生活・健康・心などの多様な悩み相談、キャリア教育や就職支援、派遣留学や海外からの留学生支援など、大学共通の課題は、学部教授会間の調整課題として対応してきた。事実、入試委員会、教務委員会、学生部委員会、国際教育交流委員会、学術情報委員会など多様な全学委員会が設置されていた。しかし、各種委員会の委員長は、

図表2－3－1　入試から就職まで一貫した教育システム

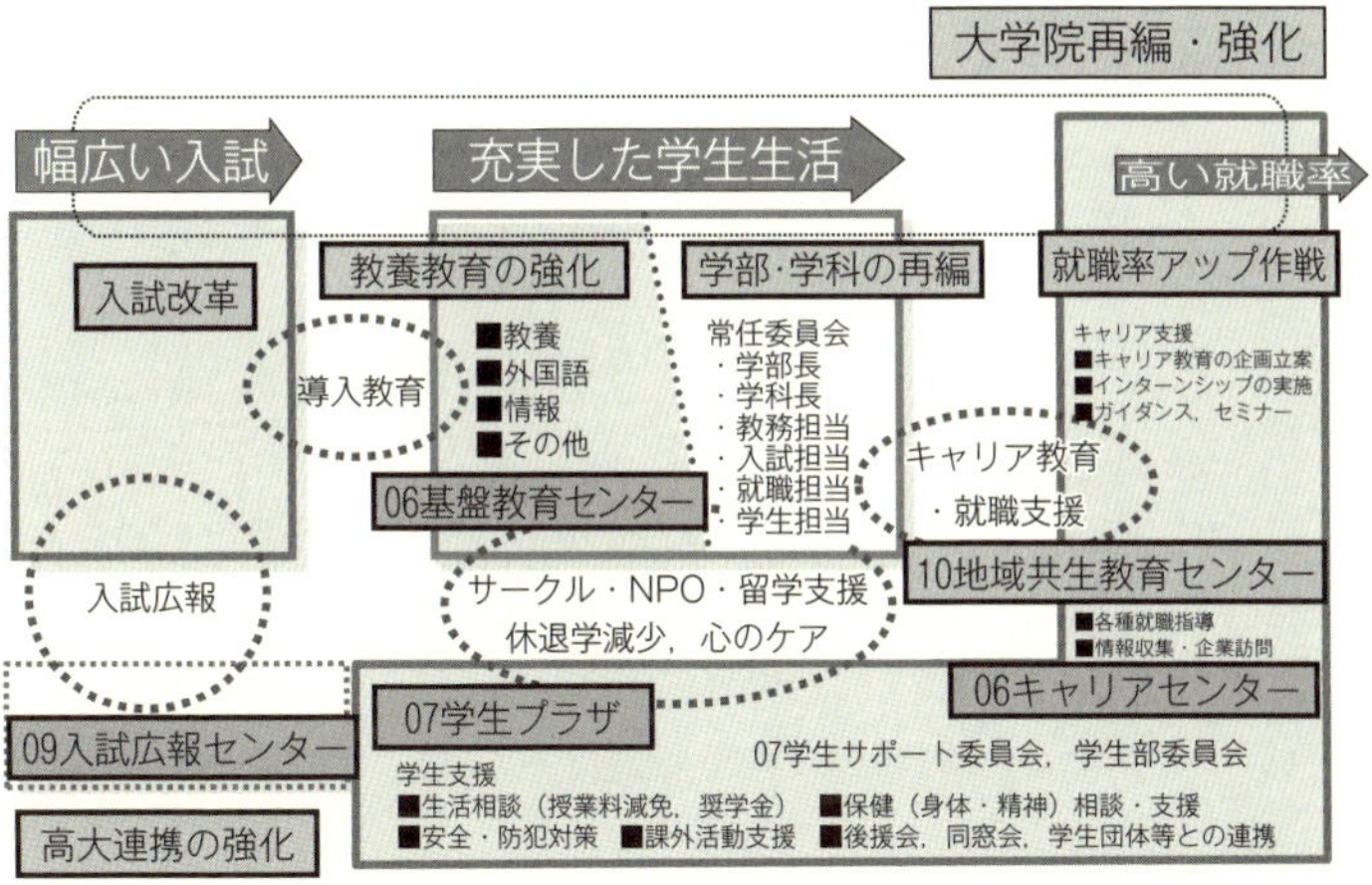

全学的な視点からの適任者よりも、負担の公平化という視点から各学部間の持ちまわりで選任され、また、重要な全学課題については、事実上個別教授会の「拒否権」が存在し、大胆な改革の実行を困難にした。官僚世界での「縦割り構造」が大学内においても厳として存在していた。一八歳人口が増加し、進学率が上昇している時代では、受験市場は「買い手優位」で、こうした「太平楽的」教授会自治は、継続されてきた。しかし、一八歳人口が激減し、大学間競争が厳しくなり、受験生が「教育の質」、「学生支援体制」、「就職率や主な就職先」などを基準として選ぶ「売り手有利」に転換しつつあるなかでは、「学部教授会」優先の大学経営は、負け組の道を選択するに等しかった。

「入試から就職まで一貫した教育システム」の構築とは、大学が共通して取り組まなければならない分野について大学直轄体制として優先的に取り組むことを宣言したものである。二〇〇六年の入試センター、広報センターの設置（二〇〇九年から入試広報センター）、キャリアセンターの設置と専任教員の採用などの一連の組織の開設は、一貫システム構築のためのものである。こうした大学共通テーマの取組みが弱いことを潜在的に認識していた各教授会の抵抗はほとんどなかった。さらに、委員長の学部間持ち回り体制も一掃し、教務部長、学生部長、国際教育交流委員長などを学長が直接指名した。従来は大学運営に慣れた学部長クラスの教授が就任していたが、定年まで二〇年近くを有し、研究業績、教育に対する情熱、人間性などで優れた若手教授に就任を依頼した。数年もたてば他大学への流出の可能性の高い教授が多く、人材の引止め策でもあった。こうした人選は大きな効果をもたらし、北九州市立大学改革の中枢的働きを見せた。

第二節　教養教育の再生及び、地域と時代が求める学部・学科再編

一　基盤教育センターの設置と学部・学科再編

「入学から就職まで一貫した教育システム構築」の最大の目玉は、大量の専任教員の専門学部からの移籍を前提とする基盤教育センターの設置である。「教養教育の空洞化」は、一九九〇年代の文部科学省の大学政策が全国の国公立大学に深刻な困難をもたらした課題である。文部科学省の強い指導を受けていない公立大学だからこそ専任教員による教養教育の再生が可能である。北九州市立大学の中期計画

図表2－3－2　北九州市立大学　学部・大学院の再編

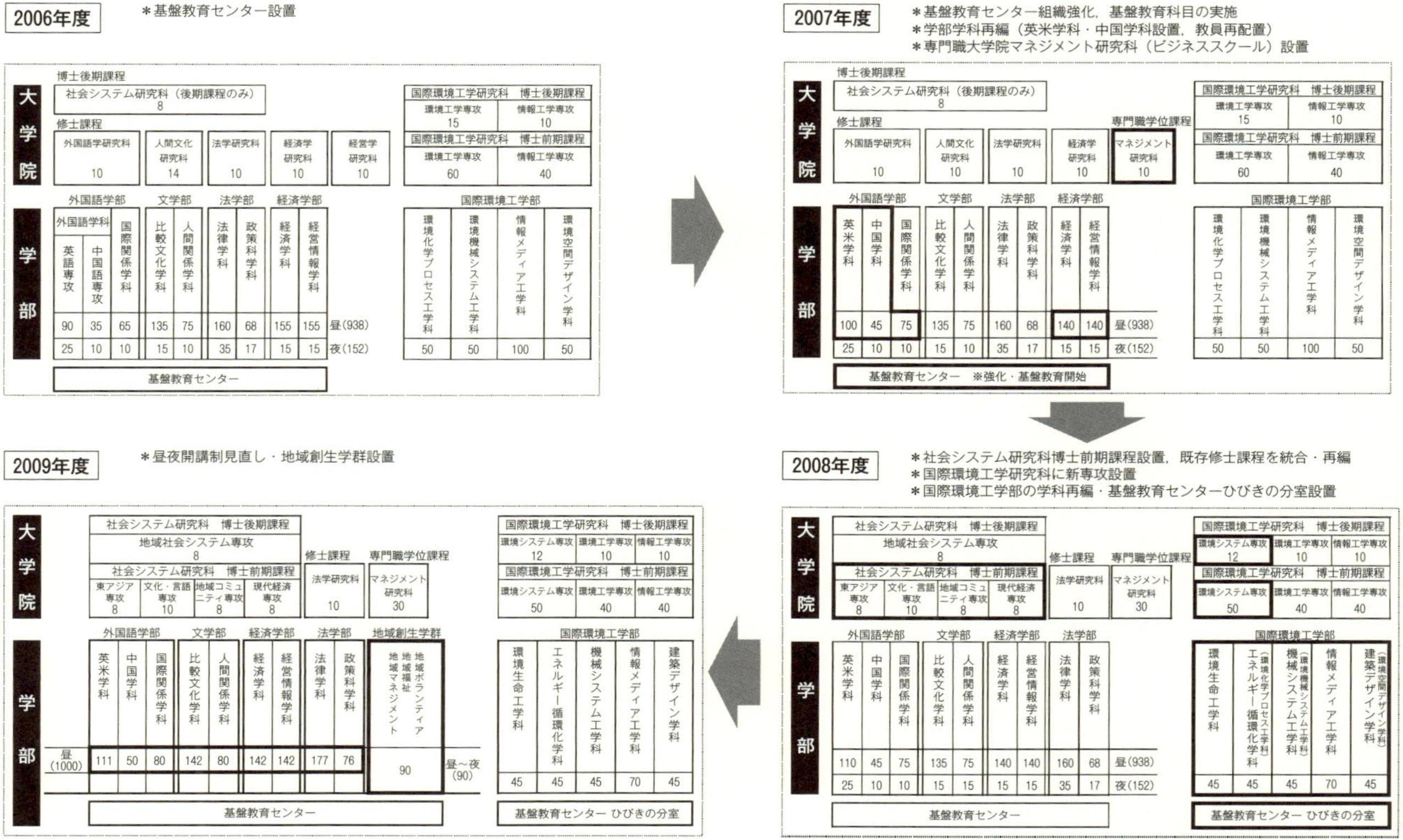

大学資料

図表2－3－3　学部・学科再編

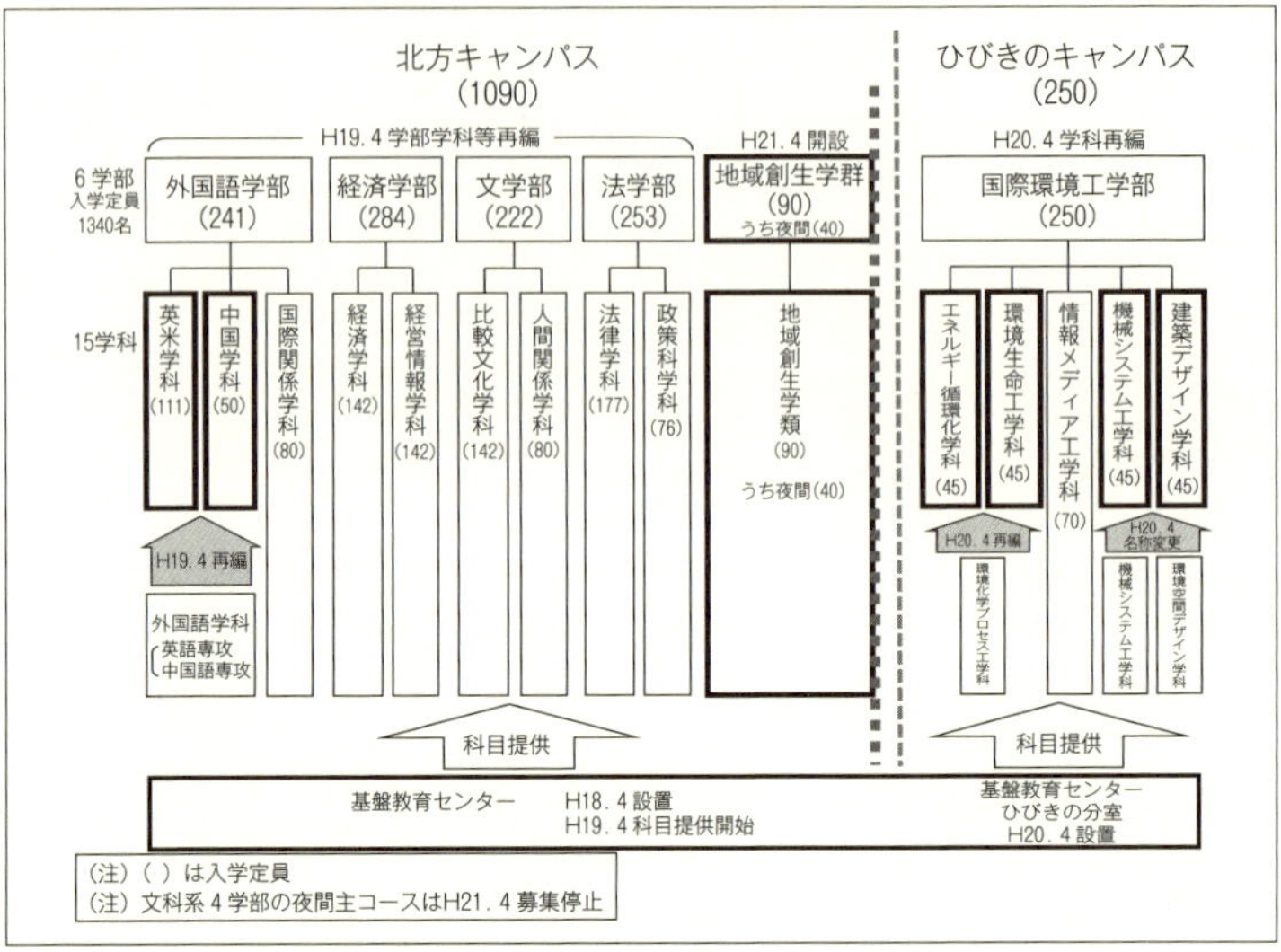
北方キャンパス
(1090)
H19.4 学部学科等再編
H21.4 開設
6学部
入学定員
1340名
外国語学部
(241)
経済学部
(284)
文学部
(222)
法学部
(253)
地域創生学群
(90)
うち夜間(40)
15学科
英米学科
(111)
中国学科
(50)
国際関係学科
(80)
経済学科
(142)
経営情報学科
(142)
比較文化学科
(142)
人間関係学科
(80)
法律学科
(177)
政策科学科
(76)
地域創生学類
(90)
うち夜間(40)
H19.4 再編
外国語学科
英語専攻
中国語専攻
ひびきのキャンパス
(250)
H20.4 学科再編
国際環境工学部
(250)
エネルギー循環化学科
(45)
環境生命工学科
(45)
情報メディア工学科
(70)
機械システム工学科
(45)
建築デザイン学科
(45)
H20.4 再編
H20.4 名称変更
環境化学プロセス工学科
機械システム工学科
環境空間デザイン学科
科目提供
科目提供
基盤教育センター　H18.4 設置
H19.4 科目提供開始
基盤教育センター
ひびきの分室
H20.4 設置
(注)（ ）は入学定員
(注) 文科系4学部の夜間主コースはH21.4募集停止

大学資料

図表2－3－4　大学院研究科・専攻再編

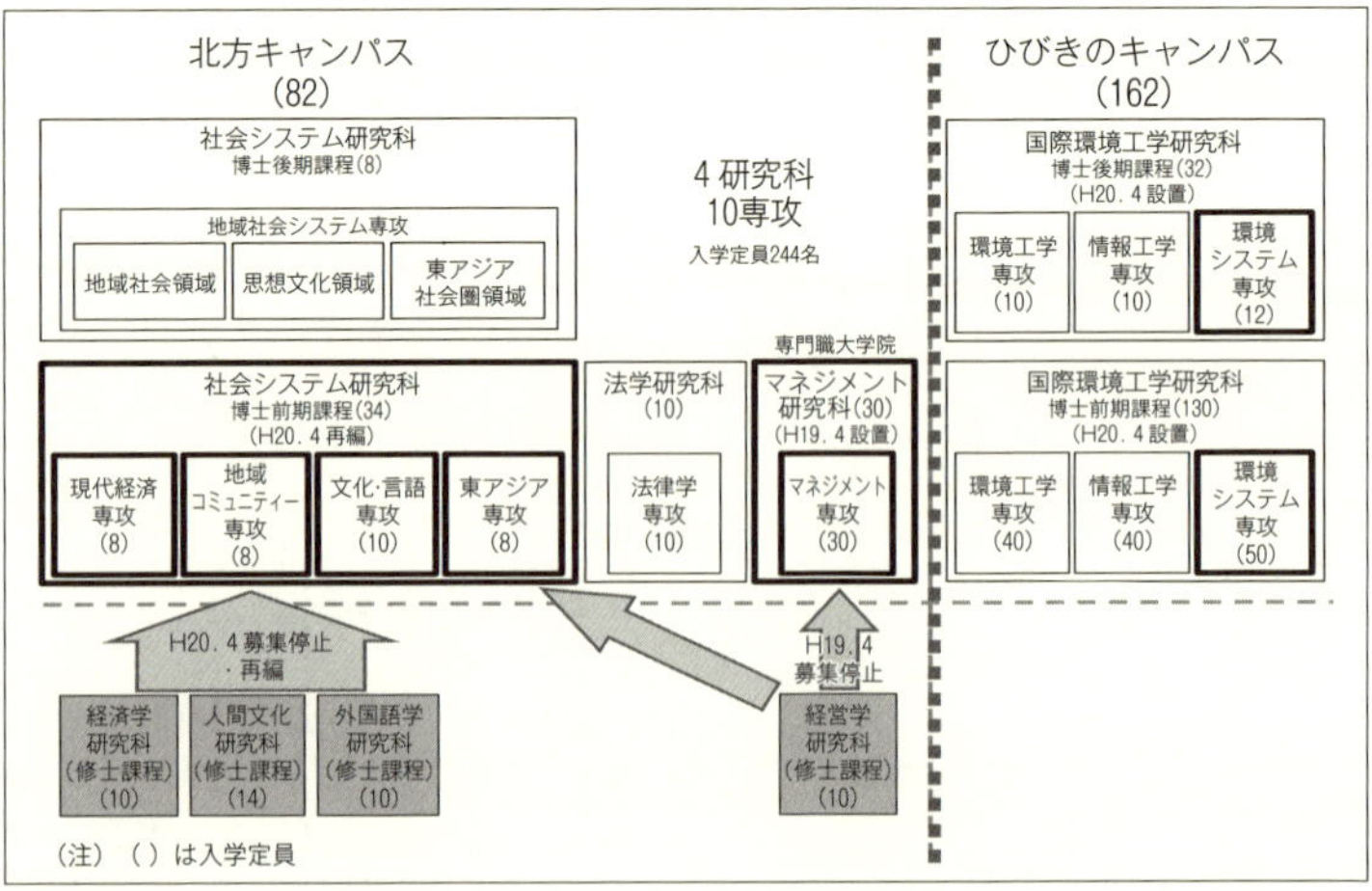
北方キャンパス
(82)
社会システム研究科
博士後期課程(8)
地域社会システム専攻
地域社会領域
思想文化領域
東アジア社会圏領域
4研究科
10専攻
入学定員244名
専門職大学院
社会システム研究科
博士前期課程(34)
(H20.4 再編)
現代経済専攻
(8)
地域コミュニティー専攻
(8)
文化・言語専攻
(10)
東アジア専攻
(8)
法学研究科
(10)
法律学専攻
(10)
マネジメント研究科(30)
(H19.4 設置)
マネジメント専攻
(30)
H20.4 募集停止・再編
経済学研究科
(修士課程)
(10)
人間文化研究科
(修士課程)
(14)
外国語学研究科
(修士課程)
(10)
H19.4 募集停止
経営学研究科
(修士課程)
(10)
ひびきのキャンパス
(162)
国際環境工学研究科
博士後期課程(32)
(H20.4 設置)
環境工学専攻
(10)
情報工学専攻
(10)
環境システム専攻
(12)
国際環境工学研究科
博士前期課程(130)
(H20.4 設置)
環境工学専攻
(40)
情報工学専攻
(40)
環境システム専攻
(50)
(注)（ ）は入学定員

大学資料

では、「空洞化」しつつある教養教育に対して、基盤教育センターを設置し専任の教員による「基盤教育」の充実を掲げている。これは、中期計画策定前に学内で設置された「共通教育センター設置検討委員会」報告をベースにした、学内の教員の総意によるものである。ここでの見解は、私が一連の大学改革のなかで実感したものと問題意識を共有しており、直ちに設立に着手した。

法人化の翌年の二〇〇六年度に基盤教育センターの設置を決め、学内から移籍教員を募った。この結果、北方キャンパスにある外国語、経済、文、法の四学部一六〇人中九人の教員の参画がえられた。とりあえず、移籍教員によって、二〇〇七年度から新しいシステムのもとでの「基盤教育」の実施を視野にカリキュラムの作成と教員の充実についての企画を進めることにした。そのうえで、基盤教育センターの充実、外国語学部英語専攻と中国語専攻の英米学科、中国学科への昇格、経済学部経営情報学科を母体とするビジネス・スクールの設置、この三つのプロジェクトを軸にした、学部・学科再編と学部所属の教員の大幅な移籍を断行した（図表2-1-9および図表2-3-2〜4）。

この学部・学科再編は、教育研究審議会を構成する学長指名の七人の若手教員と副学長による学部・学科再編小委員会を核に進められた。なかでも、教員の移籍については、北方キャンパス在籍の二人の副学長、晴山英夫、近藤倫明両教授が、個々の教員と個別に話し合い、本人の合意をえながら慎重に行われた。この結果、文学部から六人の英語教員が外国語学部英米学科に移籍し、外国語学部から四人の英語教員と二人の教養担当教員が基盤教育センターに、また、文学部から一人の英語教員と四人の教養担当教員が、法学部から四人の教養担当教員、経済学部から三人の情報担当教員が、それぞれ基盤教育センターに移籍した（〇六年度移籍分含む）。さらに、長い間「語学教師」として非常勤扱いであったネイティブ・スピーカーのポストを正規の教員として、基盤教育センター所属とし、とりあえず五名を採用した。この結果、新規増員一人を含め基盤教育センターに二三人の専任教員が配置され、基盤教育の責任体制が整備され、専門学部教員の協力を加え、二〇〇七年度から一新したカリキュラムのもとで基盤教育が開始され、非常勤率は大幅に削減された。

また、経済学部経営情報学科から七人の教員が新設の経営専門職大学院であるマネジメント研究科に移籍し、他学部に属していた中国、韓国、東南アジアを専門とする教員が外国語学部に移籍し、中国学科、国際関係学科などでのアジア地域分野の教育の充実を図った。また、第二外国語を担当としていたいくつかの学部に分散して所属していたロシア、スペインの言語・文化研究者も文学部に移籍し、英米、独仏の言語・文化、さらに日本文化研究者と協力して比較文化教育の充実を図った。

こうして文系四学部約一六〇人中、おおよそ四人に一人が所属組織を変更し、教員の大幅拡充をせずに「選択と集中」の原理に基づき、新分野の拡大と既存分野の充実を実現した。教員の学内組織間の大幅移動は、定年や他大学転出とその補充以外にメンバー変更がなく、人間関係の対立など何十年もいわゆる「固まった人間関係」が確立され、活力を失いがちな学部・学科を再生するという大きな副次効果も実現された。

基盤教育の充実、学部・学科再編とともに、全学的なカリキュラムの見直しを行い、新入学生分に限れば、講義総コマ数、非常勤講師担当コマ数とも約二〇％減らすことができた。三年間は新旧カリキュラムが並存するので、教員の労働軽減はすぐには実現できないが、新入学生にとって選択しやすくなった。

二　教養教育の再生

二〇〇七年五月二十八日夕方、午後の講義の学生の感想文が事務から届けられた。今年から始まった新しいカリキュラムによる「基盤教育」（一、二年生に課せられるいわゆる「教養教育」）の一環として、毎週月曜日三時限に新入生向けの理事長・学長特別講義「大学論・学問論」が実施され、その四回目の講義である。この日は、北九州市立大学の教育改革についての講義で、いつも以上に反応が待ち遠しかった。二〇人強の感想文から、いくつか引用してみよう。

「今北九大の株をあげている要因がわかった」

「そういった教育改革が近年の偏差値の上昇をうんでいると思う」

「僕も『北九大は今後のびる大学』と先生に言われて、本気でここを目ざそうとした」

「私の母校もここ数年間北九州大学に行きたいと志願する人が年々増えています。これは北九大の努力だと思っています」

「この授業出るたびに『この学校に入ってよかったなあ』と思ってしまいます」。

〇五年北九州市立大学の公立大学法人化とともに学長に就任し、日々改革にまい進しているものとして胸がジーンとくるほどの喜びを覚えた。改革の内容に感動したという指摘よりも、「株をあげてい

図表2-3-5　基盤教育センターの科目構成

ひびきの分室（9名）の設置，専任教員（ネイティブ8名）40名
外国語教育科目　TOEIC　470点以上，54.6%

第一外国語（英語），第二外国語（独・仏・中・露・西・朝）
　第一外国語…受信型の英語力だけでなく発信型の英語も重視
　第二外国語…実践的なコミュニケーションのための言語習得

情報教育科目　　情報倫理重視，教科書大幅改善

コンピュータやネットワークの操作技術の習得だけではなく，その性質，役割，活用方法，問題点等をあわせて習得
　エンドユーザーコンピューティング，データ処理，資格取得支援

教養教育科目　　理事長・学長—大学論・学問論

主体性と社会性を備えた人間観を基軸とする「人間史のクローバー」
　ビジョン科目，スキル科目，教養演習科目，テーマ科目，教職関連科目

大学資料

図表2-3-6　基盤教育センター教養教育の理念—人間史のクローバー

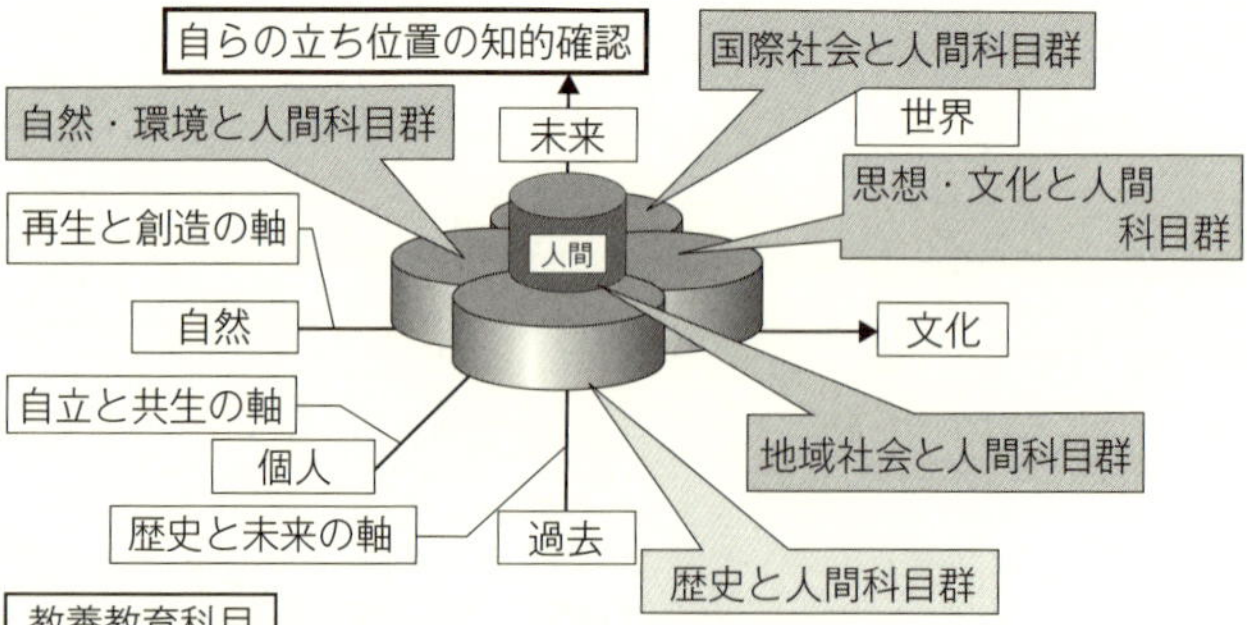

教養教育科目

ビジョン科目（歴史・政治，家族，人間・文化，ことば，国際・平和）
スキル科目（ヘルス，キャリアデザイン，大学論）
テーマ科目（自然環境，思想文化，地域社会，国際社会，歴史）

大学資料

る」、「偏差値があがっている」、「今後伸びる大学である」、「志願する人が増えている」といった高校生や高校教師の評価が新入生によって語られていることに強い喜びを感じた。数字には表れない改革の成果である。

教育改革のねらいは、「教育の質の向上」であり、なかでも中核は「教養教育の再生」である。もともと、九〇年代初頭に文部科学省が教養教育担当教員と専門教育担当教員の区別の解消を全国の大学に求めた。全教員が専門教育指向となり、その結果、教養教育を輪番にするか、非常勤に依存する傾向が強まり、「教養教育の空洞化」が全国的に深刻な課題となった。先端科学の急進展のなかでのこの動きは、多くの「専門バカ」学生を生み出し、日本の先端科学の国際競争力の弱体化をもたらすという「パラドックス」が進行している。

北九州市立大学は、こうした動きに歯止めをかけるべく、文系四学部教員一六〇人のうち二三人が新設の「基盤教育センター」に移り、一年間のカリキュラム開発ののち、〇七年四月の新入生から新しい「基盤教育」を開始した。「教養教育の再生」への挑戦である。

新しい基盤教育は、語学教育、情報教育、教養教育の三つの柱からなり、語学教育については到達度別少人数クラス編成、ネイティブ・スピーカーの講義を必修にするなどによって、「聞く・話す・読む・書く」の基礎的言語技術の習得に力を入れている。また、教養教育においては、地球環境、人類史、地球社会や国際社会、思想・文化理解などとの関連で現代に生きる人間を把握するような科目群の履修を義務づけている（図表2-3-5、6）。基盤教育についての学生の感想を列記してみよう。

「もう一度教養教育を重視させたことは、これからの社会で生きていくためにも、とても大切なことだと思った」

「北九大は専門的なことだけがわかるのではなくて、基本的で当たり前のことである教養教科の強化をしている。これはとても大切なことだと思います」

「少人数の演習授業があっていて、毎回楽しく勉強しています」。

北九州市立大学の教育改革は、歩み始めたばかりであるが、順調に進展している。

（「北九州市立大学の教育改革　空洞化した教養教育の再生に挑む」『ひろば北九州』二〇〇七年十一月号）

第三節　地域の創造と再生を担う人材の育成——地域創生学群の設置

二〇〇七年十月二十四日、鳥取大学で経済地理学会秋季大会が開催された。テーマは、「地域関連学部のチャレンジ」で、近年増加しつつある「地域」の冠をつけた学部と、その教育理念や教育内容について、関連大学の教員を招いてディスカッションするものであった。パネラーとなった参加大学は、高崎経済大学地域政策学部（一九九五年設置）、岐阜大学地域科学部（一九九六年設置）、奈良県立大学地域創造学部（二〇〇一年）に、主催校で二〇〇四年設置したばかりの鳥取大学地域学部の四校の教員で、今後の方向性を模索しているためか活発な議論がなされた。

このように多くの地域関連学部が設置されたのには理由がある。地域を担う人材の育成を掲げた高崎経済大学を別とすれば、ほかの多くは、大学改革のなかで教育学部や教養部、夜間の学部の再編成によって設立された。これらの学部では、既存の教員の研究が人文・社会、自然科学など多分野にわたり、それらを包括するものとして「地域」の名称が選択された。

ところで、北九州市立大学も二〇〇九年度から「地域創生学群」という新しい学士課程組織が発足した。この背景には、奈良県立大学同様の夜間主コースの見直しと高崎経済大学のような地域づくりを担う人材の育成という二つの目的が共存している。

北方キャンパスの外国語、経済、文、法の四学部には、それぞれ夜間主コースが併設され、合わせて入学定員一五二名である（一般選抜六九名、社会人特別選抜八三名）。この制度は、勤労学生向けに設置され、多くの有為な人材が巣立ち、公立大学として地域に大きな役割を果たしてきた。しかし、働きながら学ぶ学生の比率が年々低下し、昼間主コースを希望しながら、いろいろな理由で夜間主に入学する学生が増えてきた。最近三年間だけでも、いわゆる勤労学生は平均約四分の一で、残りは高校からの入学者であった。書類上就職証明を得て社会人枠で入学してくるケースも多くなり、夜間主制度の趣旨との乖離が拡大してきた。

そこで、定員一五二名のうち、六二名分をニーズの高い文系四学部の昼間主コースに振り替え、勤労学生枠（社会人枠）を実態に合わせて四〇名に減らし、引き続き夜間に学べるようにした。これに残った五〇名を合わせて定員九〇名の「地域創生学群」を新設した。

わが国では、学士課程の「学生の集合」とそれを担当する「専任教員の集合」が一致しているものの

図表2－3－7　地域創生学群の特色ある教育方法

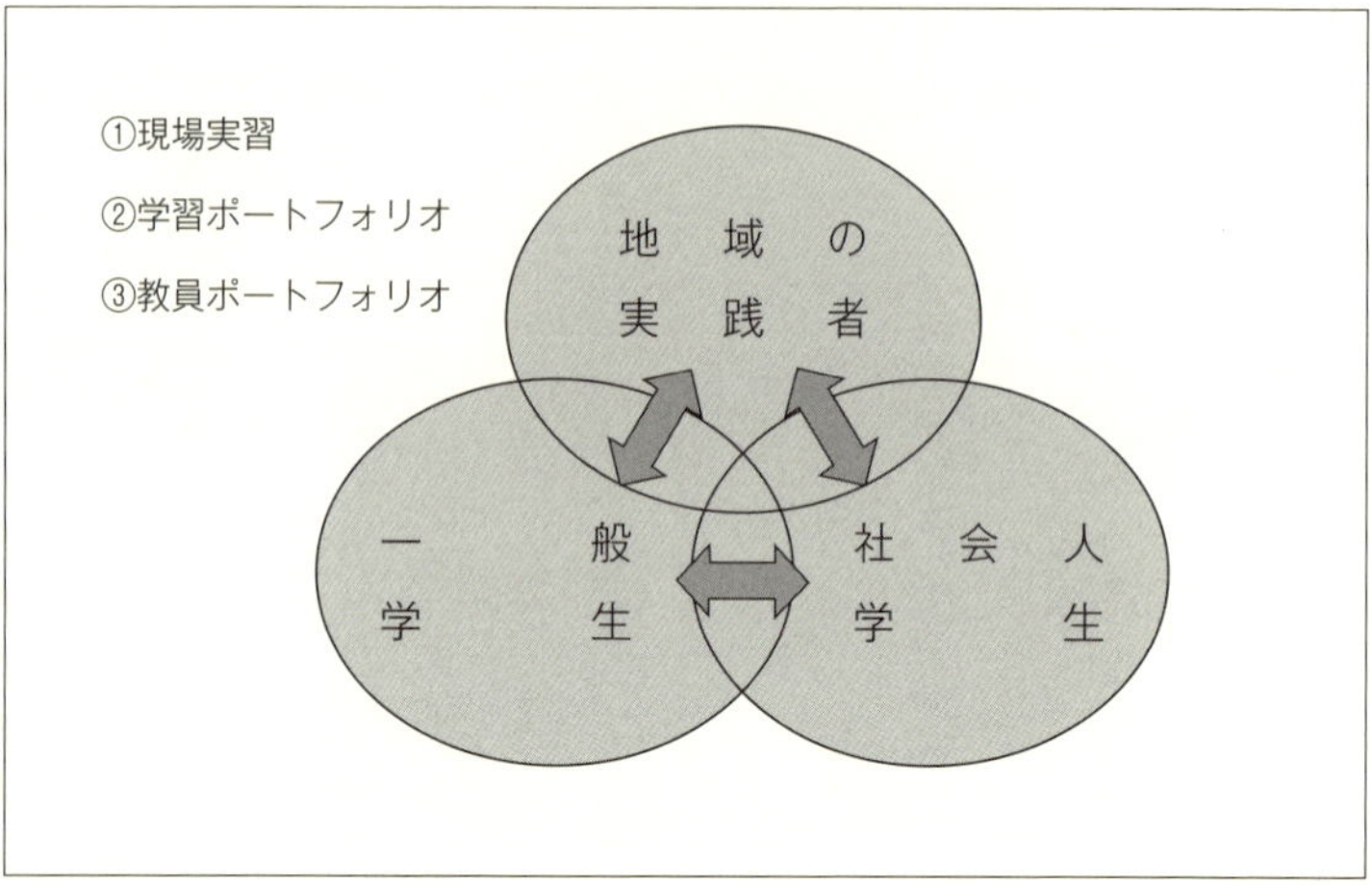

大学資料

図表2－3－8　地域創生学群―2009年開設

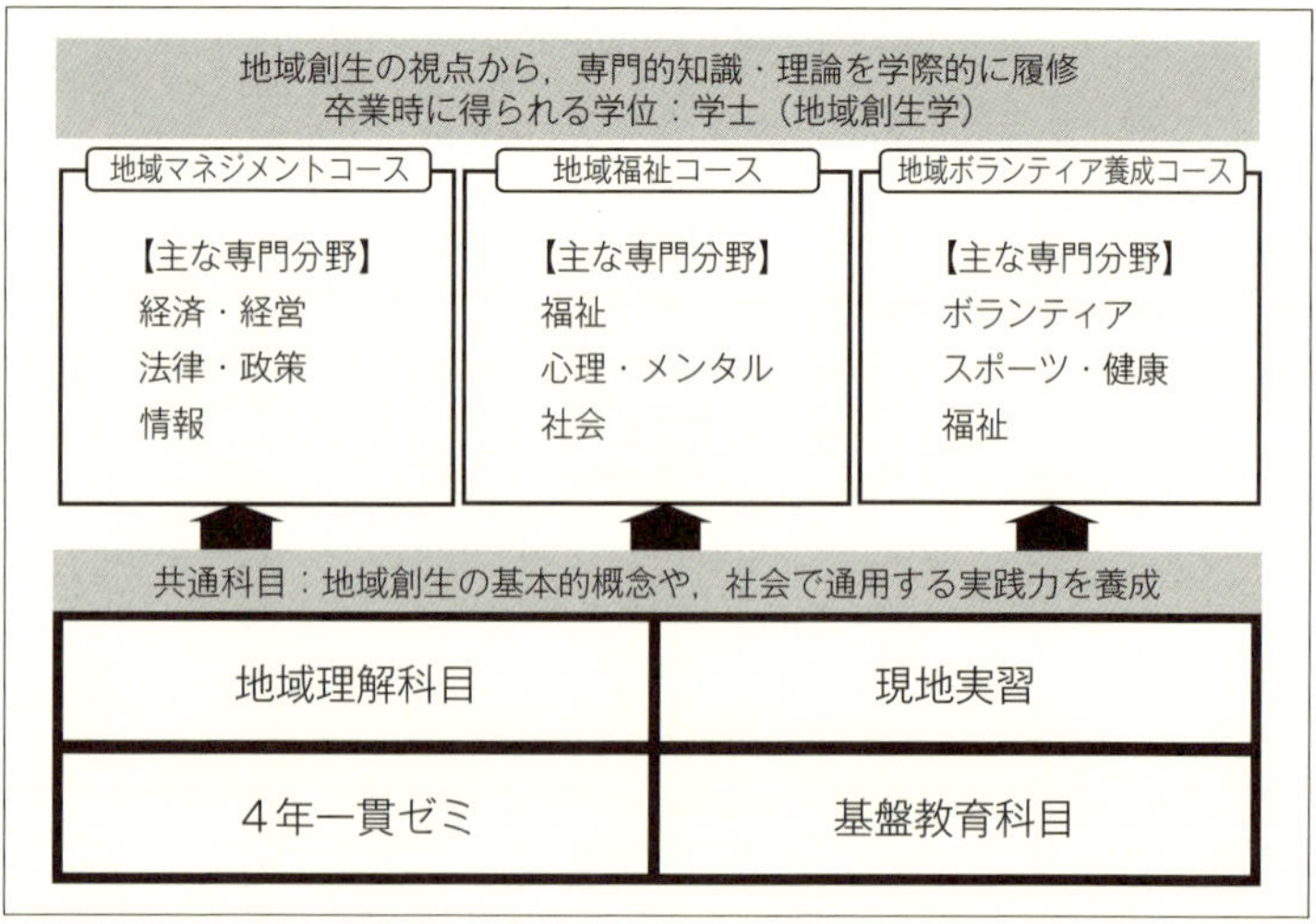

大学資料

みを「学部」といい、学内の研究所やセンターなどの付属施設の教員が責任教員として参画する教育組織を「学群」とよんでいる。本学の新しい教育組織は、基盤教育センターと都市政策研究所、キャリアセンターの教員の一部が参画したもので、「地域創生学群」と銘打つことになった。

この「地域創生学群」の教育理念は、既存の「学問体系」をベースとした学部ではなく、多様な学問分野を学ぶ「学際性」と「総合性」を重視し、他方で大学の人文・社会科学系の講義＝「座学」中心から現場実習中心への教育方法の転換にある（図表2-3-7）。多様かつ複雑化する地域の課題に真正面から取り組む人材を育成することを目的とし、「地域マネジメント」、「地域福祉」、「地域ボランティア養成」の三コースからなっている（図表2-3-8）。入学試験も、社会人枠のほか、今までの知識中心のペーパーテストから脱却した思考力・実行力・問題解決力など人間力重視の選抜方式を予定している。

北九州市立大学の改革は、伝統ある学部教育を再生・強化するとともに、時代が求めている新しい人材育成に大胆に挑戦している。

［付記］二〇〇九年度入試は、入学定員九〇名に対し、志願者は六五八名、七・三倍、定員を上回って一二〇名の合格者をだしたため実質倍率五・五倍となった。さらに、二〇一〇年度入試では、志願者は九六六名、一〇・七倍、合格者一一三名、実質倍率八・五倍となった。一般入試だけでは、〇九年度一二・一倍、一〇年度二四・〇倍と高く、一〇年度は全国の国公立で最大となった。また、入学者の地方別では、〇九年度北九州市四〇％、これを除く福岡県一八％、その他の九州三二％、九州外一〇％だったのに対し、一〇年度で

は、北九州市二八％、これを除く福岡県一三％、その他の九州二六％、その他三三％と、遠隔地からの入学者が増えている。地域創生学群が外国語学部とともに北九州市立大学の「ブランド」になりつつあるとみていい。

（「『地域創生学群』の設置　時代が求める人材育成に挑む」『ひろば北九州』二〇〇八年十月号）

第四節　本格化する図書館改革と新図書館建設

北方キャンパスの「モノレール側通用門」を入ってしばらく歩くと、体育館の西側の壁の立て看板が目を引く。「図書館　日曜日も開いてるよ　みなさんの要望により試験的に日曜日も大学図書館が開館されることになりました。どんどん利用しましょう。学友会中央執行委員会」と書かれている。学生の教育環境をめぐる、大学と学生の会話が構築されていることが分かる看板でもある。

これに関して、二〇一〇年三月二日の教育研究審議会で、図書館を所管する学術情報総合センター長が「図書館の日曜開放の実施結果」を報告した。それによれば、昨年の十月二十五日から今年二月二十一日まで一四回開館し、一日の利用者は平均一一五人だった。平日利用者（平均五一〇人）の二割強の実績であった。ただ、期末試験期と平常期とは、大きく異なり、ピーク時の一月末は五〇三人に達した。

図書館改革は、二〇〇九年四月に学術情報総合センター長で田村慶子社会システム研究科教授が就任してから本格化した。就任三ヵ月後の七月二十八日の教育研究審議会で「本学図書館が抱える問題点と課題」と題する報告を行った。そこでは、収納スペースの不足、盗難防止、利用者の低迷、職員の委託制度、施設の老朽化などの問題点が指摘された。そのうえで、「待っている図書館から情報発信の図書館へ」と改革に取り組みつつあると報告した。さらに、収納スペースの確保、盗難防止装置の設置、日曜開館の実施、紀要や書籍の遡及入力、学生サポート委員会の組織化などを当面の対策として提案した。また、図書館専任職員の確保、市民図書館としても利用できる新館構想を次期中期計画にいれることを提起した。

ここで取り上げているのは、〇一年開設の「ひびきの」図書館ではなく、一九七〇年建築の北方キャンパスの図書館である。延べ床面積四六八五平方メートル、座席数四八〇席、蔵書数五五万冊。約五千人規模の学生がいるキャンパスの図書館としては狭小、かつ老朽化が著しい。学生アンケートでも「満足」または「やや満足」と答えたのは半数に満たない。

法人化して学長就任早々、図書館の新築ないし増改築が「施設整備で最大の課題」と認識し、学内の建築専門家に検討を依頼した。その試案をもとに市当局と折衝したが、財政難で一向に前進しなかった。そこで、一〇年度までの第一期中期計画でハードの整備は不可能となったと判断し、ソフト面での改善に力を入れることにした。これが前述の田村報告へとつながる。

同報告が当面の政策として提起した諸項目を実現するための工程表と予算措置を事務局長に依頼した。夏休み後の九月八日の教育研究審議会で検討結果が報告され、実行に踏み出した。それは、①図書保管スペースのための二ヵ所の工事の年内完了、②盗難防止装置の年度内設置、③日曜開館の年内実施、④遡及入力の開始、⑤エアコンの修理、⑥専任職員の次年度採用――などを内容とするものであった。

冒頭に触れた日曜開館は、〇九年度から開始された現存図書館改革の一環である。その他の改革も順調に実施し、盗難防止装置は一〇年度中に本格的に稼動する。また、日曜開館も、年度内の試行終了後も開館時間の変更、市民への開放、学生アルバイトの活用――などを付加して一〇年度も継続している。

〇九年度に実施された本学に対する大学評価・学位授与機構の「認証評価」では、一九項目もの「優れた点」を列挙した。そして、わずかに「改善を要する点」として「北方キャンパスの図書館の飽和状態と整備拡充の必要」など二つを指摘した。

一一年度から始まる次期中期計画では、新図書館の建設が、本学だけでなく、設置者である市当局および市民の最大のテーマの一つとなる。

(「本格化する図書館改革と新図書館建設　待っている図書館から情報発信の館へ」『ひろば北九州』二〇一〇年五月号)

付　章　九州大学での教育組織・研究組織の分離と全学重点化

第一節　学府・研究院制度の導入

一九九四年歳末のある日の夜、室見川の河口、豊浜の住宅街をゴールデンレトリバーを連れ、一つのことを考えながら散歩していた。正月休みの間に、「九州大学改革大綱案」の草稿を書くべく執筆に追われていた頃である。

九一年の十月、当時の高橋良平学長のもとで、九州大学の西区元岡地区への統合移転が評議会決定した。そのあとを受けた和田光史総長のもとで、大胆な大学改革案をつくることを、文部省に強く要請されていた。そのため、「九州大学改革委員会」が設置されて議論が行われたが、方向性が見出せなかったことから、委員会を再編し、九四年十月から私が委員長に就任した。五三歳のときであった。

年度末に改革案を評議会決定し、大学改革を断行するという日程が提示されていた。そのためには、正月明けに原案を提示し、学内審議にかける必要があった。委員長に就任してから今までの議論を整理し、コンセプトを明確にし、改革の柱を立てる必要があった。

その柱の一つとして、大学院の学生の教育組織と教員の研究組織を分離することを考えた。従来、新しい分野の研究者養成のために新研究科を設置する場合、教員の強引な組織間移動を不可避としていた。このときの教員の抵抗が改革を遅らせ、学長や学部長の心痛の原因となっていた。しかし、このように分離すれば、情報科学や生命科学など先端科学の発展によって学際分野が次々に生じても、教員組織の再編を待たずに、急を要する分野での若手研究者育成組織を柔軟につくることができる。こうした組織の柔軟化は、新分野の研究者養成が急がれる大学院でとくに求められていた。旧帝大として、全学部に博士課程を擁し、わが国有数の研究者養成大学ならではの「改革」案でもある。

学校教育法では、教員と学士課程学生が一体となった基本組織を「学部」、教員と大学院生が一体となった基本組織を「研究科」と呼んでいる。また、筑波大学のように、学士課程で、教育組織と教員の研究組織が分離している場合、前者を「学群・学類」、後者を「学系」と呼ぶことに決められていた。そこで、大学院で分離した場合、どのような名称がいいか、これを考えながら住宅街で犬の散歩をしていたのである。このときは、教育組織を他大学と同じく「研究科」、教員の研究組織を「研究院」とすることに決めた。この案は、そのまま、九五年三月末の評議会で採用された。当時は、阪神淡路大震災とオウム真理教事件で世の中が騒然としており、社会的には注目されなかった。その後、九大は、教育組織を「学府」として「研究科」と区別することにした。

文部省は、九大の考え方を積極的に評価した。私は、杉岡洋一総長のもと九七年に副学長に就任し、文部省と交渉し、四年かけて九九年に学校教育法の改正にこぎつけ、新しいシステムの導入を可能にした。法律では、教育組織を「教育部」、研究組織を「研究部」と命名されたが、システムの発案者の九大に敬意を表して、九大では、「学府」・「研究院」を使うことを省令で認めた。九大方式をいち早く取り入れた横浜国大や千葉大でも「学府」・「研究院」を使っており、東大は「学府」に相当するものを「学環」とよんでいる。その後、九大システムは、各大学の改革で取り入れられ、京大や東北大など多くの大学は、法律のまま、「教育部」・「研究部」という味気ない名前を使っている。

(「大学改革に道つけた九大方式　寒風の中『研究院』を思いつく」『ひろば北九州』二〇〇六年九月号)

第二節　九大大学院の全学重点化顚末記

一九九九年七月二十九日、虎ノ門の旧文部省の一室で当時の高等教育局の大学関係の各課長補佐、係長と対面していた。文部省側は、当時の大学課、工学や農学教育を担当する専門教育課、医学・歯学・薬学教育を担当する医学教育課の担当者である。当方は、九州大学の改革担当副学長の私と、本間実企画部長、大渕和幸企画課長など数名である。午前一〇時三〇分から午後一時まで、食事なしの二時間半の長丁場であった。

議題は、二〇〇〇年度に予定されている、九州大学への研究院制度の導入と全学の大学院重点化についての、最終的な予算折衝である。国立大学の予算折衝は、三月ごろから各大学の考え方を聞き、文部省が推進するか否かを判断し、七月一杯までに新規予算項目を絞る。それまで、多くの案件が日の目をみずに断念させられる。最後まで残った件だけ、正式の文書を文部省に提出する。その期限が七月末である。文部省内でさらに検討され、八月末に当時の大蔵省に文部省の予算案が提出される。九州大学の研究院制度の導入と全学の大学院重点化は、日程的にみれば最終段階であった。

そもそも研究院制度は、一九九五年三月末の評議会で「九州大学の改革大綱（案）」の最大の柱として提案された。それは、学部に基礎を置いていた大学の基本組織を大学院に移すことによる大学院重点化を実施したのを機に、従来の教育・研究組織が一体となっていた研究科を、大学院生の所属する教育組織たる「学府」と教員が所属する研究組織である「研究院」に分割する、というものである。これによって、両組織の関係を柔軟化し、教育組織の変更なしに研究組織を再編でき、逆に、研究組織を固定化したまま教育組織の新設・廃止ができる。

文部省は、この提案を評価して四年後の一九九九年に学校教育法を改正し、新制度の導入を可能にした。これを受けて九州大学は、二〇〇〇年度に全学に本制度を導入する予算を要求した。他方、大学院重点化は、従来の制度の下で導入され、東京大学を始め、旧帝国大学等のうち若手研究者養成で高い実績をあげてきた各研究科の厳しい審査をへて順次「重点化」してきた。九州大学でも、それまで医学系研究科を筆頭に、工学、理学、農学、薬学、法学、人間環境学の七研究科で重点化が完了し、文学部、経済学部、歯学部の三つだけが残っていた。

それまで旧帝大では、東大と京大だけが全学重点化が完了していたが、残る五大学では条件を満たさない幾つかの研究科が残っていた。九州大学では、全国初の研究院制度の導入とともに一気に全学重点化を完了する予定だった。しかし、この戦略に医学教育課が待ったをかけた。歯学部の重点化には順序があり、すでに重点化していた東京医科歯科大に続くのは他の二大学であり、九大歯学部はまだ早い、というのである。私は、九大改革の目玉は研究院制度の導入と全学重点化のワンセットであり、一つでも未重点にすることはできない、もしダメなら研究院制度導入自体も撤回する、と強い対応を示した。議論は、そこで終わった。

結果は、二〇〇〇年度に歯学部を含め九大の全学重点化は実現した。ただ、他の旧帝大でも、歯学部はもちろん、残る未重点化学部も一気に重点化し、文部省は大学院重点化政策の完了を宣言した。重点化による大学院への予算の配分自体も極めて薄いものであった。九大の立場への配慮とともに、医学教育課の面子も保った、官僚らしい収拾の仕方に感じ入ったものである。

（「九大大学院の全学重点化顚末記　配慮しつつ、文部省も面子保つ」『ひろば北九州』二〇〇七年二月号）

（九州大学箱崎、馬出キャンパスにて）

朝会議桜並木を急ぎ足　　夏の朝髭剃り終えて手術待つ

教授会窓の向こうも雨あられ　　手術終え病床よりみる大暑の陽

第四章　学生サポート・システムの再編・強化

「強い学部自治」がもたらす、大学全体の組織経営の弱さは、サークル活動、学生生活支援、キャリア教育や就職支援など学部教育を超えた分野での学生支援の弱体化を惹起しやすい。学長など執行部が強力に推進せず、学部代表によるそれぞれの委員会での調整に任せている多くの大学ではこうした脆弱性を抱えている。そこで、法人化とともに、「入試から就職まで一貫した教育システムの確立」を掲げた。企業経営でのサプライ・チェーン・マネジメントという考え方を導入したものである。これは、高大連携、入試広報、入試制度、新入生の導入教育、基盤教育、学部教育、キャリア支援、就職支援、それに学生の生活支援を一つのシステムとしてとらえ、学生が十分な教養と専門知識を身につけ、豊かな学生生活を送れるよう、弱い分野を補強していこう、というものである。基盤教育と専門教育の強化についてはすでに述べた。そのほか、二〇〇六年度に入試センター、広報センター（二〇〇九年度に入試広報センターとして統合）、キャリアセンターを設置し、それぞれの分野での改革を実施している。入試広報センターは、学長が指名する教授であるセンター長のもとで運営、北方、ひびきの二キャンパスでのオープンキャンパス、ガイダンス・イン・鹿児島、同広島、サマースクール、進学説明会、進路指導者担当懇談会、高校への出張講義や説明会、さらには高校生の大学訪問など、高校生・高校教師・父母などへの説明の機会を系統的に開催し、学長・副学長・学部長・一般教職員が精力的に参画した。その結果、高校生などの参加人員は軒並み一〜二割増加し、教員による高校訪問は学部・学科再編の説明の必要もあって、四〇校から一六八校と一挙に四倍に増加した。入試システムについては、入試センター長に就任した教授を中心に複雑化していた出題・採点、多様な入試日程の調整などの大幅な改善に取り組んだ。新設のキャリアセンターでは、新たに専任教員のポストを設け、助教授を採用し、キャリア教育の実施と就職支援活動を強化した。

学生生活を支える総括的な部署が、教員で構成される学生部委員会と職員組織としての学生課である。ここでは授業料減免や奨学金、アルバイト紹介など生活相談、身体や精神面などの保健相談・支援、サークルなど課外活動支援、同窓会や後援会、学生団体等との連携・交渉など多面的な支援活動を行っている。このなかで精神面での相談が増加し、こうした理由で休退学する学生も少なくない。こうしたメンタルヘルス面での支援を強化するため、専任の保健師を採用した。保健師の積極的な活動が、潜在的需要を掘り起こすことになり、相談員の不足がより顕在化している。こうした少子化世代の学生の実態に対応すべく、ゼミなどの少人数教育を通じた教員による一般学生の日常的ケアを強化するとともに、ティーチング・アシスタントによる修学指導の強化、さらにキャリアセンター相談室・保健室などを一つの空間に統合するとともに、必要な教職員を増強し、学生が気軽に出入りし、多面的に相談できる学生プラザを二〇〇七年度に新設した。

大学で受け入れた学生が、四年間に知識だけでなく、心や体の面でも大きく成長し、社会に羽ばたいていくのを支援することが、学生自身はもちろん、父母、および地域社会が強く求めていることである。教養教育・専門教育など知的教育の強化を一方の柱とすれば、教室外の学生生活を支える「学生サポート・システム」の構築こそがもう一つの柱である。北九州市立大学の教育改革の第二の特徴はこの点にある。

第一節　多様な相談機能の集中——学生プラザと早期支援システム

一　「学生プラザ」のオープンと新しい早期支援システム

二〇〇七年十月九日、昼休みを利用して、北九州市立大学本館一階ロビーで「学生プラザ」のオープン式が行われた。北九州市の産業学術振興局（現、産業経済局）をはじめ同窓会、後援会の幹部も列席してテープカットをするなど多少にぎにぎしいものであった。

オープンした「学生プラザ」とは、いままで学生向けの事務組織が入っていた約五〇〇平方メートルの空間を再編し、学生課を他に移し、ここに進路相談を主とする「キャリアセンター」、学習などさまざまな相談を受ける「学生相談室」、心の悩みを受ける「カウンセリングルーム」、体の不調に対応する「保健室」、それに学生がさまざまな自主的企画を話し合う場としての「プロジェクトルーム」など、学生向けの五つの機能を集中したもので、夏休み中に改装した。北方キャンパス四学部約五千名の学生を対象にさまざまな相談を一手に引き受けるオフィスである。学生部長はじめ各学部の学生相談員、キャリアセンター担当准教授などの教員、学生課の職員、専任の保健師、カウンセラーなどが協力して学生の相談を受け止める体制ができあがった。

〇五年の公立大学の法人化によって、市当局の個々の判断に依存することなく、学内の教員配置、諸制度・諸施設の変更が可能になった。そこで、〇六年に、学生に最も緊急に必要な就職支援を含むキャリア教育の強化のために「キャリアセンター」を設置し、専任教員を採用した。また、市OBの保健師を派遣してもらい、企業OBの就職支援職員も採用した。この結果、ここを訪れる学生が急増し、いままでの空間で手狭になった。これを受けて、学生相談室を三倍に、カウンセリンググループルームを二倍に、キャリアセンターを一・五倍に拡大し、プロジェクトルームを新設するなど、施設を大幅改造し、一体化した空間を「学生プラザ」と命名した。総工費二八〇〇万円を要した。いずれの大学もそれぞれの機能を有しているが、多くの機能を広く確保して一ヵ所に集中し、学生相談を「ワンスストッピング」化したのは全国的にも珍しい（図表2-4-1、2）。

こうしたハードの施設の整備とともに、「早期支援システム」というソフトの制度が〇七年四月から本格的に稼動した。これは、一方で、学生が積極的に勉学に励み、また学生同士の交流や課外活動への参加を促進して、「社会性」を醸成するとともに、他方で、一人っ子の増加、ネット社会への埋没、成長期のいじめの横行などに伴う、学生の「孤立化・とじこもり」による「不登校・単位不足→休退学」

大学資料

写真２－４－１　学生プラザ　オープニングセレモニー

図表２－４－１　学生プラザ新旧見取図

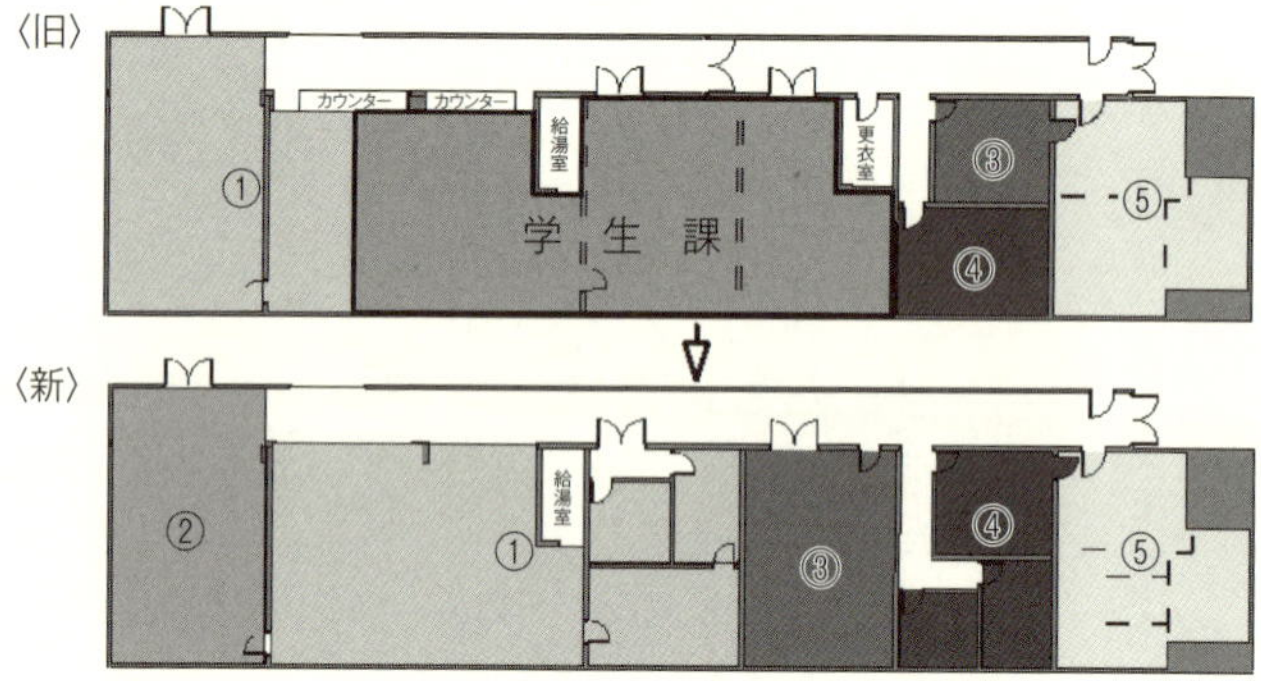

①キャリアセンター：（約90㎡⇒約130㎡（約40㎡増加））
②プロジェクトルーム：（約70㎡，新設）
③学生相談室：（約15㎡⇒約45㎡（約30㎡増加））
④カウンセリングルーム：（１部屋約20㎡⇒３部屋約40㎡）
⑤保健室：（約30㎡，リニューアル）

※学生課：（本館D-102，D-103へ移動，約150㎡⇒約200㎡）

大学資料

の可能性を早期に防止することをも企図したものである（図表2-4-3）。

具体的には、語学や演習など少人数教室での講義を「センサー科目」に指定し、三回連続欠席した学生を呼び出し、その理由を調べることで、学生の不登校化を防いでいる。〇七年入学した北方キャンパス約千人の学生のうち、六月の三週間の調査で対象となった学生はわずか二〇人である。その理由で最も多数を占めた一四人は、入学後の解放的生活に移行したことによる常習的朝寝坊であったが、三人は進路変更、三人は何らかの病に苦しんでいた。一四人はその後、登校し一学期の単位も十分に修得し、病気の三人は保護者と連携して治療に当たっている。いずれも、放置していたら単位不足で休退学となる可能性を秘めた学生であった。そのほか、スポーツフェスタやオープンキャンパスなど学生自身の企画イベントによる交流の機会を大幅に増やしている。新しい「早期支援システム」と「学生プラザ」効果が着実に上がることを期待している。

（「学生プラザのオープンと新しい支援システム　進路、勉強、生活、心の悩みまで」『ひろば北九州』二〇〇七年十二月号）

二　効果あった「早期支援システム」

二〇〇九年七月二日、学長室で、田部井世志子学生部長、生田カツエ学生相談室長が、一昨年に始まって二年経過した、本学の「早期支援システム」の実施報告を行った。〇五年に法人化して学長に就任してから、学務部長や国際教育交流センター長など全学委員会の委員長を学長の指名にし、有能な若

図表2－4－2　学生プラザの利用実績

学生プラザ利用者数		2006～07年 10.1～3.31	2007～08年 10.9～3.31	2008～09年 4.1～3.31	2009～10年 4.1～3.31
キャリアC	キャリアセンター	—	5,906	11,439	10,981
	プロジェクトルーム	—	4,940	9,350	9,496
	小　計（a）	—	10,846	20,789	20,477
学生相談室	学生なんでも相談窓口	351	831	1,706	2,207
	カウンセリングルーム	311	339	884	930
	保健室	1,938	2,954	6,101	5,845
	小　計（b）	2,600	4,124	8,691	8,982
合　　計（a＋b）		—	14,970	29,480	29,459

大学資料

図表2－4－3　早期支援システム

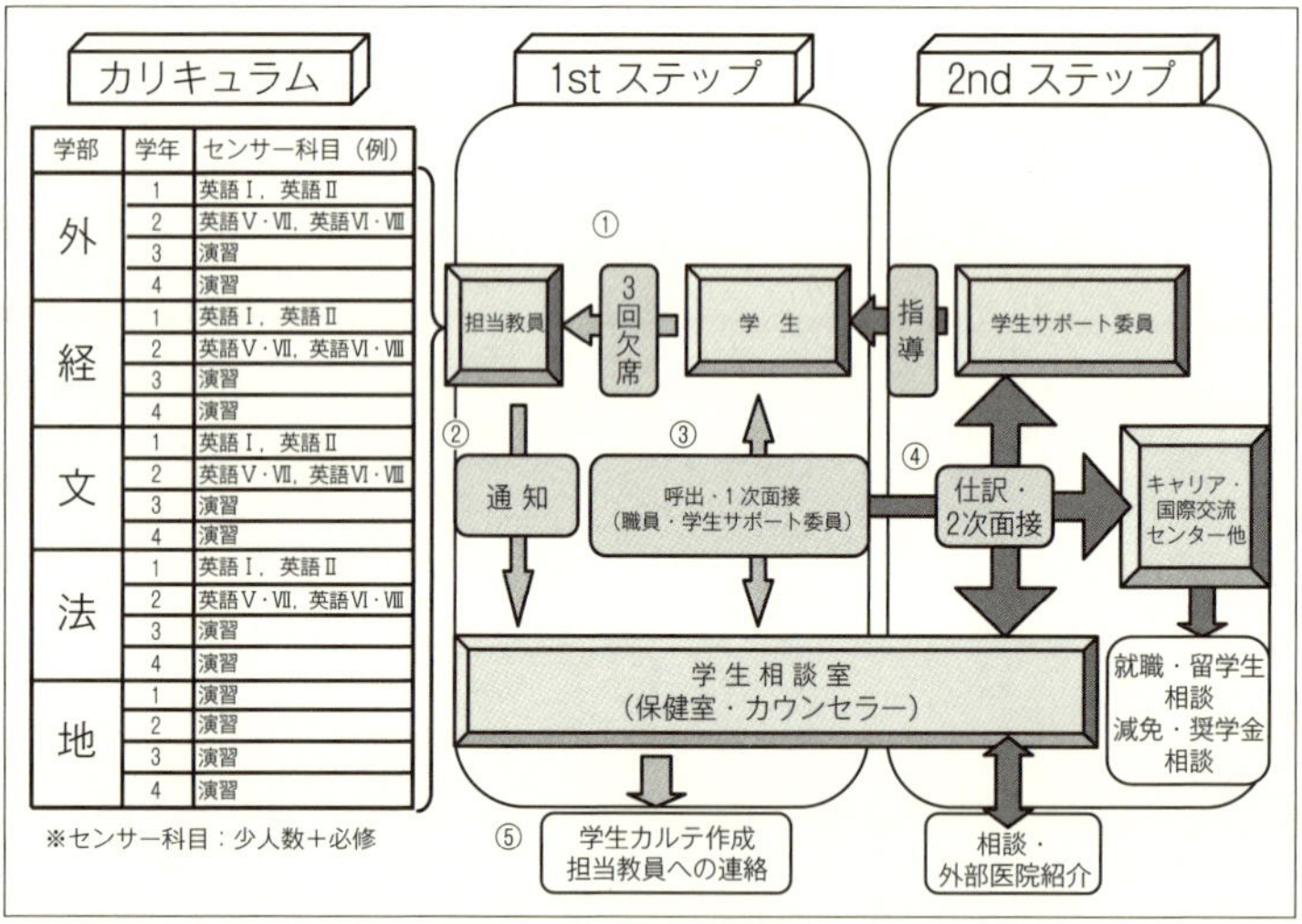

大学資料

手教授を積極的に登用してきた。そのなかで、重責を担う学生部長についても柳井雅人経済学部教授、稲月正基盤教育センター教授と二代にわたって依頼し、〇九年度から二年間、田部井文学部教授にお願いした。柳井氏は、学生プラザの設置や「早期支援システム」を導入し、稲月氏は、全学生に防犯ベルを配布や夜回りなど、学生の「安全・安心」に特段の配慮を行った。

一昨年から開始した本学の「早期支援システム」とは、図表2-4-3のように北方の文系キャンパスの必修授業や少人数授業を「センサー科目」に指定し、年二回一定期間に連続的に出席をとり、三回連続欠席した学生を対象にして、学生相談室担当の教職員が事情を聴くというものである。〇七年度入学生から開始した。田部井氏は、当初から学生相談員として熱心に対応し、学生だけでなく教職員からも高い評価を得ていたので、学長指名の三代目の学生部長にお願いした。

実施報告によれば、〇七年度入学生（夜間主を除く）について、一年次前期二〇人、後期二九人、二年次前期三六人、後期一九人が「支援対象者」となり、調査対象学生約千人のほぼ二％から三％となった。欠席の理由をみると、一年次では、アルバイトなどで前日夜更かしして早朝に起床できなかったなど生活上の問題が六割強を占め、健康や心の悩みを抱えていたものも三割から四割台とかなりの比率にのぼった。後者については、医師やカウンセラーが対応するとともに、必要によっては保護者に連絡した。二年次になると生活習慣上の問題は五割前後に低下し、代わって授業についていけない、先生との相性が悪いなどの修学上の問題が四割前後に上昇した。健康や心の問題も低下したとは言え、二割台をキープしている。こうした支援対象者については、本人が自らの意志で相談に来ない限り、大学として

図表 2－4－4　2007 年入学者を対象とした早期支援システムの結果

		計	生活	修学	進路	健康	心理	他
2007	前期	20	12	4	1	8	3	1
	後期	29	18	9	1	6	3	0
2008	前期	36	19	14	2	4	5	1
	後期	19	9	8	1	2	3	1

北方 3 学部　入学年度別　留年者推移

2005 年度　62 人

2006 年度　75 人

◆早期支援導入

2007 年度　45 人（前年比－30 人）

大学資料

3回連続欠席▼理由聞き取り

生活指導で留年激減

北九州市立大

北九州市立大（矢田俊文学長）が、3回連続で講義を欠席した学生に理由を聞き、担当者が指導する「早期支援システム」を始めたところ、3年に進級できない学生が4割も減少した。学校を休みがちになって、休学や退学に追い込まれるケースもあっただけに、大学では「心の悩みを抱える学生には、医師や臨床心理士がフォローする体制も整えており、生活指導やアドバイスが一定の効果を上げた」としている。

（編集委員・時枝正信）

この支援システムは2007年春から、文系学部がある北方キャンパスで始めた。必修科目や少人数の科目の中から、1～4科目を選び、春と秋の2回、出欠を調査。3回連続で欠席した学生に連絡を取り、相談担当の教官と職員が欠席理由などを聞いたうえで指導をしている。うつ病など心身に問題がある学生には、専門の医師やカウンセラーを紹介、保護者に連絡することもあるという。

07年の入学生は1013人（夜間を除く）で、支援の対象になったのは、1年の前期が20人、後期が29人、2年の前期が36人、後期が19人だった。

欠席の理由を複数回答で聞いたところ、1年ではアルバイトなどで夜更かしし、早朝に起床できなかったのが6割近くを占めた。体調を崩したり、心の悩みを抱えていた学生も3割を超えていた。

2年では、生活習慣の乱れはほぼ半数だったが、「授業についていけない」「専門科目に興味が持てない」など、修学面での問題を訴える学生が約4割にのぼった。

北九州市立大では、一定数以上の単位修得が3年に進級する条件になっている。07年入学生のうち、外国語、経済、文の3学部で計45人が進級できなかったが、前年と比較すると、30人も下回っており、個別の生活指導やアドバイスが役立ったとみられる。

同大学の田部井世志子学生部長は「初めての一人暮らしで、生活が乱れてしまう学生もいる。ちょっとしたアドバイスで、立ち直ることも少なくない。3年に進級できなかった学生のうち、半数が支援対象者になっていないことがこれからの課題」と話している。

平成21年8月8日（土）
読売新聞 朝刊　8面

は、いままで把握できない学生であった。把握できないで放置しておくと、出席日数が足りず、また授業についていけなくなり、必要な単位が取れず、結果的には休退学に追い込まれていく。

「早期支援システム」を導入してから二年経過し、その効果が三年進学時の「留年率」に早くも表れた。外国語、経済、文の文系三学部の〇九年度三年進学時の留年者は四五人となり、〇六年度の七五人に比較して三〇人減少した。減少率は、実に四〇％である。生活指導や健康や心への対応が効を奏したことになる。法学部については前年度まで三年次の進級制度はなく、〇九年度から導入したため比較できなかった。ただ、〇九年度の法学部の留年率は、全学部並みであったので効果があったと推定できる（図表2-4-4）。

〇七年度入学者は二年間で四回の出席調査を受けたが、このうち四回とも早期支援対象者となった学生一人、三回対象者四人、いずれも全員留年となった。また、二回対象者一五人中一〇人（留年率六七％）、一回対象者五五人中一六人（留年率二九％）が留年となった。明らかに回数と留年率に高い相関関係が見られる。ただ、一回も相談対象者とならず留年した学生が留年者の約半数にのぼっていることは、今後の検討課題となる。学生部長は、相談対象者に対する修学指導体制の強化と、カウンセラーの増強などを今後の課題として強調した。

（「効果あった『早期支援システム』〇九年度文系三学部、三年進級時留年者四〇％減る」『ひろば北九州』二〇〇九年九月号）

〔付記〕二〇一〇年四月に三年次に進学する〇八年度入学生についての早期支援システムの結果も明らかになった。これによれば、外国語学部、経済学部、文学部の三学部で留年者は四八名で、〇七年入学者の三年次進学者四五名、留年率五・九％とほぼ同じ水準となった。また、〇八年度入学者から三年次進級制度を導入した法学部も留年者一五名、留年率五・七％と三学部と同様の率を示した。早期支援システムが大きな効果を挙げ、定着しつつある。

三　学生へさまざまな生活支援

二〇〇九年十月十五日付の日本経済新聞で、文部科学省が経済的に困窮する学生への支援策として、「国立大学運営費交付金や私学助成金を増額する方針で」、「来年度予算案の概算要求に必要経費を盛り込む」という記事が掲載された。ここには、公立大学に対する政策がなかったので、翌一六日に開催された公立大学協会理事会で、「公立大学に対する授業料減免に関する要望」書を作成し、理事会の承認をえて、文部科学大臣、総務大臣、全国公立団体設置協議会会長あてに発送した。これを、十一月二十日文部科学大臣に、三十日吉田おさむ民主党副幹事長に説明した。そこでは「公立大学における授業料減免に関し、必要な地方財政措置が行われる」ことを強く要望した。

先の記事では、国立大学の学部学生の一〇％強にあたる四万六千人が授業料の減免を受けており、これを五万五千人に増やすとともに、私立大学・短大学生の減免比率一％を私学助成の増額で改善する、とも報じている。

図表２－４－５　生活支援（奨学生・授業料減免）学生比率

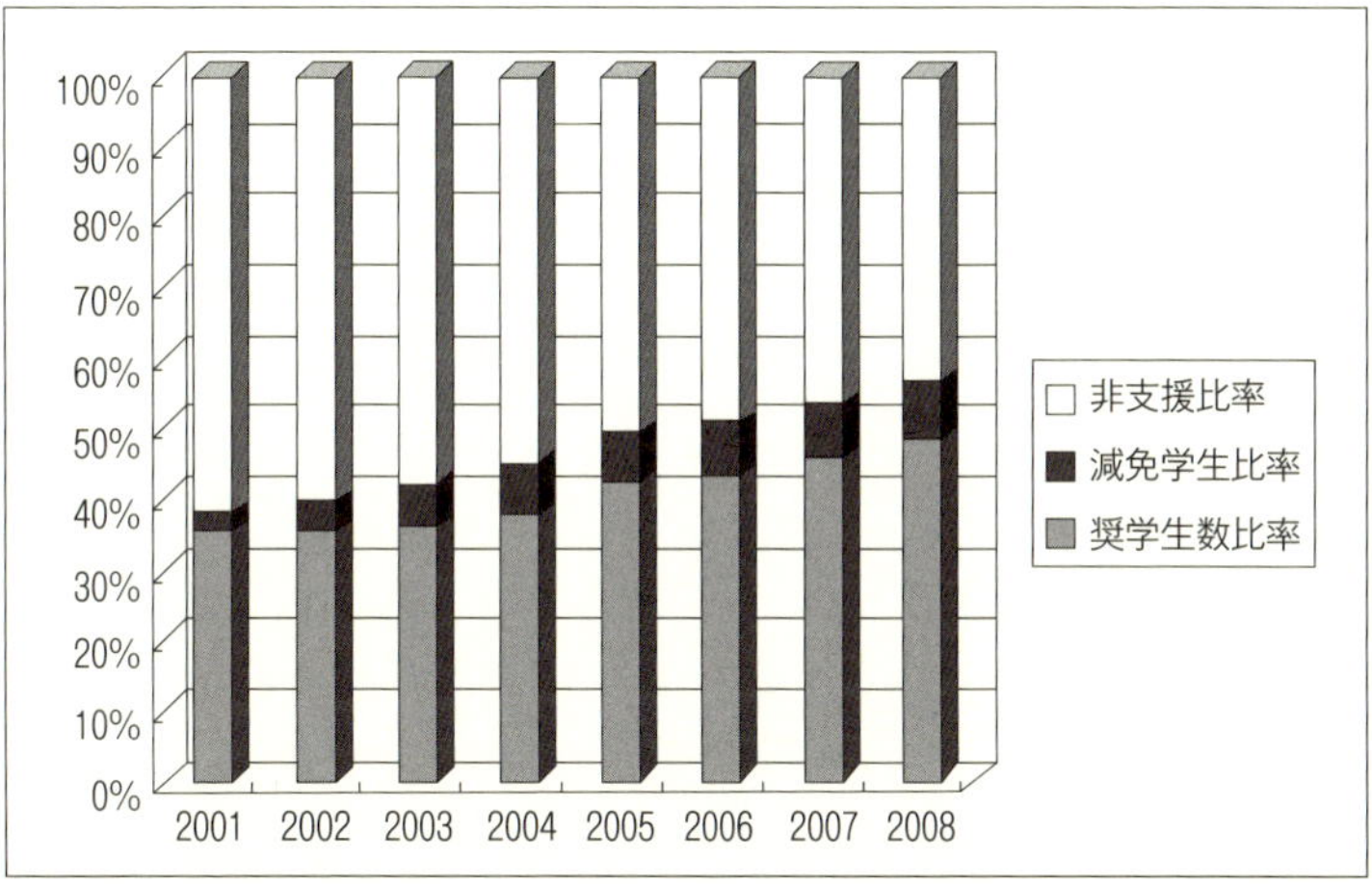

大学資料

北九州市立大学においても、学生生活への金銭的支援は、二つの柱からなっている。一つは、授業料や入学金の減免である。減免対象学生数および比率は、ともに着実に増えている。減免対象学生比率は、七年間に二・五％から八％に増え、学生支援を特段に強化した。二〇〇八年度の授業料減免対象学生は、五三二人で全学生六六四一人の八％と国立大学に比し二ポイントも低い。このうえ、国立大学のみ減免対象者を増やせば、国公立間格差は拡大する。公立大学協会が機敏に対応せざるをえなかった。

他方、奨学金受給者比率は全学生の四四％にも達しており、日本学生支援機構（旧日本育英会）が九割を占めている。そのほか、北九州市を含む地方公共団体、同窓会、民間団体や留学生向けの奨学金を加えると三二二二名、受給率四九％で二人に一人の割合になっている。これも日本学生支援機構の支援策の強化を反映して受給数、受給率ともに上昇した（図表2-4-5）。

第二節　リーマン・ショックに柔軟に対応

二〇一〇年一月二十六日の教育研究審議会は、珍しく長引いた。「卒業延期特別措置」をめぐって議論が活発に行われたからである。

〇八年秋のリーマン・ショックの影響によって、今春卒業予定の学生の就職状況が思わしくなく、昨年は就職希望者の約九四％が就職決定していたのに、一〇年二月末で、まだ八二％程度にとどまっている。このままでは三桁を超える学生が未就職のまま卒業する。卒業すると、就職市場では「新卒」扱いとならず、大学の就職支援も現役の学生に比重が移る。また、通学など「学割」の特権も喪失する。

そのため「留年」を選択するか否かを期末試験前に決断しなければならない。期末試験で一科目落とし、改めて授業料を払って留年するか否かの決断である。負担は大きい。まだ、二ヵ月あるからそれまでに就職が決まるかもしれない。

そこで、正月明けから「キャリアセンター」で検討されていた「卒業延期特別措置」という考え方を大学として、正式に審議会に提案した。それは「卒業できる単位を修得し、年間授業料の四分の一を払えば、学生としての籍を残し、半年ないし一年後に卒業できる」という制度である。学校教育法の施行規則では、卒業は「教授会の議を経て学長が定める」ということになっている。学部長と学長の合意があれば、制度の導入は可能である。卒業単位を修得し、就職先が決まっていない学生に限って、一三万三九五〇円（昼間主）、または六万六九七五円（夜間主）の授業料を払えば、半年ないし一年間卒業を延期できるという「授業料減免制度」の適用である。当然、学生は、講義を受講する権利が発生し、新卒就職市場に参画できる。大学は、「特別卒業延期者」に対する就職支援プログラムを実施する。

一方、リーマン・ショックは、大学受験市場にも強い影響をもたらした。保護者の収入減などから受験者の地元国公立大学指向が強まるであろうという予測は現実となった。北九州市立大学では、一般入試受験者の数は、二〇〇四年度に五六九七人とピークを迎え、その後二年連続減少し、〇六年度四五三三人となった。倍率も六・五倍から五・四倍に落ちた。しかし、〇五年度に公立大学法人化し、新たな中期計画のもとで「入試センター」を設置した。そこで、入試広報戦略を明確にして教職員が一丸となって行動するとともに、大胆な教学改革で教育の質の向上を図った。これにより、受験界の評判が上がり、〇七年五〇人、〇八年二〇六人、〇九年一七五人増と徐々に上昇した。一八歳人口激減のなかで三年連続の増加で、学内外で比較的高い評価を受けた。ところが、一〇年度になると一年間で一三四五人も増加し、倍率も五・六倍から七・一倍と一気に「難関校」化した。三年続いた上昇カーブに加速度がついたのだ。リーマン・ショックの影響である。しかも、周辺の国公立大学よりも伸びは大きい。改革の成果が下支えとなった。

本学では、さらに、リーマン・ショックによる二つの「保護者負担軽減対策」を実施した。ひとつは、世界不況で保護者が職を失った入学者に対し、二年間入学金の納入を延期するもので、〇九年度六人の入学者に適用し、一〇年度も三人が対象となった。もう一つは、入試成績上位一〇%の学生に対し、入学金を半額にするもので、市内居住者は一四万一〇〇〇円、市外居住者は二一万一五〇〇円減額される。七四人が対象者となった。とくに、福岡都市圏居住者の初年度納入金での私立大学との格差が拡大し、優秀な学生を誘引する力ともなる。このスカラシップの導入が受験生増加にも寄与したとみられる。また、これに伴う入学金減は、今年度千人以上に増えた受験料の収入増で十分に相殺された。

(「リーマンショックが大学を襲う　卒業予定者にも入学者にも特別措置」『ひろば北九州』二〇一〇年四月号)

第三節　自ら企画・実行する学生——社会的実践力を養う

一　スポーツフェスタの開催——コンプライアンス精神を学ぶ

二〇〇七年十月二十日朝九時、北九州市立大学体育館で「第二回スポーツフェスタ二〇〇七」の開会式が行われた。私は、当日早朝、開催されるドッジボール種目に参加する学生の前で以下の四点を強調する挨拶を行った。

一　若者らしく思い切り体を動かすこと。
二　ストレスを忘れて楽しむこと。
三　先輩、後輩、先生とも親しくなること。

図表２-４-６　学生企画の例―スポーツフェスタ　2009

日時　2009. 10. 17―25　土日，早朝
場所　体育館，多目的ホール，日の出グラウンド，青嵐グラウンド

種　目	チーム数	参加者数（うち女性，教職員）
ドッジボール	11	163（38，1）
3 on 3	14	78（4，2）
ソフトバレー	8	71（71，2）
ソフトボール	21	271（38，1）
バレーボール	30	268（96，8）
体育祭		207（64，0）
合　計	84	1,061（320，14）

大学資料

四　ルールを守り、怪我しないこと。

このスポーツフェスタは、教員で組織する柳井雅人学生部長を中心とする学生部委員会が、学生同士のつながりの輪を広げ、充実したキャンパスライフを送れる契機となるよう、学生支援策の一環として〇六年から始めた。企画運営は、体育会総務を中心とする実行委員会が行い、学生部委員会や学生課の教職員がこれをサポートした。

種目は、ドッジボール、バスケットボール、ソフトボール、バレーボールの四つで、〇七年は北方キャンパス約五千名の学生のうち約二〇％にあたる一〇五二人が参加し、教員一六名が加わった。〇六年の参加数六三一人に比較して倍近くになり、着実に学生の中に定着している（図表２-４-６、二〇〇九年度実績）。

このフェスタは、言わば「大学の運動会」である。大学に入ってまで「運動会」とは、と疑問を呈する向きもないわけではない。違いは、学生の企画・運営でなされること、強制ではなく、自主参加の二点にある。しかし、それ以上に重要

なことは、いじめや引きこもりなどが蔓延する子ども社会で育った世代に対する人間教育の「補習」であり、福岡・北九州都市圏以外から入学し、一人住まいしている学生にいち早く学園生活に慣れてもらうための「補完教育」でもある。これによって、大学生活での引きこもりや不登校、そして休学・退学とつながる学生をできるだけ少なくすることができればと考えている。まさに、「体を動かす、楽しむ、親しむ、責任をもつ」ことこそが、フェスタの趣旨である。

他方で、授業が行われない早朝と土、日曜日に約一ヵ月にわたって、約千人の学生の競技を整然と企画し、かつ大きな怪我人もトラブルもなく完遂した実行委員会の学生の能力はみごとなものがあり、社会性と指導性の点で大きく成長した。この点も大きな「課外教育」である。

北九州市立大学の教育改革の重要な目標の一つに、社会人として自ら企画し、実行し、評価し、改善する能力をしっかりと身につけることがある。そのため、〇六年にキャリアセンターを設置し、専任の教員を採用した。就任した真鍋和博准教授と学生課職員の積極的活動によって、学生が企画する多様な活動が実施されている。このスポーツ・フェスタ以外に、毎年夏休みに行われるオープンキャンパスには、大学自体の企画とともに、訪れた高校生にキャンパスを案内する学生独自の企画があり、そのための雑誌 'what do you want to do' を発行している。また、北九州活性化協議会と共同で「僕らのハローワークプロジェクト」を結成し、地元企業のトップや一般社員を学生が独自に取材し、四〇企業を紹介する雑誌『ボクラノ』を発行し、学生を募集する企業、就職活動をする学生双方から大変好評をえている。先述した学生プラザのなかの「プロジェクトルーム」は、こうした学生の自主的活動の企画会議の場となっている。

レールを敷かれた高校までの生活から自らの責任で社会に出て行く「中間点」にある大学生活では、座学的「知識」だけでなく、社会性を身につける「実践教育」もまた不可欠な教育である。

（「学生の社会的実践能力を養う　自ら企画、実行し、改善する力」『ひろば北九州』二〇〇八年一月号）

二　オープンキャンパスを学生が企画・運営――保護者に大好評

二〇〇九年七月十八・十九の両日、夏季オープンキャンパスが開かれた。北方、ひびきの両キャンパスあわせて、高校生の参加は四二〇一人にのぼった。昨年の三八一〇人に比較して一割増で、法人化以後五年間で最大となった。一八歳人口が減少するなか受験者も三年連続増えており、この傾向が続くのではと喜んでいる。〇八年来の大不況で、受験生の私立大学離れ、地元指向が強まった反映とみることもできる。しかし、今回の高校生の参加増には、大学側とくに学生の主体的な動きが大きく寄与している。

オープンキャンパスの二日間、私は、保護者説明会で学長として大学改革を紹介する機会があった。そこで保護者アンケートの一部を紹介する。「学長先生のお話、この大学が前向きに取り組んでいることがわかりとても良かった。娘の高校でも、この大学は評判がとても良く、質が高いと聞いていたことと重なり、この大学に入れればいいなあと思いました」（女性）、「学長自ら大学改革の取り組みを話されるところは、他にないのではないかと思うと同時に教職員一丸となって取り組まれていることが伝わり感心した」（男性）、「大学の特徴や大学生活等がよく分かり、子供が安心して学校生活が送れるサポートシステムがあって、いいなあと思いました」（女性）など大学の教育に対する高い評価をいただいた。

そしてもう一つ、「ここの学生さん、いいですね、しっかりしています。スタッフＧｏｏｄです」（男性）、「学生さんが皆生き生きしている顔をみて、先生方のご指導が伝わりました」（女性）、「オープンキャンパスを学生が企画運営を行っていると聞き驚いた。通常は事務方中心で行うのに、素晴らしい取組みだと思う。今後も充実させてください」（男性）、「学生さんのしっかりした企画でいろいろなことがよくわかり、わが子をもし入学させられたらという姿を想像することができました」（女性）と、学生の生き生きとした動きに感動する声が大変多かった。

大学提供

写真２－４－２　学生プラザ内の学生たちの様子

我々の努力が、きちんと保護者の心に届いたことがわかり、私も感動した。とくに、学生の元気で明るく、かつクレバーな動きがしっかり保護者の注目を引いた。

オープンキャンパスを企画・運営する学生スタッフは、新学期早々、全学から公募し、四八人が参加した。以来、見舘好隆キャリアセンター准教授、白石智也入試広報課職員の指導のもと、三ヵ月間、イベント企画、高校生参加のための広報、パンフレットや来場者配布グッズの作成、当日の運営などの四班に分かれて学生主体の「オープンキャンパス二〇〇九プロジェクト」に取り組んできた。そのなかで、学生同士の出会いや泣き笑いを経て、当日笑顔あふれるオープンキャンパスが実現した。スタッフには、「高校生のときの印象が忘れられなく」て北九大を選んだ学生もおり、また、「絶対来年来ます」と宣言した高校生もおり、学生主体のオープンキャンパスは入学の連鎖をつくっている。

もちろん、取り組んだ学生は「自分の意見を恐がらずに言うことができるようになった」し、「新しく物事に取り組む・飛び込むことの面白さを知って」、大きく成長した。そして、「大好きな北九大のために一所懸命頑張れて、本当に嬉しいです」との学生の声が寄せられた。

四班のリーダーの吉良彩香（外国語学部）、鬼木陽平（経済学部）、宮窪みなみ（経済学部）、松嶋佑佳（外国語学部）君らも、意見を引き出すこと、笑顔を絶やさないことの大切さなどを知り、統率力も磨かれた。学生にとって、コミュニケーション力、企画力、統率力、課題解決力を実践的に養うイベントでもあった。まさに、一石二鳥の取り組みである。

（「参加増のオープンキャンパス　学生が企画・運営、保護者に大好評」『ひろば北九州』二〇〇九年十一月号）

第四節　勉強もサークルも一所懸命の学生

二〇〇九年三月十七日北九州市立大学で「平成二十年度学生表彰式」が行われた。〇八年日本建築学会で優秀卒業論文賞を受賞した、国際環境工学研究科環境工学専攻一年の鮫島由佳さん、〇八年ロボカップジャパンオープン・中型ロボットリーグ優勝、同世界大会（中国・蘇州）六位のHibikino-Musashiチームのメンバーで国際環境工学研究科及び国際環境工学部の学生七人、第五六回全日本弓道選手権大会・女子個人戦優勝の、文学部人間関係学科一年の酒谷恵美さん、以上の一団体と二人である。個人には賞状と記念品、団体には賞状と盾が手渡された。

もともと、学生表彰制度は、〇五年度から公立大学法人化され、その中期計画のなかの一項目として記載され、学生の意欲向上に資するものとして直ちに実行したものである。「表彰規程」によると、対象者は、学術研究活動や課外活動において、特に顕著な成績をあげたもの、および社会活動において社会的に高い評価を受けたものとされている。対象者の選定基準として、国際的規模や全国規模の学会、競技会等において優秀な成績を収めたものに限定されている。

国公立大学ではペーパーによる学力検定中心の入学試験で、入学後も厳しい授業を課される。そのなかでのこれらの活動は、それ自体困難なうえ、地方大学として全国規模、国際規模の大会での好成績を求めることは、一般的に厳しい。にもかかわらず、〇五年度から〇八年度の四年間で延べ八人の個人、六団体が表彰の対象となった（〇九年度は三個人、一団体に贈られた）。

このうち、五星奨—中国語コンテスト暗唱の部、弁論の部、漢語橋—世界大学生中国語コンテスト、燎原会暗唱弁論大会などで優勝・準優勝・特別賞など、中国語弁論関係の国内・世界大会での成績が評価されたのが、個人三、団体一（中国語会話研究会、現中国言語文化研究会）である。なかでも、磯野

2007年度学生表彰受賞者

大学提供

受賞風景

写真2－4－3

紗希さんは〇五、〇七年度の二回表彰の対象となった。また、米英研究会（ＥＳＳ）も、全国的な大会での好成績で表彰の対象となっている。外国語学部英米学科、中国学科が本学の「ブランド」の一つとなっていることの反映でもある。

さきのHibikino-Musashiは、本学・九州工業大学・北九州産業学術推進機構（ＦＡＩＳ）の共同チームであり、〇六年度にもロボカップジャパンオープン優勝、ドイツ・ブレーメンでの世界大会八位と、二回に亘って表彰された。これもまた、本学の「ブランド」の一つとして定着しつつある。これに、冒頭での鮫島さんを含む二団体、四個人はいずれも、大学での勉強の延長上での成果である。

これに対し、勉学外での課外活動での成果は、先の弓道の酒谷さんのほか、〇七年度には尾西正嗣君（経済学部）と秦加奈さん（外国語学部）のペアが少林寺拳法創始六〇周年記念の全国大会一般初段の部最優秀賞を獲得した。〇五年度には、硬式野球部が全日本学生野球選手権大会に唯一の国公立大学として出場を果たし、いずれもスポーツ系で表彰された。中日ドラゴンズの投手として活躍している中田賢一氏は、このチームの前年度の活躍に大きく貢献した。変わったところでは、渡辺伸悟君（文学部）が学生の就職支援のための無料情報誌発行などで、〇六年度日本学生支援機構優秀学生顕彰で優秀賞を受賞し、放送研究会〇六年度のＮＨＫ大学放送コンテスト・ラジオドラマ部門第四位などで表彰された。

大学四年間の学生生活をどう過ごしたかは、その後の人生に大きな影響を与える。ここで紹介した学生は、日ごろの鍛錬、大きな大会での集中力の発揮、チームワークでの人間関係のあり方など、教室でえた知識とともに、今後の人生の大きな糧となるものと確信している。

（「学生のさまざまな活動を表彰　卒業後の人生の、大きな糧に」『ひろば北九州』二〇〇九年五月号）

（ふるさと新潟・六題）

ふるさとで講演する日春の雪　　機の外に梅雨雲広がるふるさと便

上越線雪から花に変わる窓　　梅雨晴れや岸辺のジョギング信濃川

春長ける金色の陽が沈む日本海《うみ》　　雪冠る海の向こうの佐渡島

第五章　異文化交流キャンパスの構築

第一節　ボランティアが支える日本一留学生に親切な北九州市立大学

二〇〇八年四月二十日小倉南区蒲生にある北九州市立大学後援会館（青嵐グラウンド内）で、恒例の「留学生の春の歓迎会」が開かれた。

ボランティア団体の「フォーラムこくら南」と北九州市立大学共催で、今年入学した北方キャンパスの留学生を歓迎するものである。留学生の参加者は、新入生一六人、留学生会（約二五〇人）の役員など在学生一三人、大学院生三人、それに大連外国語学院や仁川大学校、イギリスやオーストラリアからの短期留学生一四名、合わせて四六名にのぼった。主催者側は、留学生から「日本のお母さん」と慕われている「フォーラムこくら南」のメンバー約三〇人、大学の国際教育交流センターなどの教職員約二〇人、それに同窓会や後援会の役員、「フォーラムこくら南」の名誉顧問の田中愼一郎元学長である。全部で百人近い参加者でホールはあふれるほどだった。

図表2－5－1　北九州市立大学国別留学生数推移

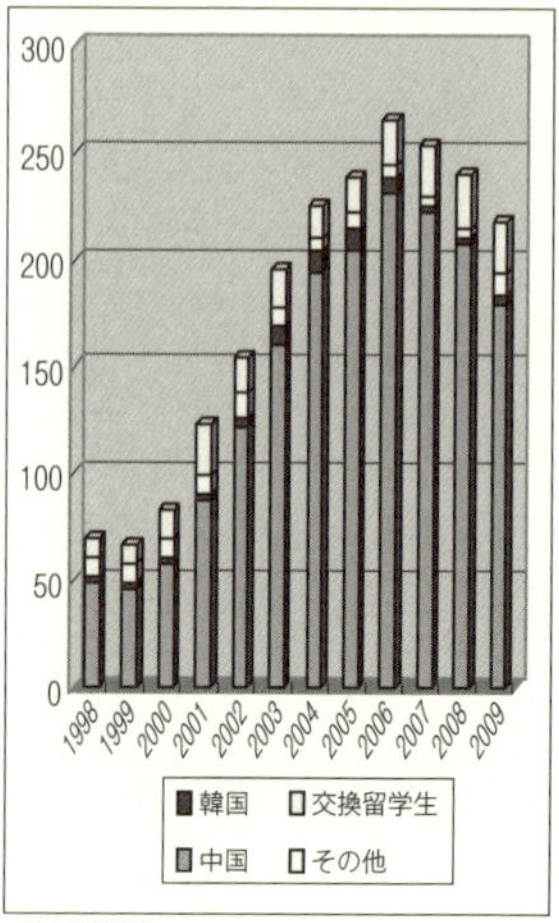

学生部資料

日本一留学生に親切な大学

北九州市立大「勝ち組」への道

授業料を減免します

日本一留学生に親切な大学――。北九州市立大（矢田俊文学長）が、こんなキャッチフレーズを掲げて大学間競争を勝ち抜こうとしている。授業料の減免、国民健康保険料の9割補助。さらに、主婦らで作るボランティア組織が「日本のお母さん役」を買って出て、ホームシックになりがちな留学生の心をケアする。物心両面のアプローチで少子化時代の「勝ち組」を目指す。　【千代崎聖史】

YOU部

「母の日に、古里の母親を思いながら、浮かんでくるのは日本のお母さんたちです。楽しくゆっくり過ごしてください」

市立大の留学生を支援する「フォーラムこくら南」（村井喬代代表、約50人）に02年5月、卒業生から届いた手紙だ。

フォーラムは91年、安部博純・市立大名誉教授に近代史を学んだ女性たちの発案で発足した。留学生一人に一人の会員がつき、卒業までの間、さまざまな悩みの相談に乗っている。中国・瀋陽市出身で大学院経済学学科1年の勾川さん(26)は「おかげで、日本にも家族がいる気持ちで4年間を過ごせた。本当に感謝しています」と振り返る。

4月23日の新入生歓迎会。テーブルには、炊き込みご飯や昆布巻きなど会員が1品ずつ持ち寄った手料理が並んだ。バス旅行や卒業を祝う会など年間行事は10近くに上る。中国・延吉出身の金紅花さん(22)は「来日前、周囲から『日本人は怖い』と言われた。『それは違う』と証明するために来た。お母さんに会えて幸せ」と話す。

04年からは、留学生が月2回の土曜日、地域の小学生に英語や中国語を教える「地球市民学級」という交流も始まった。

村井さんは「長続きの秘けつは自分たちが楽しむこと」と笑う。だが矢田学長は「日本の大学の欠陥は、留学生の受け入れ数だけ増やして心を支えるシステムが追いついていないこと。彼女たちの活動は尊敬に値します。キャッチフレーズも『世界一』でいいのでは」。

実は、フレーズを考案したのは学長自身だ。背景には、サバイバル時代の到来ともいうべき昨年4月の公立大学法人化があった。法人化と同時に就任した矢田学長は「市立大の売り物は何か」を徹底的に考えた。全教員からヒアリングをした結果、得られた結論が「留学生」だった。

国民健保を9割補助

市立大は1946年、英語と中国語に特化した小倉外事専門学校として出発した。国際交流の歴史は古く、90年には、日本語教育センター（現・国際教育交流センター）も発足させた。

留学生数は5年前に比べて約130人増え、現在252人。ほぼ倍増した計算だ。数では、立命館アジア太平洋大学（大分）や九州大には及ばないものの、分かりやすい日本語教育を大学選びのポイントに挙げる留学関係者もいる。留学生が多い中国でも市立大の名は知られているという。

「日本一」の象徴が、教職員らで作る「外国人留学生後援会」による国民健康保険料の9割補助だ。文部科学省学生支援課も「聞いたことがない」と驚く取り組みで、留学生の負担は年間約3000円で済む。3月に卒業した許懐恩さん(30)は東京都内の公立大にも合格したが、日本語学校の講師の勧めで市立大を選んだ。「留学生へのサービスが充実しているという点が決め手だった。一番怖いのは病気だが、保険のおかげで安心して勉強に打ち込めた」と話す。

評価の高い取り組みではあるが、財源は寄付頼み。運営自体は赤字だ。特色を競争力につなげ、少子化の波を乗り切れるかどうかは、留学生戦略への理解をどこまで広げられるかにかかっている。

心のケアは「日本のお母さん」

平成18年6月27日（火）
毎日新聞　夕刊　1面

午前一一時半開始で、留学生が自己紹介した後、すぐにボランティアのメンバーが朝からそれぞれの家庭で作ったおはぎや炊き込みご飯のおにぎり、山菜の煮物、卒業した元留学生の店の中華饅頭などたくさんの料理で昼食をとりながら歓談した。その後、留学生がそれぞれ楽器演奏や歌を披露し、みんなでフォークダンスやゲームなどに興じ、最後に手作りのケーキをいただいて、午後三時に終了した。二〇歳前後で中国や韓国の家族から離れ、異国で過ごす留学生は、不安と寂しさでいっぱいである。この日のイベントは、新入生同士、先輩、教職員、それに「日本のお母さん」、こうした多くの人々との出会いの儀式で、留学生の顔は、一様に晴れやかであった。

こうした催しに注目したある毎日新聞の記者は、〇六年六月二七日の毎日新聞の夕刊一面に、「日本一留学生に親切な大学――北九州市立大学『勝ち組』への道」という記事を書いてくれた（図表2-5-1）。ここでは、留学生一人にボランティア会員一人がつき、卒業までの間、さまざまな悩みの相談にのる「日本のお母さん」制度についての留学生の感謝の言葉が掲載されている。大学の「近代史」を学んだ女性たちの発案で一九九一年から始められて〇八年で一七年目。日常的な世話だけでなく、新入生歓迎会、夏のバス旅行、卒業を祝う会などの行事も組まれており、そのたびに留学生間、留学生と教職員、留学生と「日本のお母さん」たちの親睦は深まる。卒業して帰国した留学生が故国のお母さんとともに、「日本のお母さん」を中国に招き、楽しく過ごした「美談」もときどき耳にする。

「日本一留学生に親切な大学」には、そのほかに幾つかの仕掛けがある。大学や大学の後援会、同窓会で「外国人留学生後援会」をつくり、お互いお金をだしあって、留学生の国民健康保険の九割を補助

図表２－５－２　北九州市立大学の留学生支援システム

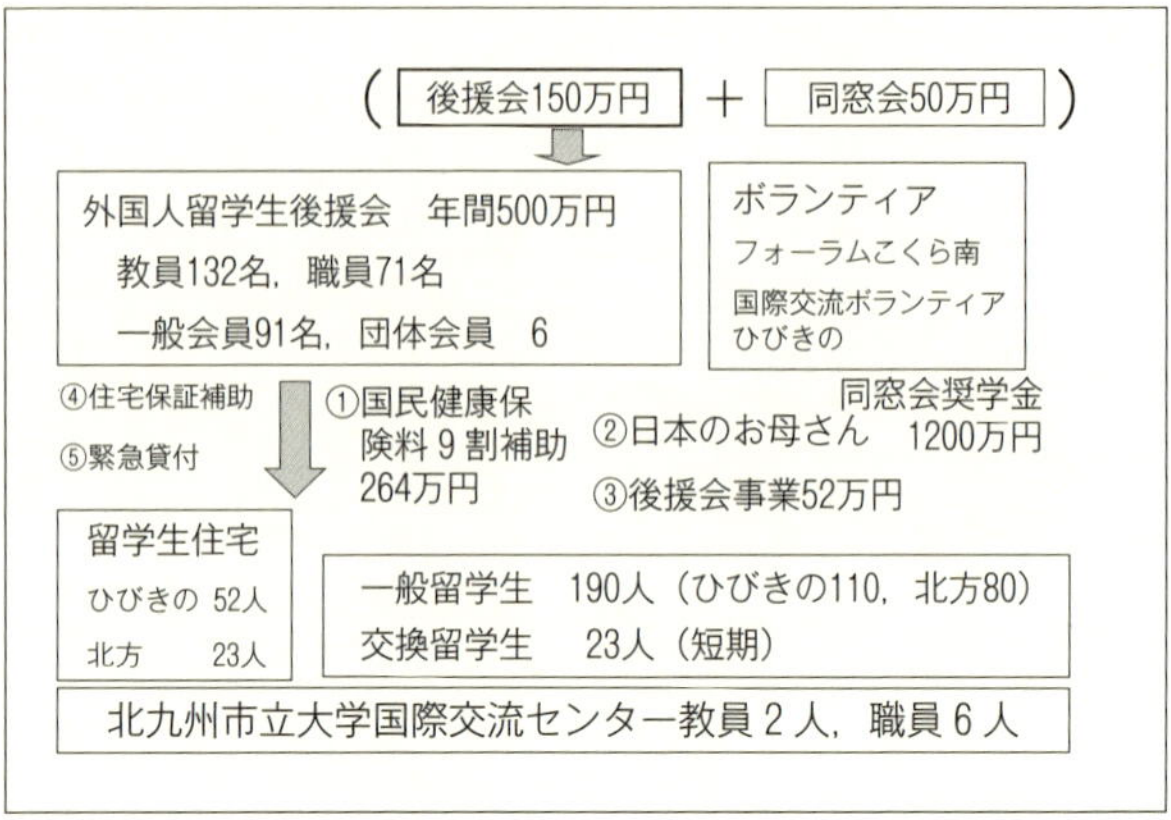

している。外国留学で最も不安な一つは病気になることで、高い医療費負担のため治療を受けないケースが少なくない。そこで、できるだけ日本の国民健康保険に入ってリスクを軽減しようというものである。また、優秀な留学生には、同窓会が奨学金を支給し、大学で授業料の減免を行っている。さらに、学内の国際教育交流センターには、二人の日本語教育の専任教員と職員がおり、全学から兼任の教員も参加し、運営している。留学生はほとんど毎日、センターに顔をみせ、多様な相談をし、情報の交換をしている。このように、①「日本のお母さん」制度、②国民健康保険の九割補助、③手厚い授業料減免や奨学金制度、④国際教育交流センターの多様なサービス、この四本柱が「日本一留学生に親切な北九州市立大学」のブランドを支えている（図表2-5-2）。

（「日本一留学生に親切な北九大　ボランティア『日本のお母さん』」『ひろば北九州』二〇〇八年八月号）

［付記］残念なことに約二〇年間北九州市立大学の留学生を支えてくれた「フォーラムこくら南」も二〇一〇年三月に解散した。皆様に心より感謝いたします。

大学提供

写真 2-5-1　フォーラムこくら南，ボランティアひびきのバス・ハイク

大学提供

写真 2-5-2　大連外国語学院孫玉華学長と

第二節　学生の低負担で動き出す派遣留学制度の拡充

二〇〇七年十一月五日一六時、中国・大連の都心にある大連外国語学院本館に予定通りの時間に到着した。晩秋の北緯三九度の街はすでに日暮れに近かったが、事務棟玄関で孫玉華学長が出迎えてくれた。すぐに、貴賓室で両大学のトップ会談が行われた。孫学長の挨拶は、「二〇年来の最も大切な姉妹校である」ことを強調した大変、心温まるものであった。私の方は、孫学長が私の学長就任後すぐに北九州市立大学を訪問してくださったのに、返礼が二年も遅れたことをわびつつ、次代の日中友好を担う若者のために今後も交流を深めたい旨のスピーチをした。

十一月一日に福岡空港から北京に入り、翌二日に新たに本校の学生を毎年、語学研修生として受け入れてくれることになった北京語言大学を訪れ、崔希亮学長と協定を締結した。四日の日曜日には、大連理工大学の欧進平学長を訪れ、本学大学院の国際環境工学研究科への大連理工学部学生の入学について詰めの話し合いをした。

最終日が大連外国語学院訪問である。板谷俊生外国語学部長、伊藤健一国際教育交流センター長、堀地明教授の四名の旅で、中国学科の板谷、堀地両教授は中国語が堪能で中国事情にも熟知しているので安心した旅ではあった。しかし、強行日程で大分疲れたあとだっただけに、古き友人の温かい歓迎に心休めることができた。

図表2-5-3　タコマ・コミュニティカレッジへの派遣制度

■ 2008年度より，協定に基づきタコマ・コミュニティカレッジ（米国）で北九州市立大学生向けの特別プログラムを実施，学生を半年間派遣留学する。

2008年秋から英米学科25名，09年春に他学科を含めた30名を派遣，以降毎年度55名の学生を派遣する。

なお，英米学科の学生については，タコマで取得した単位をその授業内容に応じた本学の授業単位（最高18単位）にパッケージで読替ができる。

■ 期　間　　派遣期間は，半年間程度

■ 派遣先　　タコマ・コミュニティカレッジ（米国）

■ 奨学補助金　　半年間の授業料に相当する額を，奨学補助金として本学より支給する。

参考：2008年度奨学補助金　　267,900円／人

また，国際交流基金から奨学補助金が支給される。

（大学同窓会，後援会の会費を納めた学生のみ）

参考：2008年度奨学補助金　　130,000円／人

■ 派遣実績

派遣年度	学部／時期	経済		外国語		文		法		国際環境工学		合計
		男	女	男	女	男	女	男	女	男	女	
2008	2学期（10月～3月）			4	24							28
2009	1学期（4月～9月）	0	2	1	16	1	5	0	0	0	0	25
	2学期（10月～3月）			10	8							18
2010	1学期（4月～9月）	0	0	1	8	0	7	1	2	0	0	19
	2学期（10月～5月）			4	21							25

大学資料

図表2-5-4　北京語言大学への派遣制度

■ 概　要

本学協定校の一つである中国・北京語言大学へ1年間休学せずに主に語学力の向上を目的とした派遣留学プログラム。2011年3月から派遣開始予定。

派遣先で取得した単位を本学の単位として認定することも可能。

■ 期　間　　1年間（3月～2月）

■ 派遣先　　北京語言大学（中国）

■ 費　用　　約70万円（プログラム費用　約36万円，寮費　約25万円，渡航費　約7万円）

■ 奨学補助金

北京語言大学でのプログラム費用に担当する額（約36万円）を，奨学補助金として本学より支給する予定。

北京言語大学語学研修実績（春期）

年　度	2007	2008	2009	合計
人　数	17	27	8	52

大連外国語学院交換留学（派遣）実績

年　度	2000	2001	2002	2003	2004	2005	2006	2007	2008	2009	合計
人　数	3	2	3	2	2	5	5	5	5	4	36

大学資料

大学提供

写真２－５－３　2009年３月タコマ・コミュニティ・カレッジでコース修了パーティー

　北九州市立大学は、一九四六年創立の小倉外事学校を起源とし、五〇年の小倉市立外国語大学から出発しているから、外国語教育には定評がある。その教育の重要な一環をなしているのが、多数の姉妹校との学生の交換留学制度である。欧米系では、イギリスがカーディフ大学やオックスフォード・ブルックス大学など四校、アメリカがピッツバーグ大学、オールド・ドミニオン大学など四校、オーストラリアがクインズランド大学やタスマニア大学など二校、それにカナダを含めた一一校、アジアでは中国の大連外国語学院と韓国の仁川大学校の二校と国際交流協定を結び、学生の交換留学を実施している。この五年間では毎年二〇人以上の本学の学生が外国で学び、またほぼ同じ数の学生が派遣されてくる。そのほか、一般留学生として入学してくるのが年間六〇人ほどで、合わせると、常時二五〇人の留学生が北方、ひびきの両キャンパスで学んでいる。

　交換留学生については、原則授業料は相互に免除しており、相手校で取得した単位は母校でも認められる。外国留学によって卒業が遅れるわけではない。その意味では、学生の負担は少なく毎年人気が高い。しかし、寮やホームステイの整備、受け入れ国の言語教育体制などから学生数に限界がある。やむなく、休学して外国留学し、卒業が遅れる学生も少なくない。大学としては、法人化とともに、国際協定校と交換留学生数を増やす戦略を展開している。そのため、民間のアパートを借り上げて、「留学生寮」に代替するとともに、協定校数の増加に努めている。

いままでの実績に加えて、アメリカのタコマ・コミュニティ・カレッジに毎年五五人を半年派遣する制度を〇八年度から実施し、仁川大学校とは相互に二名の学生を交換留学させる協定を〇七年の六月に訪問して締結した。今回の中国訪問は、すでに相互に一〇〇人以上の学生交換と二〇人以上の教員交換の実績のある大連外国語学院との絆を深め、かつ北京語言大学への短期派遣を開始するための旅であった。

これらの新たな協定校の拡大によって、本学学生の留学機会が一段と充実する。とくに、タコマとの協定は、派遣留学生数を一挙に三・五倍の七〇人に増やすことが可能となる。

（「動き出す派遣留学制度の拡充　米タコマには半年間、毎年五五人」『ひろば北九州』二〇〇八年二月号）

［付記1］タコマ・コミュニティカレッジへの派遣制度は、①タコマ・コミュニティカレッジが北九州市立大学の学生向けに特別プログラムを実施し、大学は学生を半年間派遣留学する。ここで取得した単位は、原則として大学の単位で読み替えることができる。②大学は、学生が納入した半年分の授業料二六万七九〇〇円を奨学補助金として支給するほか、渡航費等に対して、本学の同窓会、後援会の会費を納めた学生を対象に一人当たり一三万円を補助する、というものである。この制度での半年間の留学によって、いままでのよう

に休学・留年しなくてすむうえに、私立大学など他大学の同様な制度より格安のため、応募者が多く、二〇〇八年度二学期二八名、〇九年度一学期二五名が人選され、みな大きなトラブルもなく、帰国している。ただ、〇九年度二学期一八名、一〇年度一学期一九名と減少したのは新型インフルエンザの影響である。その影響がなくなった二学期は、予定通り二五名を派遣することに決定している（図表2-5-3）。

［付記2］タコマに続いて、北京語言大学にも同様の派遣制度を開始する。期間は一年間、プログラム費用（三〇万円）は大学負担で二〇一一年三月から開始する。一〇年秋にも正式調印することになっている（図表2-5-4）。

（留学生歓迎会で）
生け花の桜のごとく笑顔満つ
草もちで会話が弾む歓迎会

（北京にて）
天高し長城登る人の群れ
忘我する秋の入日の紫禁城

第六章　地域貢献――「地域貢献日本一」を誇る大学

そもそも、大学は研究を通じて人類の科学的認識を継承し発展すること、この科学的認識をベースに優れた人材を育成すること、この二つを使命とする社会的存在である。したがって、研究と教育の二つの使命を大学のキャンパスという空間のなかで着実に実行することが、大学の「本源的な社会貢献」である。他方で、大学で蓄積された研究資源と教育資源をベースに、企業や市民との連携、国や自治体などからの委託研究や共同研究、あるいは社会人の再教育など、「付加的な社会貢献」機能も期待されている。それは、委託研究や共同研究、社会人教育など通常の学内の研究・教育活動に企業や市民が参加するものと、大学が組織としてまた教員個人として市民向けに独自に企画して行われるものの二つに分けることも可能である。対象となる企業や市民の多くは、キャンパス周辺地域に立地ないし居住しており、その意味では「社会貢献」の部分集合としての「地域貢献」と表現することができる。

大学の教育資源の市民への活用についてみれば、図表2-6-1のように、一八歳から二〇歳代前半の学士課程、大学卒から二〇歳代後半の大学院修士・博士課程教育が、大学本来の対象世代であったが、ビジネス・スクールなどの専門職大学院教育、さらに、「地域創生学群」など学士課程での社会人教育

図表２－６－１　地域貢献戦略 —— 多様な世代に対する教育・研究資源の活用

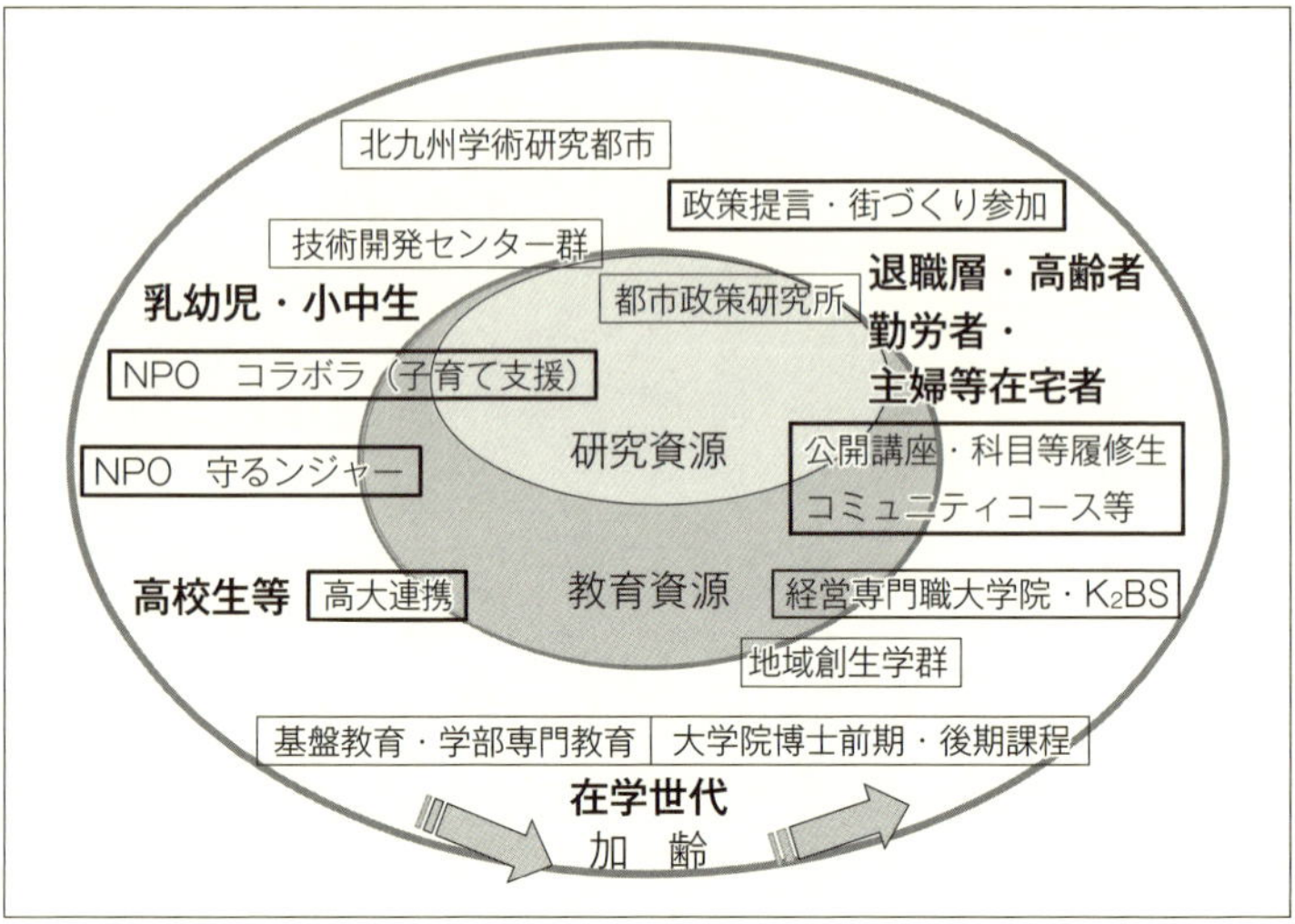

の充実によって、教育対象世代の幅が広がりつつある。人口の高齢化とともに、高度専門職教育や生涯学習需要が拡大し、大学が対象とする世代も高齢化するのは必然である。

他方で、科学技術の急速な進歩、国際社会の複雑化などの教育内容の激変に、小中高校での教育内容が対応できないでいるなかで、大学がその知的資源を活用することによって、教育支援できる分野が増えている。また、いじめや学力低下など近年の深刻な教育問題に対し、世代的に近い学生の教育支援も有効な役割を果たす。核家族化などで、子育てノウハウの伝達に断絶がみられるなかにあって、教育学や心理学を専門とする教員や学生の支援も期待されている。こうした、大学が対象としていなかった世代への教育資源の活用も、求められる地域貢献である。

第一節　輝く「地域貢献日本一」

二〇〇八年十月二十日、日本経済新聞の朝刊二三面に全国の国公私立大学の地域貢献度のランキングが大きく掲載された。七三〇大学にアンケートし、六四・四％の回収率だというから四七〇校が回答したことになる。そのなかで、北九州市立大学は堂々第一位となった。当日出勤前になにげなく新聞を開いて発見したので、思わず「オッ」と叫んだ。二〇〇六年から『日経グローカル』誌でアンケート調査によるランキングをしており、そのときは宇都宮大学に次いで二位であった。〇七年には、回答率が急増し、八位に終わった。一八歳人口の急減のなかで、大学間競争が激化し、マスコミのランキングについて各大学とも敏感になり、アンケートにも積極的に対応する大学が増えてきた。それだけに、今度の「金メダル」は、二〇〇六年の「銀メダル」よりも喜びははるかに大きかった（図表2-6-2）。

今回の記事には、もう一つの喜びがあった。記事の見出しに「地域貢献、公立大が存在感」と書かれている。全国の大学の一〇％程度の公立大学が、地域貢献ベスト一〇〇中二一校を占めたのだから、見出しが大きく躍ったことも「むべなるかな」である。これには伏線がある。〇七年七月、公立大学協会の役員就任挨拶に文部科学省を訪れたとき、高等教育局長がそのときの日本経済新聞を見せ、地域貢献を使命としている公立大学が上位にランクされていないと苦言を呈した。政策担当の副会長となった私は、公立大学のプレゼンスの向上を重視していただけに、悔しい思いをした。地域貢献という地味な活

図表2-6-2　日本経済新聞――地域貢献ランキング（2008，09年）

地域貢献度ベスト30

2008年

順位	大学名	前回順位
1	北九州市立大学（公）	8
2	室蘭工業大学（国）	1
2	宇都宮大学（国）	6
2	熊本県立大学（公）	10
5	帯広畜産大学（国）	3
6	岩手大学（国）	3
6	信州大学（国）	2
8	長岡大学（私）	
8	梅光学院大学（私）	23
10	熊本大学（国）	61
11	茨城大学（国）	73
11	横浜国立大学（国）	26
11	三重中京大学（私）	99
14	豊橋技術科学大学（国）	10
15	福島大学（国）	23
15	筑波大学（国）	47
15	三重大学（国）	16
15	広島大学（国）	10
15	岐阜県立看護大学（公）	10
20	和歌山大学（国）	85
20	愛媛大学（国）	10
20	東北公益文科大学（私）	31
20	立命館大学（私）	6
24	北見工業大学（国）	3
24	富山大学（国）	31
24	鳥取大学（国）	19
24	高知女子大学（公）	90
28	県立広島大学（公）	136
29	名古屋工業大学（国）	142
29	徳島大学（国）	26
29	東北福祉大学（私）	19

2009年

順位	大学名
1	熊本県立大学（公）
2	北九州市立大学（公）
3	松本大学（私）
4	九州工業大学（国）
4	大阪府立大学（公）
6	梅光学院大学（私）
7	室蘭工業大学（国）
8	宇都宮大学（国）
9	東北公益大学（私）
10	長岡大学（私）
11	岩手大学（国）
11	熊本大学（国）
11	横浜市立大学（公）
14	茨城大学（国）
14	長岡技術科学大学（国）
14	三重大学（国）
14	京都府立大学（公）
14	県立広島大学（公）
19	横浜国立大学（国）
19	立命館大学（私）
19	神戸女子大学（私）
22	筑波大学（国）
23	福島大学（国）
23	東京農工大学（国）
23	豊橋科学技術大学（国）
27	北見工業大学（国）
27	秋田大学（国）
27	宮崎大学（国）
27	山口県立大学（公）

（注）国＝国立大，公＝公立大，
私＝私立大，空欄は未回答

図表2-6-3　地域貢献6面作戦

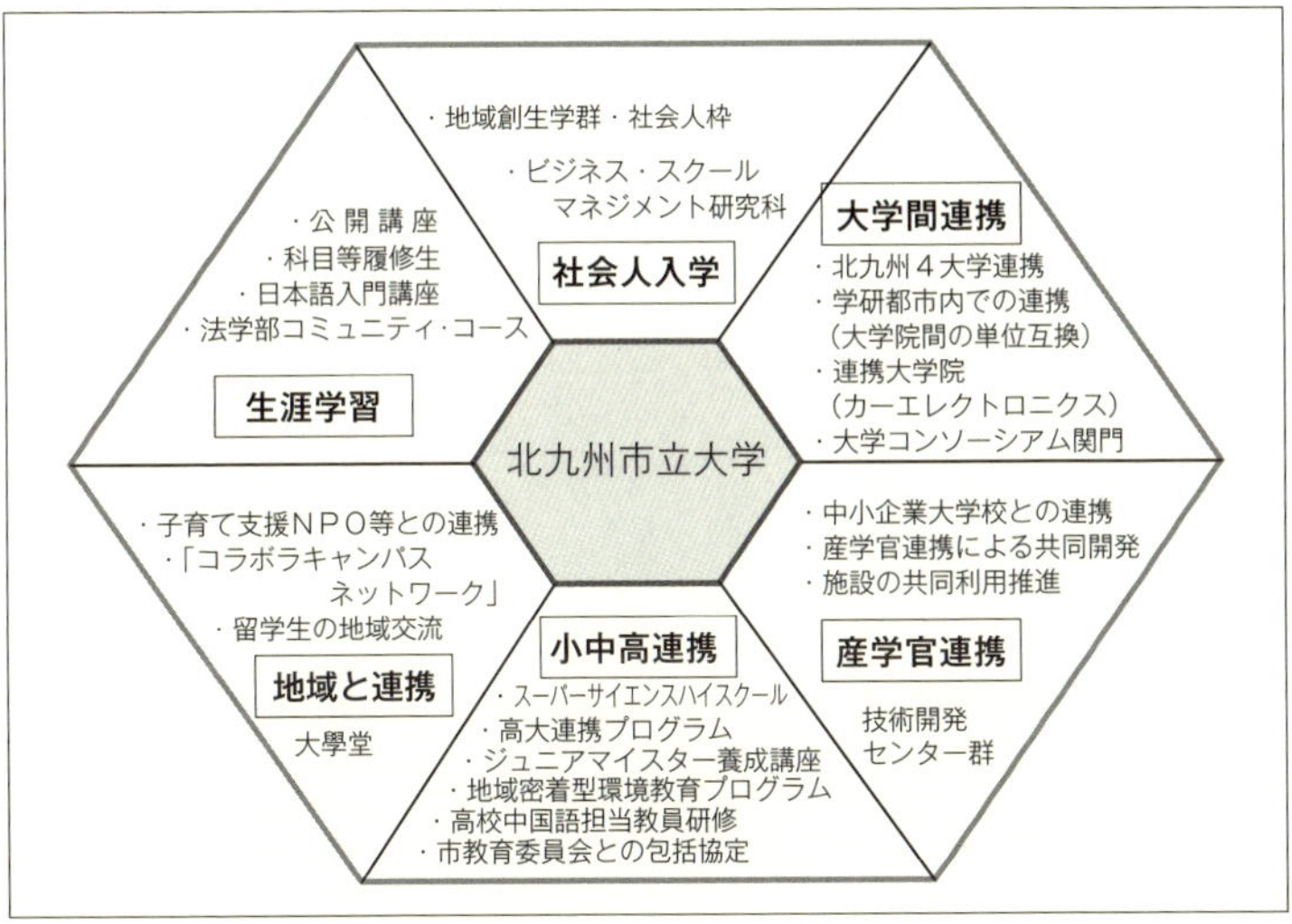

動ですぐに効果が出るとは思わなかったが、全公立大学学長あてに、マスコミからのアンケートには、事務任せにせず、学長自ら丁寧にチェックするようによびかけた。そのことが公立大学の上位進出に役立ったと得心している。

北九州市立大学の地域貢献については、三分野、六方面で実施している（図表2-6-3）。

一つは、一八歳から二〇歳代の学齢期だけでなく、勤労者、在宅者、高齢者など社会人に広く教育の機会を開放している。いわゆる「社会人教育」である。毎年八コース（一コース約八回）の公開講座を開催し、延べ三〜四千人ほどの市民が熱心に受講している。文学・歴史・政治・経済・国際問題など多彩な教員が講義を担当している。法学部ではコミュニティ・コースに二〇人強の社会人が学び、〇七年開校のマネジメント研究科（ビジネス・スクール）には、六七人の社会人が大学院生として夜間学んでいる。さらに、〇九年四月から新設の「地域創生学群」に一学年約四〇人の学士課程の社会人を迎える。高卒生五〇人とともに、地域マネジメント、地域福祉、地域ボランティアなどについて昼夜開講制で学ぶ。

第二は、北九州学術研究都市での産学連携活動で、早稲田大学、九州工業大学と同じキャンパスで、産業学術推進機構のコーディネイトのもとで多様な共同研究を推進している。同時に、大学独自で企業と共同して五つの技術開発センター群を設けており、その中から「少水量型消火剤」を開発した。また、北方キャンパスにおいても都市政策研究所が経済団体や市から都市政策に関する受託研究を実施している。また、学研都市での九州工業大学、早稲田大学と本学の単位互換やカーエレクトロニクス修士課程の共同コースを設置、〇九年四月から開講した、関門地区の六大学の共同講義「大学コンソーシアム関門」などの地域間の大学間連携も行っている。

第三は、市民との多様な連携で、旦過《たんが》市場での「大學堂」設置、門司港での昭和レトロ館など街づくり活動、子育て支援の「コラボラキャンパスネット」(一六九頁参照)、学生による小学生の登校見守りの「守るんジャー」などボランティア活動、そしてスーパーサイエンス・ハイスクール、高大連携プログラムなどの小中高校との連携である。

(「輝く『地域貢献日本一』 三分野で公立大学の役割果たす」『ひろば北九州』二〇〇九年二月号)

[付記] 二〇〇九年度の日経グローカルの「全国大学の地域貢献度ランキング」では、熊本県立大学が首位、

北九州市立大学が二位と、首位の座を明け渡したが、その差は総合得点一点で、ともに、「ランキング上位の常連校」との評価を受けた。教員の公開講座、小中学校への出前講座、子育て支援NPOによる「コラボラキャンパスネットワーク」、教員活動報告書のホームページ公開、カーエレクトロニクス連携大学院、地元企業紹介CDの「僕らのハローワーク」などが評価されている。さらに、四位の大阪府立大、一一位の横浜市立大など大都市圏の公立大の上位進出も注目され、十一月十六日の日本経済新聞では、「地域貢献、公立大が躍進」の見出しが躍った。公立大学の面目をほどこした。そのほか、九州工業大学四位で、「九州勢健闘」の見出しも雑誌にのった（図表2-6-2）。

第二節　地域に根差す北九州市立大学のビジネス・スクール――K_2BS

二〇〇七年一月十七日から十九日までの三日間、小倉駅北口のAIMビル七階の教室で、四〇人近い市民が、講師の話に真剣に耳を傾けていた。北九州市立大学が四月から開校を予定しているビジネス・スクールが「3DAYS　オープンスクール」と銘打ったプレイベントで、就任予定の一七人の教員が模擬講義を行った。私は、なんとか都合をつけてすべての講義を後ろで聞くことができた。

北九州市立大学は、〇五年四月に公立大学法人となり、六年間にわたる「中期計画」を作成し、一八歳人口が激減するなか、大学間競争に勝ち抜くべく、独自の経営による大胆な改革にのりだした。私は、請われて新生「北九州市立大学」の学長に就任した。私の仕事は、中期計画を六年間で確実に実行し、大学の教育の質を向上し、公立大学として市民から支持される「地域貢献」を推進することにある。就任早々着手した改革の一つが経済学部を中心に構想され、着々と準備が進められていた「ビジネス・スクール」の設置である。

就任以来、一年かけて詰めを行い、〇六年に文部科学省に「専門職大学院・北九州市立大学大学院マネジメント研究科」の設置を申請し、十一月末に設置審議会の厳しい審査をパスした。ただちに、学生募集の準備にかかり、十二月十五日に同じＡＩＭビルの会議室で、説明会と銘打った「パネルディスカッション」と模擬授業を行った。三年前の〇四年に香川大学ビジネス・スクールの創設に中心的役割を果たした井原理代研究科長がかけつけ、コーディネーターの大役を果たしてくれた。私は当日、虫垂炎の術後で参加できなかったが、第二弾のプレ・イベントである冒頭の「公開講座」を傍聴することにした。一七人の講師のうち、現役の本学教員九名、市の幹部職員二名、地元の企業幹部やＮＰＯ代表等六名と多彩な顔ぶれで、本学教員も五名が銀行やシンクタンク等のビジネス経験者である。

公開講座を聞いて、新たに開校するビジネス・スクールの成功を私なりに確信することができた。〇三年に開校した九州大学のビジネス・スクールにおいて経済学研究院長としてリードし、やはりプレ・シンポジウムを主催した。また、香川大学のビジネス・スクールのプレ・シンポジウムにはゲストとして参加した。いずれのシンポでも、地方都市ならではの市民と教員の熱いふれあいを実感した。こうした経験から、今回もまた多数の応募者が期待できると思った。

大学を卒業して社会人として一〇〜二〇年経過すると、学生のころの不勉強を反省し、今度こそ本気

大学提供

写真2－6－1　K_2BSの授業風景

で勉強したくなるビジネスマンが少なくない。会社から中堅として期待され、家庭で子育て真最中なのに、大切な時間をやりくりし、また年間六〇万円弱の授業料を払ってまでも自分を高めたい真面目な社会人が多い。教員となる企業人も、会社の後輩だけでなく若者に自分の豊かな実務経験を伝えたい。この両者の熱意がスパークする場を提供するのが、ビジネス・スクールである。北九州という地域には、ものづくり企業の豊かな蓄積があり、福祉・医療・環境など法人経営の先駆的モデルがある。これらの「地域知」と大学の「学問知」が一体となって地域の次代の後継者に伝えるのが新設されたビジネス・スクールの使命である。

予想通り、三〇人の定員に七五人が受験し、三七人が四月より毎晩熱心に学んでいる。九州で正式に認定された経営の専門職大学院は、九州大学に次いで二番目、公立大学では日本で最初の北九州市立大学のビジネス・スクールは、確実に北九州のブランドになりつつある。

（「北九州市立大学のビジネス・スクール　地域貢献への順調な

滑り出し」『ひろば北九州』二〇〇七年八月号）

〔付記〕早いもので、二〇〇七年四月に入学した第一期の学生は、〇九年三月に修了し、経営学の専門職修士の学位（ＭＢＡ）を取得して地域に巣立っていった。卒業を祝って行われた論文発表会には、副市長や地元経済界幹部も集まって、実践意識に基づく優れた発表会に熱心に聞き入っていた。将来的には地域を担うリーダーになることを確信させるものが多かった。ただ、リーマン・ショックによる不況の影響もあって、三年目以降の〇九、一〇年度入学者はわずかながら定員割れとなっている。

付節　九大ビジネス・スクール開校セーフ

二〇〇二年七月十六日午前十一時、折からの台風来襲の雨が窓を激しく打ちつける中、東京・信濃町の金融関係の研究会事務所で、一人の人物と面会していた。こちらは、九州大学経済学研究院の荻野喜弘、塩次喜代明両教授と私、面会の相手は、元日本長期信用銀行常務取締役の小西龍治氏である。福岡発の早朝便が欠航する危険性があったが、予定通り飛び、信濃町駅から雨に打たれながらも、間にあった。

用件は、翌年開校を予定している九州大学のビジネス・スクールの専任教官の就任依頼である。しかも、翌週の教授会で了承、月末に就任予定全教官の調書を文部科学省に提出する、という日程での初面会である。「常識はずれ」の行動である。当方は、置かれた状況と、ビジネス・スクール設置への熱意を伝え、小西氏は、いくつかの質問をして、その場は別れた。午後は、七月四日に電通の社長に直接お願いした国際マーケティング担当教官への協力への御礼と、条件の詰めに電通を訪問した。そこで、就任予定の当時の常務取締役でロンドン駐在の出頭則行氏と初めてお会いした。

つい半月前の七月一日、私は九大経済学研究院長に就任した。〇一年十一月、四年七ヵ月務めた副学長を離任し、定年までの残された期間、久しぶりに研究・教育に専念するつもりでいた。三月末には、一週間の休暇をとって、九・一一テロの余韻の残るアメリカを妻と訪れた。ボストンでは、ボストン大学大学院留学中の長男と会い、ハーバード大で研究中の同僚の川波洋一教授、篠崎彰彦助教授のご家族と食事をともにした。しかし、五月十五日の教授会で、定年まで二年に満たない私が研究院長に選出された。経済学研究院があたためてきたビジネス・スクール設置が胸突き八丁にさしかかっていた。

文部科学省交渉も詰めに入り、一九人の教官予定人事のうち、学内からの兼任を中心に一一人が決定し、実業界から新たに八人の就任を予定していた。この八人について、院長就任早々の七月三日と十日の二回に分けて、教授会で信任投票を行った。予期に反し、信任を得られたのは六人で、二人が否任された。この二つのポストを二四日の教授会までに補塡し、月末までに文部科学省に調書を提出しなければ、ビジネス・スクール設置はご破算となる。残された時間は、わずか一週間。そこで、とったのが、冒頭の行動である。

幸いなことに、小西氏、出頭両氏とも就任を快諾され、短期間の調書作成にも協力頂き、教授会で満票で信任された。文部科学省に設置された大学院の設置審議会では、九大ビジネス・スクールが問題なく認可された。審査委員長は、「よくこれだけの人材が集まりましたね」、とほめてくれた。その後、学生募集や入学試験をへて、〇三年四月に無事開校にこぎつけた。八月の開講式で、カルロス・ゴーン氏に記念講演をしていただいた。

院長就任後の一ヵ月で、私の仕事がすべて終わったような感におそわれた。新たに、就任いただいた八人の教官、とくに、当方にとって緊急事態に協力して頂いた小西、出頭両氏に心から感謝している。

あれから三年、九大ビジネス・スクールは二回の卒業生を世に送った。卒業パーティで、二人とも投票による人気教授ベスト・スリーに名を連ねる常連である。台風の日の出会いが、九大経済にとっても私にとっても、運命を変えた。四年後のいま、北九州市立大学で九州二つ目のビジネス・スクール設置に取り組んでいる。

（「台風の日、運命の出会い　九大ビジネス・スクール開校セーフ」『ひろば北九州』二〇〇六年八月号）

第三節　多世代交流キャンパスづくり

一　「子育て支援」は大学の「癒しの空間」

二〇〇九年四月三日、新年度早々、市内の子育て支援四団体の代表者と大学の施設利用についての調印式が学長室で行われた。

支援団体とは、正式には「乳幼児子育てネットワーク・ひまわり」、「NPO法人北九州子育ち・親育ちエンパワメントセンターBee」、「高齢社会をよくする北九州女性の会」、「NPO法人GGPジェンダー・地球市民企画」のことである。このうち、「ひまわり」、「Bee」と「女性の会」は〇六年四月から、「GGP」は〇九年四月から参加した。施設利用とは、北九州市立大学北方キャンパスの四号館二階の一室、四号館前の芝生ひろば、本館二階のテラスを中心とした施設を毎週水曜日、地域の子育て支援活動に利用することである。

「ひまわり」は毎月第一・三・五水曜日に四号館二階の一室で「ハロハロカフェ」（乳幼児親子、学生、地域の人々が、自分の責任で自由に過ごす多世代交流のスペース）を主催している。「Bee」は、第四水曜日、芝生ひろばで、「ミニプレーパーク」（ダンボールや草花や土などいろんな素材で遊ぶ）を、「女性の会」も、第四水曜日、本館テラスなどで「コラボラ菜園」（乳幼児から七〇歳代までが土作り、水やり、収穫から食べるまでを共に経験する多世代交流）を開いている。主催団体はイベントに責任を負うが、参加したい親子は誰でも自由に参加できる。

北九州市立大学は、施設提供のほか、環境サークル「TIE―葉」の学生が花や野菜を育てるのに協力し、「ハロハロカフェ」で子育て支援に参加している。さらに、文学部や基盤教育センターの教員が「子どもの遊び」について講演するなど、知的蓄積を提供している。

私も、校内でのミニプレーパークやコラボ菜園の活動を見かけると、声をかけている。活動は午前一〇時三〇分から午後二時まで。多くの学生や教職員が狭いキャンパスを行き交う中で、〇歳児から三歳児が親と手をつないだり、走り回ったり、みんなで食事している風景は「ホッとする癒し」の空間を校内に作り出している。女子学生が子どもを抱き上げ、男子学生が転がってくるボールを照れくさそうに子どもに返している様子は、数年後に親となる彼らの姿を想像するとちょっとした絵になる。

夏休みで学生が少ない九月二日、会議もなく時間があったので、私なりに意を決して四号館二階のハロハロカフェをのぞいた。四〇人近い親子が参加していた。子どもたちは自由に遊び、若い親たちは楽しそうに会話を弾ませていた。部屋は真ん中が仕切られ、一歳未満の乳幼児がハイハイしたり、抱っこされたりする空間と、二～三歳児が玩具や友達と遊ぶ空間に分けられていた。参加者の多くは、常連であるが、毎回新人親子のデビューがある。

初参加の〇歳の男児のお母さんは、「大変楽しく、ためになった」と感想を述べた。父親が朝早く出掛け、夜遅く帰ってくるので、母子だけの時間が多く、こうした他の親子と接するのは、すごく楽しい

「乳幼児子育てネットワーク・ひまわり」，「北九州子育ち・親育ちエンパワーメント」
「高齢社会をよくする北九州女性の会」と協定

大学提供

写真２－６－２　子育て支援―コラボラ（菜園活動）

大学提供

写真２－６－３　コラボラ（クリスマス会）

という。お母さん同士が子どもに対する接し方や食事の情報などを交換し、お互い学ぶことが多い。〇歳児も、他の子どもの動きを大きな眼でしっかり観察している。新品のコンピューターに「生きる知恵」というソフトを挿入しているようである。

北九州市内のＮＰＯでは、こうした子育て支援活動の輪が急速に広がりつつある。市長も公約の一つに子育て支援を挙げ、各区に「親子ふれあいルーム」の設置を進めている。小倉南区でも設置が予定されており、この日、私に活動の内容を説明してくれたメンバーの一人である岩丸明江さんも強い期待を寄せている。

（「子育て支援活動への協力　学生も教員も参加、癒しの空間創出」『ひろば北九州』二〇一〇年一月号）

二　多くの市民の支えで持続する公開講座

二〇〇九年八月八日と十五日の両日、午後一時三〇分から三時、北九州市立大学四階Ｄの四〇一教室で公開講座の講演を行った。両日とも三〇度を超す暑いさなか、一〇〇人を超す参加者で教室がほぼ一杯になった。十五日は、終戦記念日であり、また、旧盆にあたるため、参加者が少ないのではと予測していたが、ほぼいつもの通りの参加であった。

〇九年度の北九州市立大学の公開講座は、第一期二コース、第二期四コース、第三期二コース。計八コース開講し、参加者は、延べ五五一〇人である。〇五年度五コース、三三二四人、〇六年度七コース、三四一一人、〇七年度七コース、二九七六人、〇八年度九コース、四二八一人であるから、〇五年

図表2-6-4　公開講座実施状況（2007から09年度）

年度	区分	期間	テーマ	講義回数	募集人員	応募者数	決定者数	延受講者数
2007	春期公開講座Ⅰ	6/9～8/4	社会人のための世界史講座	8	100	200	200	1,155
	春期公開講座Ⅱ	6/16～7/7	女と男の「ジェンダー論」	4	40	49	49	127
	夏期公開講座Ⅰ	8/11～9/29	アメリカのミュージカルの黄金時代	8	50	70	70	391
	夏期公開講座Ⅱ	8/18～8/29	「わがまち北九州」のまちづくり ～20年の軌跡～	7	50	41	41	181
	夏期公開講座Ⅲ	8/20	ちびっ子ふれあい柔道教室	1	30	36	36	36
	秋期公開講座Ⅰ	10/13～12/15	英米文学のふるさとⅢ	8	100	128	128	762
	秋期公開講座Ⅱ	10/20～12/8	英語のトリビア	6	50	80	80	324
	年度計			46	420	604	604	2,976
2008	春期公開講座Ⅰ	5/24～7/12	今すぐ使える中国語 ―オリンピック観戦実践会話	8	40	61	61	333
	春期公開講座Ⅱ	5/24～8/2	英米文学のふるさとⅣ	10	100	186	186	1,221
	春期公開講座Ⅲ	6/3～7/22	マンガ史入門	8	50	94	94	373
	夏期公開講座Ⅰ	7/26～9/13	至高のアメリカンミュージカル	8	50	89	89	489
	夏期公開講座Ⅱ	7/30～7/31	中学生ベースボールスクール	2	100	88	88	168
	夏期公開講座Ⅲ	8/5	ちびっこふれあい柔道教室	1	30	51	51	51
	夏期公開講座Ⅳ	8/9～9/13	地域創生学入門 ～これからの地域づくりを考える～	6	100	98	98	403
	秋期公開講座Ⅰ	10/4～12/13	国際・教養・文化ゼミナール： 私の専門・自著を語る	9	100	107	107	536
	秋期公開講座Ⅱ	10/25～12/20	世界遺産を学ぼう	7	50	163	163	707
	年度計			59	620	937	937	4,281
2009	公開講座第1期1	5/23～8/29	20世紀の光芒 ―日本の軌跡・世界の軌跡	14	100	283	283	2,394
	公開講座第1期2	6/11～7/30	マンガ史入門2	8	50	46	46	277
	公開講座第2期4	7/26	中学生ベースボールスクール	1	100	80	80	80
	公開講座第2期5	8/25	ちびっこふれあい柔道教室	1	50	61	61	61
	公開講座第2期6	8/22～10/17	環境と住まいを考える	8	50	75	75	381
	公開講座第2期7	8/29～10/3	地域創生学入門その2 ～分かちあう人・モノ・こころ～	6	80	100	100	384
	公開講座第3期8	10/10～12/5	私の異文化体験―外から見た日本	8	60	141	141	735
	公開講座第3期9	10/24～12/26	英米文学のふるさとⅤ	9	100	135	135	835
	年度計			61	640	1,011	1,011	5,510

大学資料

度の法人化以降、コースの数も、参加者の数も着実に増加し、〇九年度ついに五千人を突破した。大切な北九大ファンである。参加者の世代は、六〇から七〇歳代が中心で、「北九州市立大学公開講座ファン」が高齢者を中心に着実に定着している（図表2-6-4）。

講座の内容は多様で、毎年継続しているシリーズものと、時代を反映した企画もの、名物教授などによるスポットものと大きく三つに分類できる。シリーズものは、「英米文学のふるさと」として、イギリス文学、アメリカ文学とそれを育てた地域の文化と思想を語るもので、すでに五年間にわたって継続している。外国語学部英米学科、文学部比較文化学科、基盤教育センターにこの分野の専門教員がおり、高度な知的教養を披瀝している。また、吉川哲郎英米学科教授を中心に「アメリカのミュージカル」シリーズも人気で三年間継続した。本学の阿南理事長も参加する「ちびっこふれあい柔道教室」は三年連続、「中学生ベースボールスクール」は、二年連続でそれぞれ三〇～一七〇人の地域の子供たちが楽しみにしている。

時代を意識した企画ものとしては、「戦後五〇年の軌跡――還暦を迎える国際社会」（〇五年度、八回講義、延べ参加者一〇四〇人）、「北九州市の再生」（〇六年度、八回、四二三人）、「社会人のための世界史講座」（〇七年度、八回、一一五五人）、「国際・教養・文化ゼミナール・私の専門・自著を語る」（〇八年度、九回、五三六人）、「二十世紀の光芒――日本の軌跡・世界の軌跡」（〇九年度、一四回、二三九四人）などで、いずれも人気が高い。

そのほか、教員の専門を生かしたスポットものとしては、「北九州市場大学」（〇五年度）、「ことばのしくみ」、「まちがいの心理学」（〇六年度）、「女と男の『ジェンダー論』」（〇七年度）、「マンガ史入門」（〇八、〇九年度）などがある。

私の〇九年度の講義は、「二十世紀の光芒――日本の軌跡・世界の軌跡」の一四コマのうちの二コマで、「戦後日本の国土政策と国土形成計画」、「地域格差形成のメカニズムと道州制論議」の二テーマについて行った。前者は、二十世紀後半の五回にわたる全国総合開発計画が終焉し、新たに国土形成計画の時代になり、〇九年の八月四日に全国八ブロックの広域圏地方計画が策定されたタイミングで行った。一九八〇年代より三〇年近く国土審議会で活動してきた蓄積を整理して話すことができた。後者は、二〇〇七年から二年間九州地域戦略会議の第二次道州制検討委員長として「道州制の九州モデル」をまとめた実績を踏まえ、総選挙の論争点になっているタイミングで行った。多少難しい課題であったが、「大変わかりやすく興味深く聞くことができた」という感想が多く、ほっとする思いであった。学外での活動を地域に紹介することも学長の仕事であるとの思いを深くした。

（「定着した公開講座　高齢者中心に　参加者、五年間で約六割増」『ひろば北九州』二〇〇九年十二月号）

第四節　地域の大学の連携――大学コンソーシアム関門

二〇〇八年十二月二十四日、門司港レトロ地区にあるホテルで、「大学コンソーシアム関門」の設立のための六大学の調印式が行われた。六大学とは、下関市の下関市立大、梅光学院大、北九州市の九州国際大、九州共立大、北九州市立大、苅田町の西日本工業大である。北橋健治北九州市長と江島潔下関市長も立ち会った。正式には六大学間の「単位互換に関する包括協定締結式」である。その内容は、「協定大学に在学する学生は、当該大学以外の大学の講義を聴講し、単位を取得することができる」というものであり、六大学の学長が全員出席してサインした。〇九年度から関門学五科目、メディア論一科目、計六科目を開講する（図表2-6-5）。

関門学五科目のうち、「関門の自然環境とエネルギー」（九州共立大主催）と「関門地域の文学」（梅光学院大主催）の二科目については、八月三十一日から九月四日の五日間、九時から一六時一〇分まで毎日三コマ、西日本工業大学の小倉キャンパスで開講する。また、「関門地域の産業と経済」（下関市立大主催）、「近代関門地域の産業発展」（九州国際大主催）の二科目については、九月七日から十二日までの五日間、同じ時間、同じキャンパスで開講する。さらに、「関門地域の近代化遺産」（九州国際大主催）については九月十四日から十八日までの五日間、同じ時間に下関市の市民活動センターで開講する。そして、北九州市立大主催のメディア論については、NHKと朝日新聞社が九月十九日から十二月二十六日の毎週土曜日一〇時四〇分から一二時一〇分の一コマずつ西日本工業大学の小倉キャンパスで実施する。

関門海峡を挟んだ両市の六つの大学が、こうしたコンソーシアム（共同事業体）を組んで開講する理由は大きく三つある。

第一は、地球環境問題や世界不況、国際紛争、人口減少・高齢化・過疎化などますます複雑化する社

図表2-6-5　大学間連携等

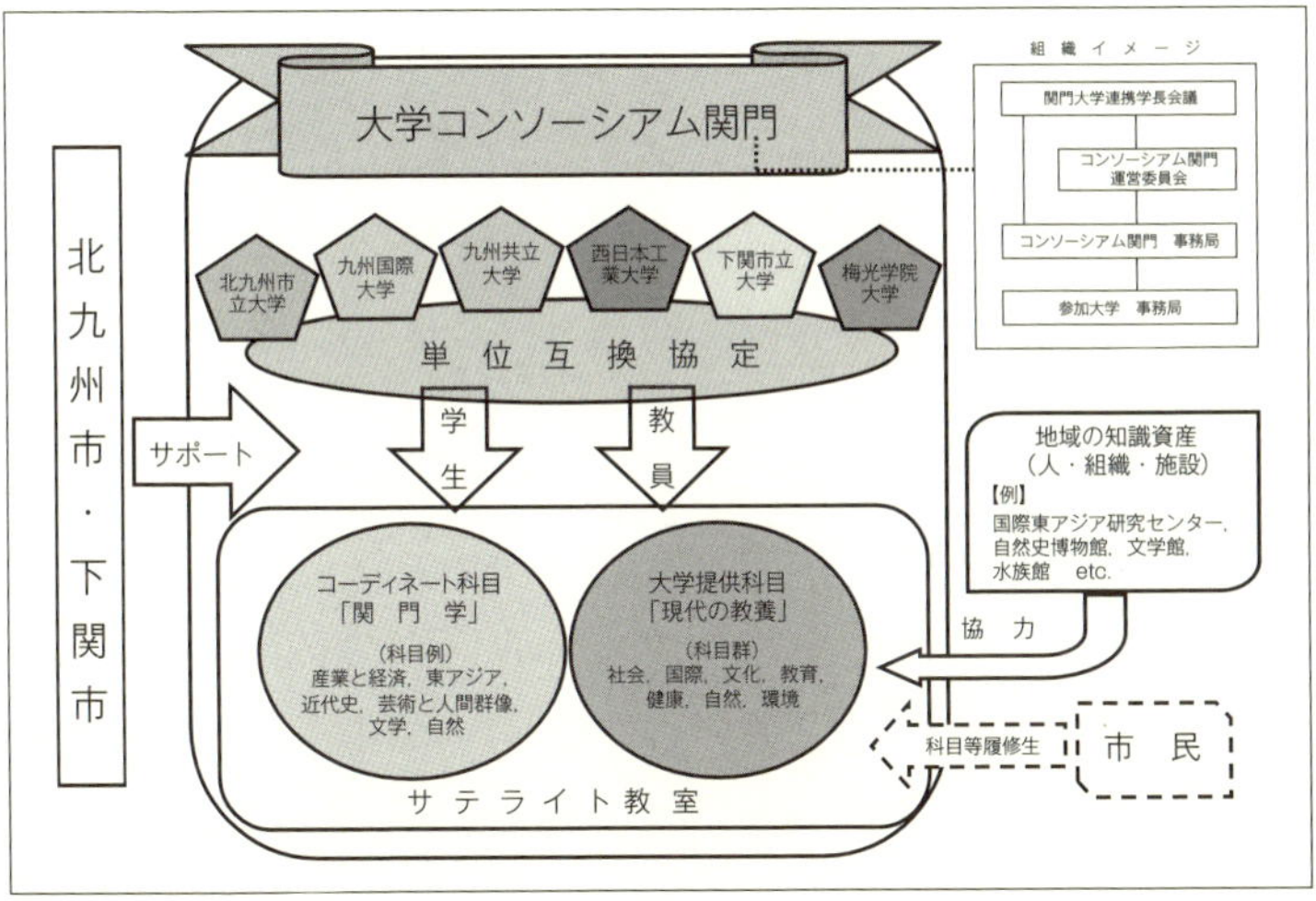

大学資料

会のなかで長い人生を生き抜くには、それぞれの大学の専門教育での特定の知識だけでなく、できるだけ幅広い知識を学んで、これを武器に自らの考え方を身につけていかなければならない。しかし、関門の大学の多くは、単科大学で特定の分野に特化しており、広範な分野に教員を多数抱えることができない。そのため、六大学の教養科目を開放することにより、学生がより多様な分野の講義を聴講することができる。

第二は、少子化の中で一八歳人口が激減し、私立大学は学生の確保に苦心するとともに、厳しい経営に直面している。また、市立大学も両市の財政難のなか運営費交付金が減らされ、同様に厳しいコストダウンを迫られている。そのため、多くの大学では教員減らしに追い込まれており、そのしわ寄せは、大学の看板である専門教員よりも教養担当教員に集中する傾向にある。人間力向上という社会的要請に反して「教養科目切り」の危機にある。一部の教養科目の共通化によって、学生への矛盾の集中を回避できる。

第三は、下関・北九州にある大学キャンパスは、東西に点状に散在して分布し、学生同士が「街」で交流する機会は少ない。学生の成長にとっては、東京、京都、福岡のようにそれぞれの伝統と文化をもった大学の学生交流が非常に大きな役割をはたす。また、学生が特定の「街」に集まることは、街全体を活性化する。百万都市北九州でさえ、この息吹が感じられない。西小倉で六大学の学生が集まり機会をつくることは、学生にとっても、街にとっても「活性化」のチャンスを提供するものと期待している。

（「『大学コンソーシアム関門』六大学が連携、地域の人材育成」『ひろば北九州』二〇〇九年三月号）

関門・北九州　六題

七夕にメーテルが笑む新空港　関門峡汽笛しずかに秋入梅《あきついり》

史を刻む関門望み暑気払い　イチョウ散る道に列なす競馬ファン

関門に花火打ち合い夏惜しむ　海峡を覆い隠すかぼたん雪

第七章　地域振興の知的インフラ「北九州学術研究都市」を担う

二〇〇一年北九州市北西部の約一二一ヘクタールの土地に北九州学術研究都市第一期分がオープンした。ここに、九州工業大学大学院生命体工学研究科、早稲田大学大学院情報生産システム研究科とともに、北九州市立大学の国際環境工学研究科など国公私立三大学三研究科と本学の国際環境工学部が同一キャンパスに立地した。さらに、〇二年からの第二期事業は、一三六ヘクタールが二〇一四年完成目指して工事中である。

オープンから九年経過し、北九州市立大学には、教員七七人、大学院博士課程三八人、修士課程一九四人、学士課程一一〇九人、九州工業大学には、四五人の教員、一一四人の博士課程、二六〇人の修士課程、早稲田大学には、三二人の教員、一五二人の博士課程、三四九人の修士課程の学生が日々研究している。三大学合わせて、教員一五四人、大学院生一一〇七人、学部学生一一〇九人と巨大な知的蓄積がみられる（二〇〇九年五月（図表2-7-1））。

また、ここでの知的資源と企業活動を組織的に結合するために北九州産業学術推進機構（ＦＡＩＳ）も併設され、そのもとに産学連携事業を推進する産学連携センター、半導体企業育成のためのＳＯＣ設

図表2－7－1　主な進出大学（2010年度，FAIS作成）

九州工業大学大学院
生命体工学研究科
生体機能専攻
脳情報専攻

【教員】45人
【学生】修士課程　260人
博士課程　114人

北九州市立大学
国際環境工学部
エネルギー循環化学科
機械システム工学科
情報メディア工学科
建築デザイン学科
環境生命工学科

【教員】77人
【学生】収容定員　1109人

大学院国際環境工学研究科
環境システム専攻
環境工学専攻
情報工学専攻

【学生】修士課程　194人
博士課程　38人

早稲田大学大学院
情報生産システム研究科
情報アーキテクチャ分野
生産システム分野
システムLSI分野

【教員】32人
【学生】修士課程　349人
博士課程　152人

計センター、文部科学省の知的クラスター事業を推進するヒューマンテクノクラスター推進センター、中小企業支援センターが併設されている。こうした研究機関や研究者の集積に牽引されて企業立地が進み、〇七年二月時点で四三社が集積し、大学発ベンチャー九社、TLOの特許出願二〇二件、移転九一件などの成果をあげている。言うまでもなく、本学は、学術研究都市の中核大学として、これらの産学連携活動に積極的に参画している。三つの大学は、国立、公立、私立と設置形態が異なるにもかかわらず、図書館、学生厚生施設、体育施設、留学生用の宿舎（二〇〇戸）などを共同で利用している。当然、三研究科の単位互換も可能である。加えて、〇九年度から文部科学省の「戦略的大学連携支援事業（教育研究高度化型）」に指定され、三研究科共同で「カーエレクトロニクス」コースを開講した。

〇八年の文部科学白書には、「地域と大学の特徴

図表2-7-2　北九州市立大学　技術開発センター群

アクア研究センター（2006年度設置）→アジアの環境リーダー育成（文科省） ⇒環境分析技術や環境修復手法，資源化技術を研究開発
国際連携環境研究センター（2007年度設置）→アジアの環境リーダー育成（文科省） ⇒海外の環境研究機関と連携を強化，共同研究成果の発展
環境・消防技術開発センター（2008年度設置）→総務省表彰 ⇒環境技術と消防防災技術を最大限に活かす技術開発の拠点づくり
バイオメディカル材料開発センター（2010年度設置） ⇒世界に通用するバイオマテリアル技術の発掘と新産業の萌芽の育成
バイオマス研究センター（2010年度設置） ⇒竹質系バイオマスの資源化に関する技術開発と新産業技術の創生

大学資料

的な取組」として、北九州学研都市が紹介されている。ここでは二〇〇一年の開設時から七年間で、進出企業数五三社、特許出願件数二四八件、獲得外部資金は二〇〇八年度だけで二〇億二九〇〇万円と指摘している。さらに、知的クラスター創生事業の第一期（北九州地域のみ二〇〇二〜〇六年度）、第二期（福岡・北九州・飯塚地域二〇〇七〜一一年度）事業を実施している。

こうした恵まれた産学連携環境を背景にして、北九州市立大学は、〇四年度から独自の産学連携活動を実施している。「地域の産業力向上につながる技術シーズの開発」を目的に本学の教員と民間企業や外国の研究者を任期つきで特任教授または特任研究員として迎え、実用化を強く指向した共同研究グループ、「技術開発センター群」の設置である。いま実施されているのは、図表2-7-2のプロジェクトである。

予算は、五センターで一億円強の規模で外部資金をベースにしている。産業技術総合研究所、イギリスのクランフィールド大学、民間企業の研究者など外部から二一人がプロジェクトに参加している。環境首都・北九州を科学技術面で支援する重要な「地域貢献」活動である。

第一節　地下に炭層が眠る北九州学術研究都市

一　浅川・二島地域の地下に入る

新潟で育ち、一八歳から四〇歳まで東京で過ごした東日本系の私には、九州はほとんど縁がなかった。一九八二年に九州大学に来るまで、九州にきた回数は極めて少ない。

初めて九州の地を踏んだのは、六一年の大学二年の秋休みに大学の同級生と二人で九州一周の貧乏旅行をしたときである。新幹線などなかったので二〇余時間かけて門司に着き、駅で朝洗顔したのが印象に強く残っている。いまの門司港駅にある洗面所そのままであったと思う。そのときは、乗り換えだけで中津、別府、宮崎、桜島、霧島、天草、長崎と定番のコースをへて長崎から直行で帰京した。

今の北九州市の地に降り立ったのは、一九六八年の博士課程二年に在学中、教養学科の後輩で小倉高校出身の学生の卒業論文で炭鉱機械工業地域の調査を手伝うために直方に来たときである。彼の出身地の折尾の旅館で一週間ほど滞在し、直方まで筑豊本線で毎日通った。私自身四〇年後、折尾周辺の大規模事業評価の責任者になり、歴史のめぐり合わせを感じる。

その次の九州訪問も折尾から始まった。一九七〇年三月三、四日の二日間、当時の日本炭砿ＫＫ高松鉱業所を訪問した。当時の日炭高松は、遠賀川沿いの「露頭」から浅川をへて若松の二島にかけての一帯に膨大な鉱区を所有し、緩やかに傾斜している数枚の炭層を採掘していた。近代的な立坑を有し、年間一〇〇万トン規模の国内有数の炭鉱であった。開発中の二島鉱を坑内まで案内してもらった。

製鉄所の下を開発する計画が通産省の認可を受けられなかったため、翌七一年三月閉山しただけに、貴重な経験をすることができた。この一帯は、今では北九州市立大学国際環境工学部を中心とする北九州学術研究都市があり、これを核にした住宅街が展開している。三〇余年後ここに大学が立地し、学長になるのもまた奇しき縁である。

調査は、そのあと宮田にある貝島、山野という筑豊でわずかに残っていた炭鉱を訪問し坑内をじっくり見学することができた。その後、三井三池、唐津炭田の新明治佐賀、佐世保炭田の中興福島、高島炭田の松島大島と三菱高島を調査した。福岡空港を発って帰京するまで約三週間の旅であった。大学では、「安田城」が陥落したあとの寂寥とした雰囲気が漂っていた。

六〇年代、安価な中東石油が日本のエネルギー市場に深く入り込み、価格競争に敗れた炭鉱が次々に閉山に追い込まれていった。とくに、九州の筑豊、唐津、佐世保、福岡の四炭田は炭層が薄かったり、断層が多かったり、カロリーが低かったりと自然条件が劣っており、かつ中小零細炭鉱が多く、コストも高かった。ために、エネルギー革命の影響を最も強く受け、私が訪れたときは、三井田川、三菱飯塚、住友忠隈、古河目尾、麻生芳雄、明治赤池などほとんどの主力炭鉱が閉山していた。これに対し、三池、高島炭田では製鉄用コークスの原料となる石炭が多く、埋蔵量や炭層の条件も恵まれており、石油に市場で対抗すべく近代化・機械化投資を進めていた。三週間の調査で両者の対比を現場で確認することができた。

その後、七三年の石油危機で石油価格が急上昇して国内炭の競争力が回復し、八五年のプラザ合意以降の円高によって輸入石炭に敗れて最終撤退に入るまで、三池や高島の炭鉱は二〇年以上生き延びることになる。石炭産業の崩壊課程をテーマに博士論文を書いていた私には、九州、特に北九州、筑豊は忘れられない空間でもある。

（「北九州との縁　博士論文『石炭産業の崩壊過程』をテーマに」『ひろば北九州』二〇〇五年五月号）

二　エコタウンを提案

二〇〇七年の三月一日、一〇ヵ月振りに、若松のエコタウンを訪れた。今回は、時間の制約もあって家電と蛍光管のリサイクル工場を見学した。工場長から丁寧な説明を聞きながら、約二千ヘクタールの響灘臨海造成地をどのように活用するか検討を開始した一六年前を思いだし、その後、多くの関係者がここまで育ててくれたことに感動した。

一六年前の一九八九年、末吉興一北九州市長から広大な造成地の活用策について考えてほしいと依頼された。これを受けて、その年の一〇月私が委員長になって、「響灘開発基本構想研究会」が発足した。メンバーは、北九州市を軸に新日鐵、旭硝子、住友金属、三菱化成、三井鉱山など主力企業、商工会議所や活性化協議会など経済界、県と通産局、建設局、港湾局など国の出先機関が加わった。そのなかに、北九州市と六人の学識経験者で作業部会をつくり、九州経済調査協会の協力をえて、具体的な構想を詰めていった。

対岸の東アジア地域の動向を見据えた工業基地や物流基地（国際コンテナ港湾、国際空港など）、地球環境問題の深刻化のなかでの環境・エネルギー産業拠点、大規模レクリエーション・リゾート基地などについて、関係者や学識経験者を招き、それぞれの可能性について真剣に議論した。

二年半後の九二年四月に「響灘地区開発基本構想」案が発表された。それは、「アジアに開かれた新産業拠点形成」（自動車・航空宇宙関連組立、情報・ソフトウェア、新素材、資源・エネルギーなど）と「国際的な地球環境研究ゾーンの建設」（静脈産業の振興、地球環境研究、環境技術の移転・研修、地球環境博覧会など）の二つを柱にするものであった。提案の特色は、静脈産業の集積が提起されたこと、国際港湾が構想からはずれていたことにある。

市長は、前者に注目し、九二年四月に「響灘資源リサイクルゾーン調査研究委員会」を立ち上げ、リサイクルの専門家、新日鐵、三菱化成、日産、松下などの本社の技術者、通産省の関連部局のメンバーを中心にして、多様なリサイクル産業の可能性をより科学的に分析した。翌九三年四月に「資源リサイクル産業・研究ゾーンの形成に関する調査」という名の中間報告が提出された。資源リサイクル産業振興や研究開発センターの建設など現在のエコタウンの骨格となるデザインが提案された。

これを受けて、翌九四年六月に前回の研究会とほぼ同じ構成の「響灘開発推進会議」が発足し、九六

図表2-7-3　リサイクルコンビナート構想の着眼点

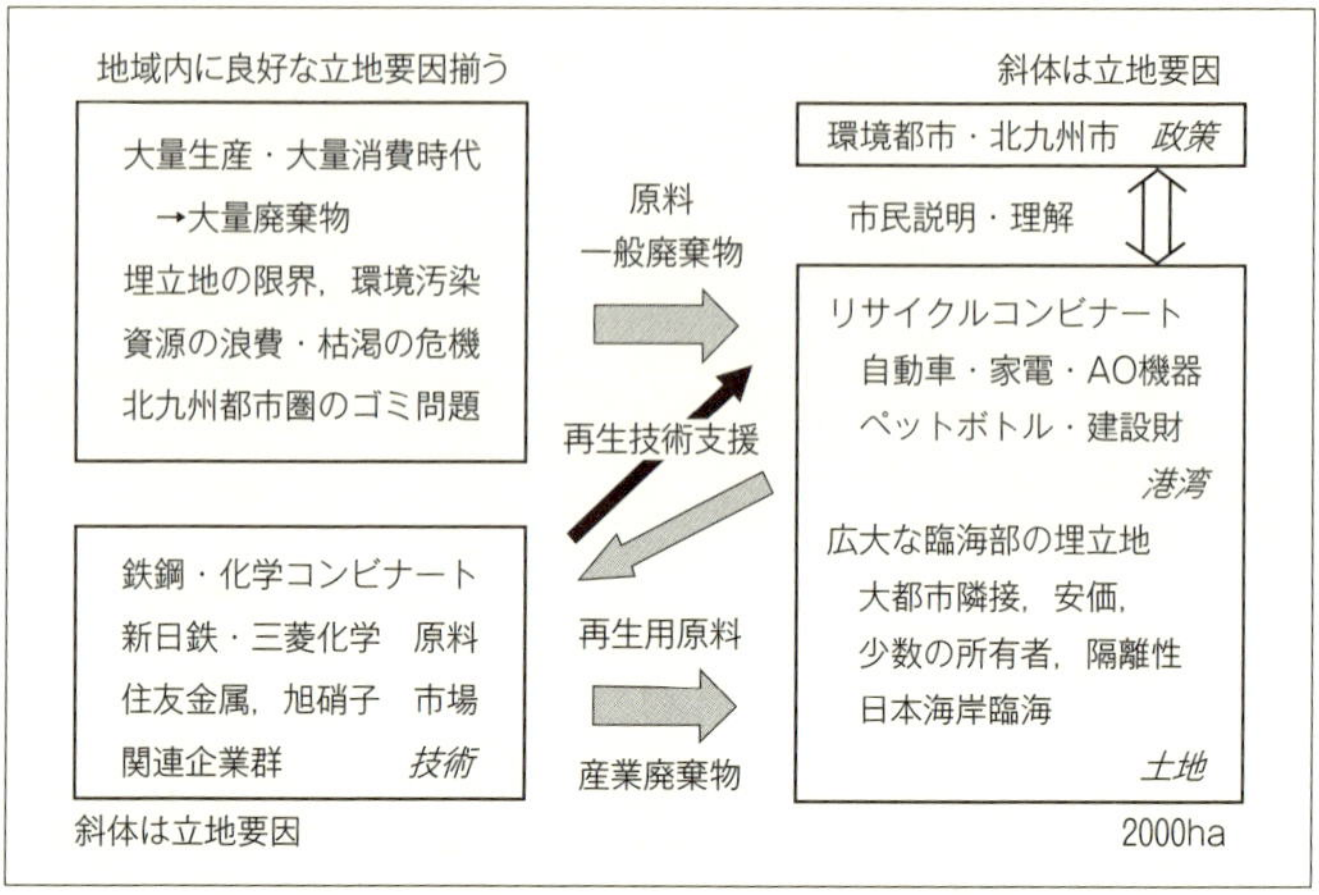

図表2-7-4　北九州エコタウン工場配置

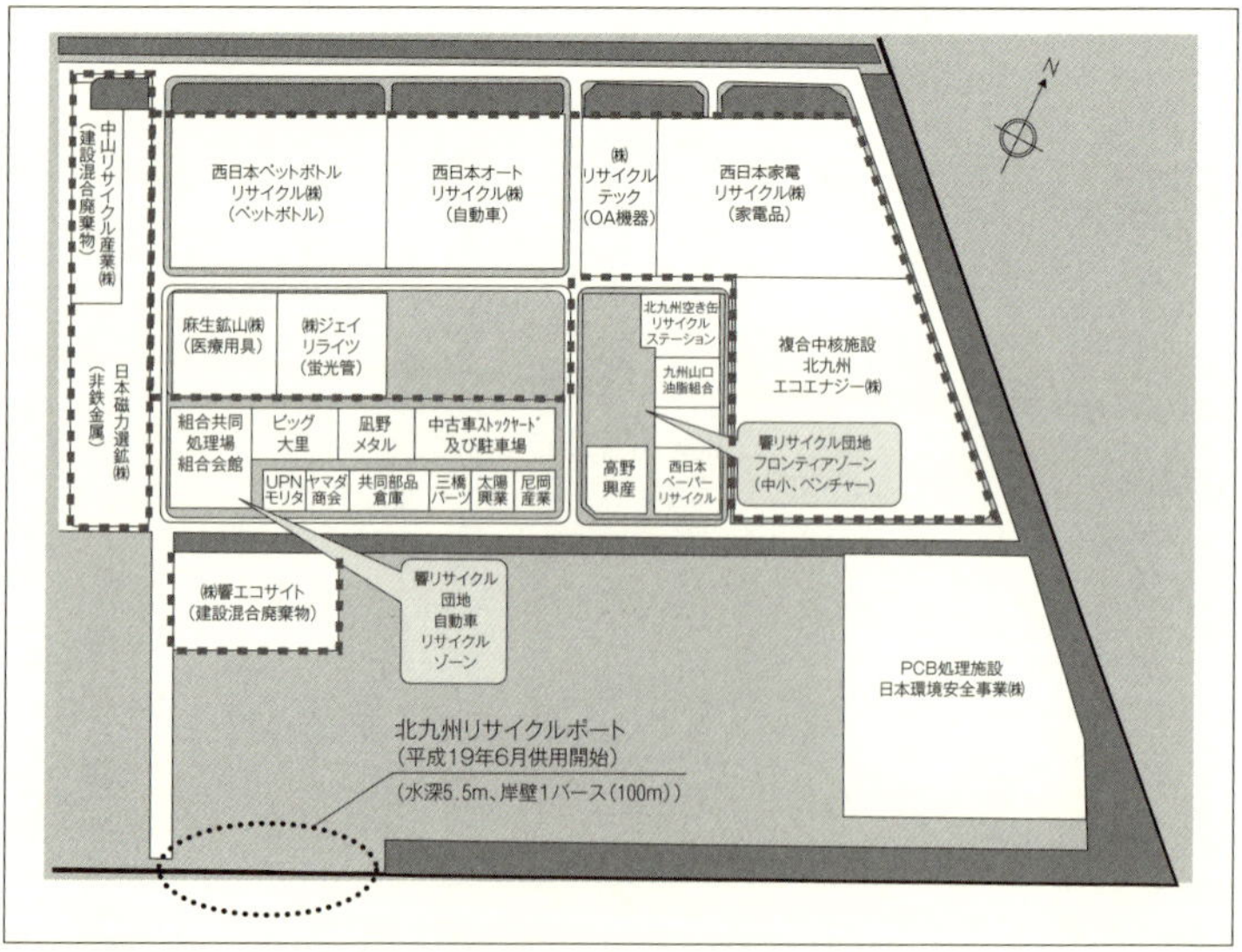

北九州市資料

年三月「響灘開発基本計画」が提案された。ここでは、リサイクル・再資源化産業、環境に関する研究・実証拠点など「環境」関連プロジェクトが柱の一つとなるとともに、大水深コンテナターミナルなど中枢国際港湾がもう一つの柱として前面に躍り出た。

もともと若松地区活性化協議会など地元には、大規模国際港湾建設の要望が強かったが、市の港湾局が瀬戸内側の機能強化中で、これには消極的であった。しかし、九五年一月の阪神・淡路大震災による神戸港の麻痺で、運輸省が一転して日本海に面した国際港湾の強化にのりだし、響灘の大規模コンテナ基地建設構想にゴーサインをだした。通産省のエコタウン政策と運輸省の中枢国際港湾構想の追い風をうけ、市と新日鐵など地元企業が協力して計画を推進して一〇年、コンテナターミナルの開港と全国注目度ナンバーワンのエコタウンの整備にまでこぎつけた。

構想以来一六年、着手以来一〇年の大プロジェクトである（図表2-7-3、4）。

（「望外の成果に感動・エコタウン　構想から一六年、注目度ナンバーワンに」『ひろば北九州』二〇〇五年七月号）

第二節　自治体主導最大の学術研究都市

二〇〇七年四月九日午後、東京駅前の丸ビルホールで約三〇〇人の聴衆を迎えて、「大学発ベンチャー活性化シンポジウム」が開かれた。独立行政法人科学技術振興機構（ＪＳＴ）主催で、相澤益男・東京工業大学学長の基調講演のあと、事例報告があり、東京大学と北九州学術研究都市の二つが紹介された。私は、後者の事例報告者に指名され、一五分の短時間で報告をした。

私自身、〇五年四月に北九州市立大学学長に就任し、大学の改革に邁進してきたものの、本学の国際環境工学部が重要な構成要素となっている北九州学術研究都市の詳細な実態については殆ど掌握していなかった。しかし、全国的に注目されているシンポジウムで、生半可な知識で学研都市の紹介をすることができないので、独自に資料を収集し、関係者からもヒアリングを行って全体像の把握に努めた。

私自身の専門が産業立地や地域経済論であり、産業集積論やクラスター論も守備範囲で、〇三年に国土交通省の「産業集積拠点の形成に関する研究会」の座長も努め、全国的な視点で各クラスターの実態分析とその評価を行った。また、九州大学の副学長として九州大学学術研究都市構想の策定と推進にかかわってきた。その間アメリカのボストンやイギリスのケンブリッジ、アルバ、ベルギーのルーバン・カソリックとルーバン・ラヌーブ、ドイツのドルトムントなどの大学都市の調査に参画したが、改めて研究者の視点から足元の学研都市を見つめる機会を得た。

周到な検討と準備、巨大な投資ののちに〇一年にオープンした北九州学術研究都市は、九州工業大学生命体工学研究科、北九州市立大学国際環境工学部、同研究科、早稲田大学情報生産システム研究科のいずれも新設の学部・研究科を核に、福岡大学の工学研究科の一部を加え国公私立大学が約三五ヘクタールの同一キャンパスに集積した。設立後五年経過した完成年度にあたる〇六年度には教員数約一五〇人、大学院生数約一一〇〇人、学部学生数約一一〇〇人の巨大な知的集積を若松区と八幡西区にまた

図表2－7－5　北九州学術研究都市 ―― 北九州市と国公私立大学の相関図

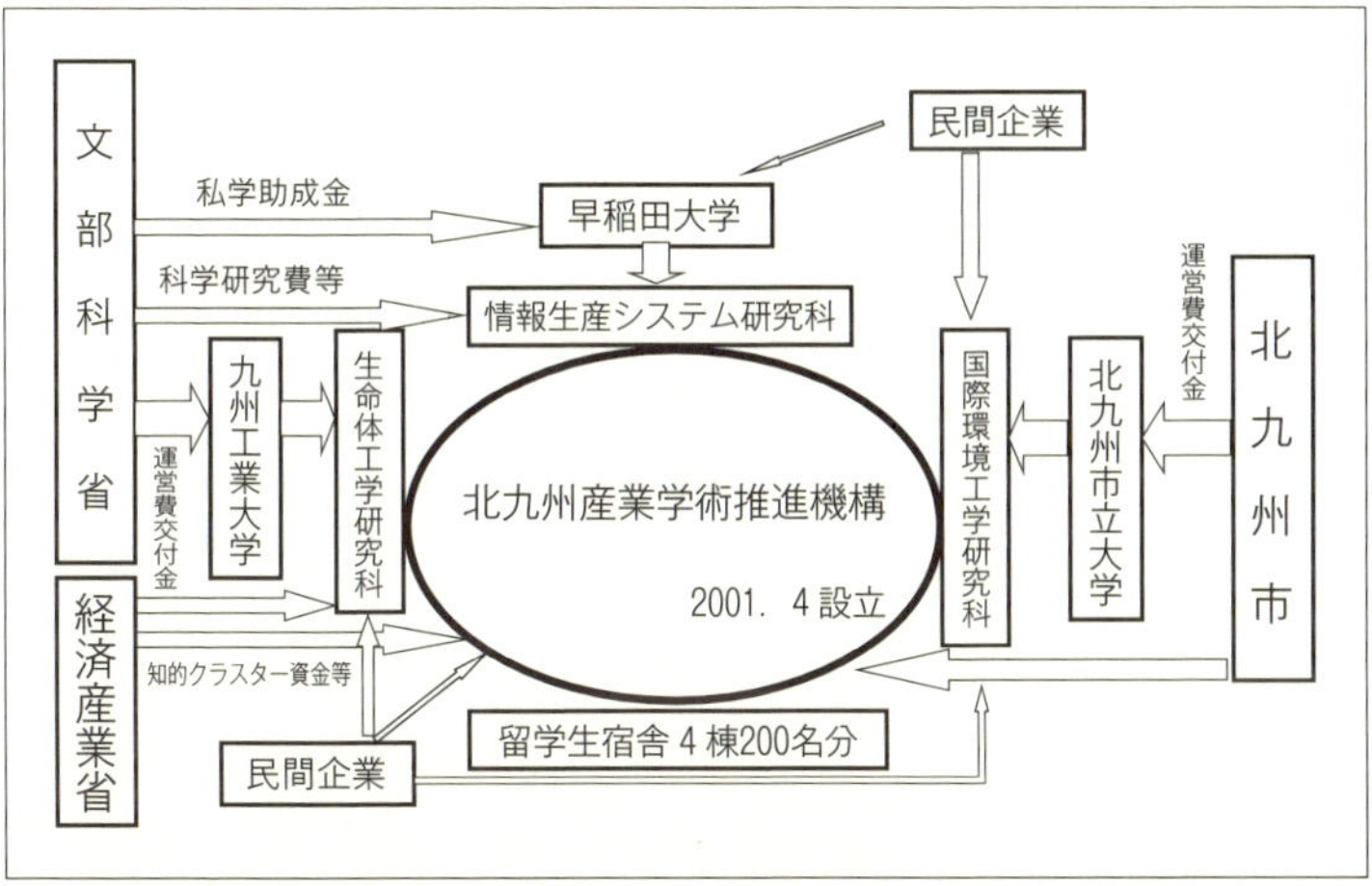

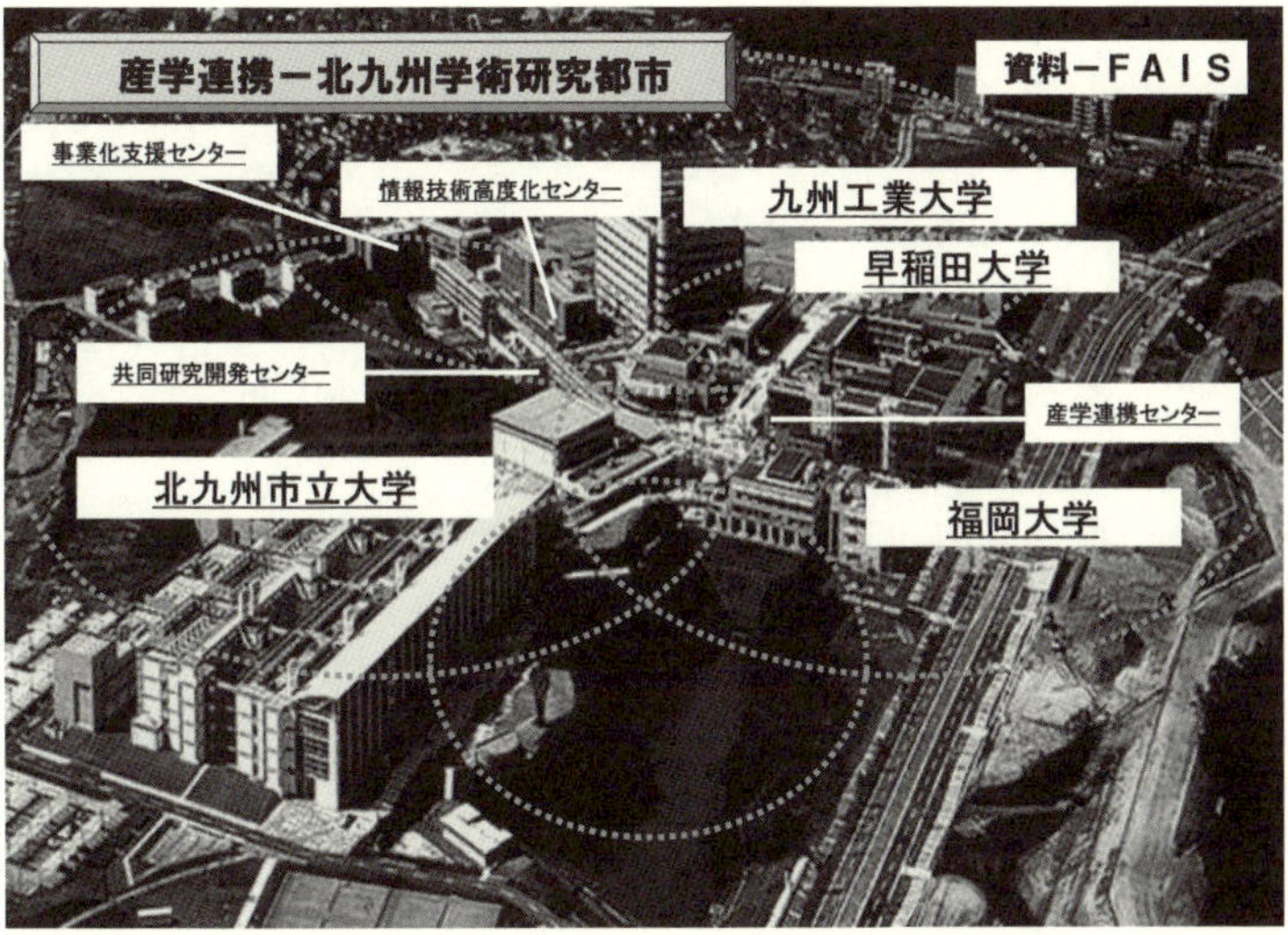

FAIS資料

写真2－7－1　北九州学術研究都市全景

がる旧産炭地に一挙に実現したことは、驚きでさえある（図表2-7-5、二〇一〇年度の数字は図表2-7-1）。

かつての重厚長大産業から情報・自動車・ロボット・環境産業に重点を移し、新たなものづくり拠点として看板を一新するとき、ここでの知的集積と技術人材の育成は、北九州地域の発展にとって大きな力となるであろう。また、研究蓄積を産業振興と結合すべく設置された「北九州産業学術推進機構」（FAIS）の活動も、他大学のような大学主導ではなく、自治体主導である点も注目されている。国公私立大学の大学院集積、市主導の産学連携組織の存在と年間二十数億もの多額の支出、これとは別に年間一八億円もの国や民間資金（大学支出分を除く）の獲得など、自治体主導の学研都市としては群を抜いている。設立以来六年で確実に「知的拠点」の形成に成功した。

しかし、この知的集積をベースにした地域の産業集積へ飛躍するには、日本の多くの大学が苦しんでいる、「死の谷」を突破する道を見いださなければならない。今のままの「大学発ベンチャー」では、これを乗り越える原動力となるとは思えない。シーズ・オリエンテッドから、カーエレクトロニクス、ロボット産業やエコタウンなどニーズ・オリエンテッドに力を注ぐのが効果的かもしれない。またヨーロッパの学術研究都市で、明確なコンセプトをもった少人数のリーダーが生き生きと多数の起業を手がけている実態を目の当たりにするにつけ、組織的にも戦略的にも再構築の時期に来ている観がしてならない。

（「北九州学研都市について考える　産業集積への飛躍へ再構築の時期」『ひろば北九州』二〇〇七年七月号）

第三節　国公私立大学が一つのキャンパス

一　スコットランドのシリコン・グレンに学ぶ

二〇〇三年九月二十三日イギリス・スコットランド、エディンバラのホテルから、グレンと呼ばれる氷河によって削り取られてできた低地を、バスでグラスゴーに向かった。赤茶けた土でできた畑のなかに、ところどころに大きな台形の小山が見える。聞けば、炭鉱から掘り出した土砂を積んだものである。黒い円錐形の日本のボタ山とは、形も色も全く異なっている。

この地域は、かつての産炭地で、それを背景として鉄鋼と造船の街グラスゴーが形成され、ここから約七〇キロメートル離れて城下町エディンバラがある。この関係は、筑豊を背景とした北九州・福岡の関係に相似している。繁栄の中心の首都から遠く離れた大都市圏であること、北欧諸国に近く、独自の海外交流拠点となっていることも、福北大都市圏と共通している。

スコットランド訪問は、「九州大学学術研究都市推進機構準備会議」の先進地調査の一環であり、私を団長とする総勢七名の小振りの編成である。二十二日のグラスゴー大学聞き取りに続く二日目で、二都市の中間にスコットランド開発公社によって作られた学術研究都市「アルバ」を訪れた。

一帯はシリコン・グレンと呼ばれるイギリスのエレクトロニクス産業の拠点地域の一つとなってい

る。この地域の産学連携拠点として開発された約四〇ヘクタールの土地には、世界的に名の知られた企業の研究機関が幾つか立地しているが、林立しているというほどでなく、まだまだ広大な土地が空き地となっている。

ここでは、仮想空間のＩＰ（Intellectual Property 知的財産）の世界的な取引を行っているＶＣＸ（Virtual Component Exchange）など注目される企業が幾つか立地しているが、私が注目したのは、ＩＳＬＩ（Institute for System Level Integration）という機関である。これは、一応 Institute となっているが、事実上は、グラスゴー大学、エディンバラ大学、ヘリオット・ワット大学、ストライド大学四大学が共同で行っている独創的なプログラムである。

ここは、土地・施設などをスコットランド開発公社が提供し、経営と管理はＩＳＬＩという機関が責任をもった、システムＬＳＩの教育・トレーニングセンターで、修士コース、博士コース及び社会人短期教育コースを持っている。教育プログラムづくりと教育は四大学の関係教員が共同で行い、学生は主として企業から派遣されてくる。学生は、スコットランドや連合王国だけでなく、広くＥＵ全域の企業からもくる。企業自体が研究プロジェクトを持ち込むケースが多く、企業派遣学生が指導教員とともにプロジェクトに取り組み、修士・博士の学位を取得する。

特徴的なことは、この機関は独立大学院のような制度的に自立した教育機関ではなく、当然学位授与権はない。学位は、指導に当たった教員の属する大学から授与されるというのである。隣接した大学が、無理な組織変更をせず、柔軟に協力して、時代が必要とする高度な人材を育成し、これを地方政府が支援し、地域産業の振興を図ろうという点で大変参考になる。

北九州市立大学国際環境工学研究科、九州工業大学生命体工学研究科、早稲田大学情報生産システム研究科などの大学院が集中し、共同研究、単位互換、技術移転、施設利用などコラボレーションを深めている北九州学術研究都市の次の一手となりうるのかもしれない。

（「シリコン・グレンに学ぶ　本市学研都市の次の一手になるかも」『ひろば北九州』二〇〇五年八月号）

二　北九州学研都市での連携大学院――カーエレクトロニクス

二〇〇八年八月十九日北九州市庁舎において記者会見が行われた。テーマは、「北九州学術研究都市に、国・公・私立三大学の連携大学院――カーエレクトロニクス高度専門人材の育成拠点を形成――」が文部科学省の「戦略的大学連携支援事業（教育研究高度化型）」に選定されたことである。出席者は、北九州市立大学と九州工業大学の両学長、早稲田大学大学院情報生産システム研究科長、北九州市産業経済局長、北九州産業学術推進機構専務理事である。

事業の内容は、学術研究都市内に立地している北九州市立大学国際環境工学研究科、九州工業大学生命工学研究科、早稲田大学情報生産システム研究科の三大学院が、それぞれ教育科目を提供し、体系的な「カーエレクトロニクス」プログラムをつくり、これを三研究科の修士課程の学生が「単位互換制度」を活用して単位を取得するというものである（図表2-7-6）。

いうまでもなくこの事業の背景には、①北部九州への自動車産業の急速な集積、②二〜三〇年前から

図表2-7-6　北九州学術研究都市連携大学院によるカーエレクトロニクスコース高度専門人材育成拠点の形成

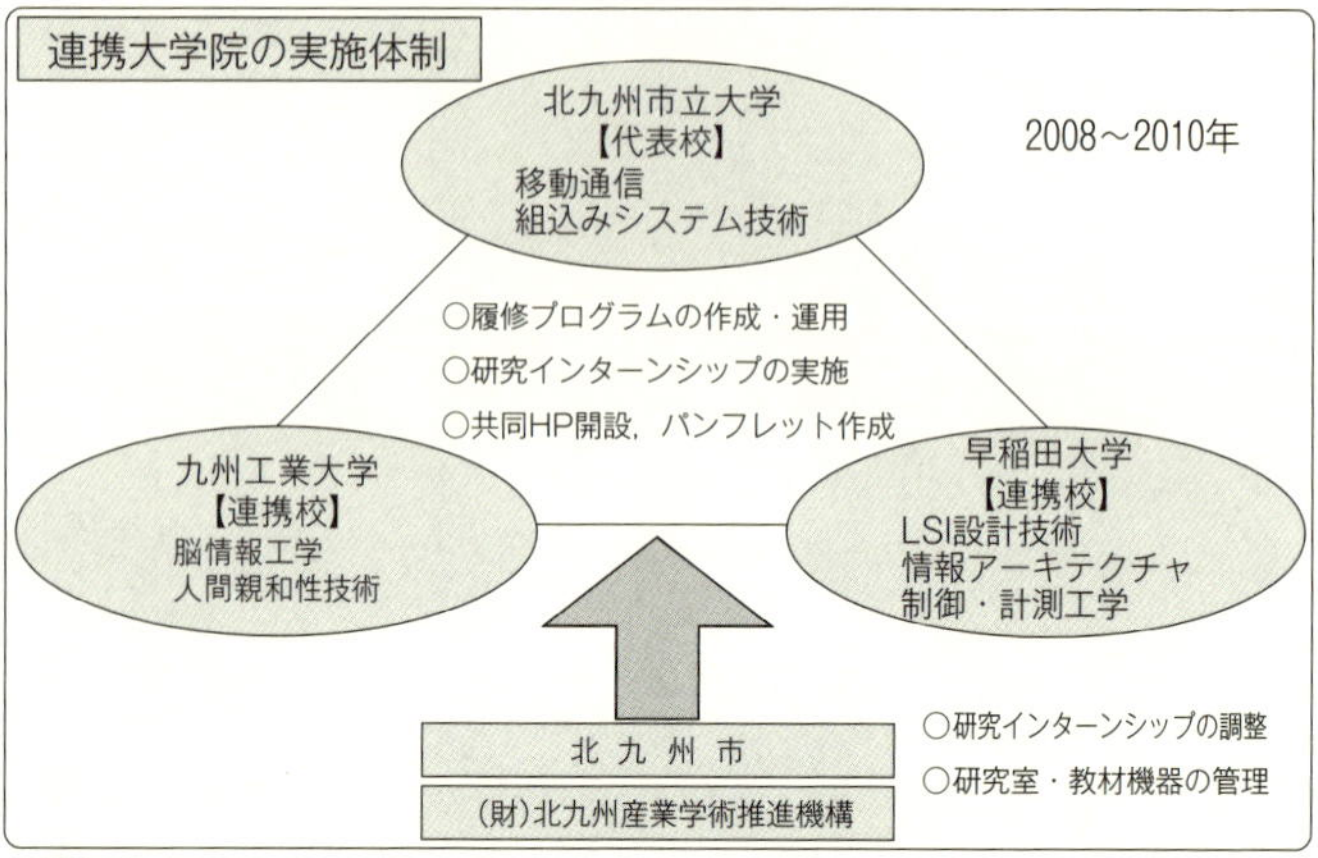

大学資料

の九州における半導体産業の集積、③制御・外部情報取得・安全などの分野で急速に進む自動車のエレクトロニクス化、という三つの有利性がある。

こうした状況のなかで北九州市は、北部九州をカーエレクトロニクスの拠点とする戦略をたて、自動車業界や自動車部品業界、半導体業界の協力をえて、カーエレクトロニクスの研究センターを設立し、高度専門人材の育成拠点として三大学大学院の「連携」を模索してきた。他方、文部科学省は、科学技術の急速な進展、情報・環境・エネルギー・医療・福祉などの新たな社会的課題を担う高度人材の育成の必要という流れの一方で、少子化を背景とした私立大学の投資意欲減退、財政難による国公立大学増設の抑制という逆流の存在を考慮し、新たな解決策を模索し続けてきた。その対応策の一つが「国公私立大学間の積極的な連携を推進し、各大学における教育研究資源を有効活用することにより、当該地域の知の拠点として、教育研究水準のさらなる高度化、個性・特色の明確化、大学運営基盤の強化等を図る」ことを目的とした、「戦略的大学連携支援事業」である。このプロジェクトは、国公私立大学の連携事業のモデルとして文部科学省も高く評価しているが、なかでも連携の核が公立大学であり、自治体が政策的にも財政的にも強力に支援しており、大学などの知的集積をベースに地域振興をしていく雛形にもなる。

「カーエレクトロニクス高度専門人材育成拠点」事業は、北九州市の地域振興と文部科学省の新たな大学政策の「接点」として成立したものである。北九州市立大学では移動通信と組み込みシステム技術、九州工業大学では脳情報工学と人間親和性技術、早稲田大学ではLSI設計技術、情報アーキテクチャ、制御・計測工学と、それぞれの得意部門を生かし、また自動車組み立てや電装分野の企業技術者の現場での指導もプログラムのなかにはいっている。

ところで、同じような例は、前節で紹介したようにスコットランドの学術研究都市「アルバ」がある。ここでは、土地・施設などをスコットランド開発公社が提供し、グラスゴー大学、エディンバラ大学、ヘリオット・ワット大学、ストライド大学の四大学が共同でシステムLSIについて、修士、博士及び社会人短期教育のプログラムを実施している。学位は、指導に当たった教員の属する大学から授与される。隣接した大学が、組織変更をせず、プログラムの面で柔軟に協力して、時代が必要とする高度人材を育成し、これを地方政府が支援し、地域産業の振興を図ろうという点でも共通している。

(「北九州学研都市での連携大学院　カーエレ人材の育成と地域振興」『ひろば北九州』二〇〇八年十一月号)

第四節　大学と自治体そして企業の三者でヒット商品

一　ベルギー・ルーバン大学の産学連携

二〇〇三年九月のヨーロッパ先進地域の学術研究都市調査は、スコットランドから二十四日にベルギーに入った。首都ブリュッセル郊外ルーバン市キャンパスで産学連携の大きな成果をあげているルーバン・カソリック大学と首都から東南三〇キロのところに新しい大学都市をつくったルーバン・ラ・ヌーブ大学を訪問するためである。私自身は、二〇〇〇年八月二十一日から三十日のドイツ、ベルギー、イギリス三国の学術研究都市訪問に次いで、ルーバン大学訪問は二度目である。前回は、都市計画専門家と一緒だったので、キャンパス・デザインやまちづくりにフォーカスしていたが、今回は産学連携の仕組みに聞き取りの中心をおいた。当然、前回はフランス語圏のラ・ヌーブ、今回はオランダ語圏のカソリックに関心が集中した。

ここにあるルーバン大学R&D（LRD）は、外部受託研究・知的財産管理・技術移転など、多くの大学に併設されている機関と同じ機能を果たしている。しかし、注目されるのは、九七年にシリコンバレー出身の Martin M. Hinoul 氏がコーデネーターとして就任してから、大学の知的資源の起業化が年三〇～五〇件と一挙に増え、市内にある一二〇ヘクタールの Haarode Science Park にスピンオフ企業約一〇〇社が立地するなど満杯になり、第二、第三のサイエンス・パークを建設中である。氏の努力で大銀行の協力によるシード・キャピタル・ファンドが設立されたこと、氏自身の卓越した「目利き力」の二つが決定的である、と関係者は評価している。

しかし、私がより注目したのは、ＩＭＥＣ（Interuniversity MicroElectronics Center）である。ここの中心業務は、ルーバン大学とブリュッセル自由大学の教員と大学院生、ＩＭＥＣ所属の院卒の研究員が、民間企業と共同で行う半導体・情報通信技術の研究開発プログラム（IIAP IMEC's Industrial affiliation Program）である。この委託研究は、ＩＭＥＣの収入の七六％を稼ぎ、残りの二四％をフランダース政府が助成している。これによって、教員や院生が研究費を確保できるとともに、自らの生活費を補填し、かつ八〇〇人の研究者の雇用を確保している。その多くは、大学院博士課程修了者（オーバードクター）で、若手研究者の雇用確保に大いに寄与している。ＩＭＥＣは、あわせて社会人のシステムデザイン、パッケージ技術等最新技術の訓練コースを併設しており、地域の高度技術人材の育成にも大きな役割を担っている。

日本の国公立大学改革の一環として委託研究、ＴＬＯ活動、起業支援などが急速に活発となっている。この結果、関係教員や院生の研究費増加をもたらしている反面、個人的収入増を伴わない労働強化が深刻となっている。大学など組織の収入増加をもたらすものの、研究者個人の「頭脳の擦り切れ」の危険性さえ危惧されている。ＩＭＥＣは、キャンパスの外に、大学という組織と独立した機関をつくり、ここで教員や院生が受託研究を行い、研究費だけでなく個人収入も得ている。あわせて大量のオーバードクターの雇用を確保し、これを通じて民間企業の研究開発を支援する、という一石四鳥の仕組みである。アメリカとちがって大学研究者の副収入を厳しく制限する風土を持っていたEU諸国で、大胆な規制緩和がここ数年急速に進み、大学発のベンチャー急増の大きな要因になっていることを見落とすべきではない。研究者が個人的に豊かになること、になお厳しい風土の日本も参考とすべきである。

(「ルーバン大学の産学連携　教員の副収入増が特効薬」『ひろば北九州』二〇〇五年九月号)

二　北九州学術研究都市発のヒット商品――「水節約型消火剤」

二〇〇六年十二月十二日の西日本新聞朝刊に、「新消火剤完成を市長に報告――北九州市『産・官・学』合同で開発」という記事が掲載された。ここでの「産」はシャボン玉石けんなど三企業、「学」は北九州市立大学、「官」は北九州市消防局である。当時、多少の関心をもったが、その社会的意味についてあまり深くは考えなかった。

しかし、その後、年末から年初にかけての『週刊ポスト』で「モノ作り都市・北九州市発の『消防革命』」という山根一眞氏による関係者のインタビュー記事が連載され、五月にシャボン玉石けんの高橋道夫専務、本学の上江洲一也教授、市消防局の山家桂一防災対策部長の開発責任者三人が、「第五回産学官連携功労者表彰」を総務大臣賞として受賞するにおよんで、プロジェクトの重要性の認識が深まり、喜びも高まった(図表2-7-7)。

バブル崩壊によって、九〇年代は「失われた一〇年」と酷評されるほどの構造不況が続いた。こうし

図表 2－7－7　第 5 回　産学官連携功労者表彰（2007 年 6 月 16 日）

文部科学大臣賞
「九州広域クラスターの推進」（システム LSI 設計開発拠点の形成）

1 機関及び連携機関
　大学　九州大学，九州工業大学，北九州市立大学，福岡大学，早稲田大学
　行政　福岡県，北九州市，（財）福岡県産業・科学技術振興財団，（財）北九州産業学術推進機構
2 受賞者
　麻生　　渡（九州広域クラスター本部会議議長，福岡県知事）
　安浦　寛人（九州広域クラスター福岡地域研究統括，九州大学システム LSI 研究センター センター長）
　国武　豊喜（九州広域クラスター北九州学術研究都市地域研究統括，北九州市立大学副学長）

総務大臣賞
「少水量型消火剤の開発と新たな消火戦術の構築」

1 機関及び連携機関
　企業　シャボン玉石けん（株），（株）古河テクノマテリアル，（株）モリタ
　大学　北九州市立大学
　行政　北九州市消防局
2 受賞者
　高橋　道夫（シャボン玉石けん（株）　専務取締役）
　上江洲一也（北九州市立大学　教授）
　山家　桂一（北九州市消防局　防災対策部長）

大学資料

図表 2－7－8　北九州市立大学外部研究資金獲得の推移

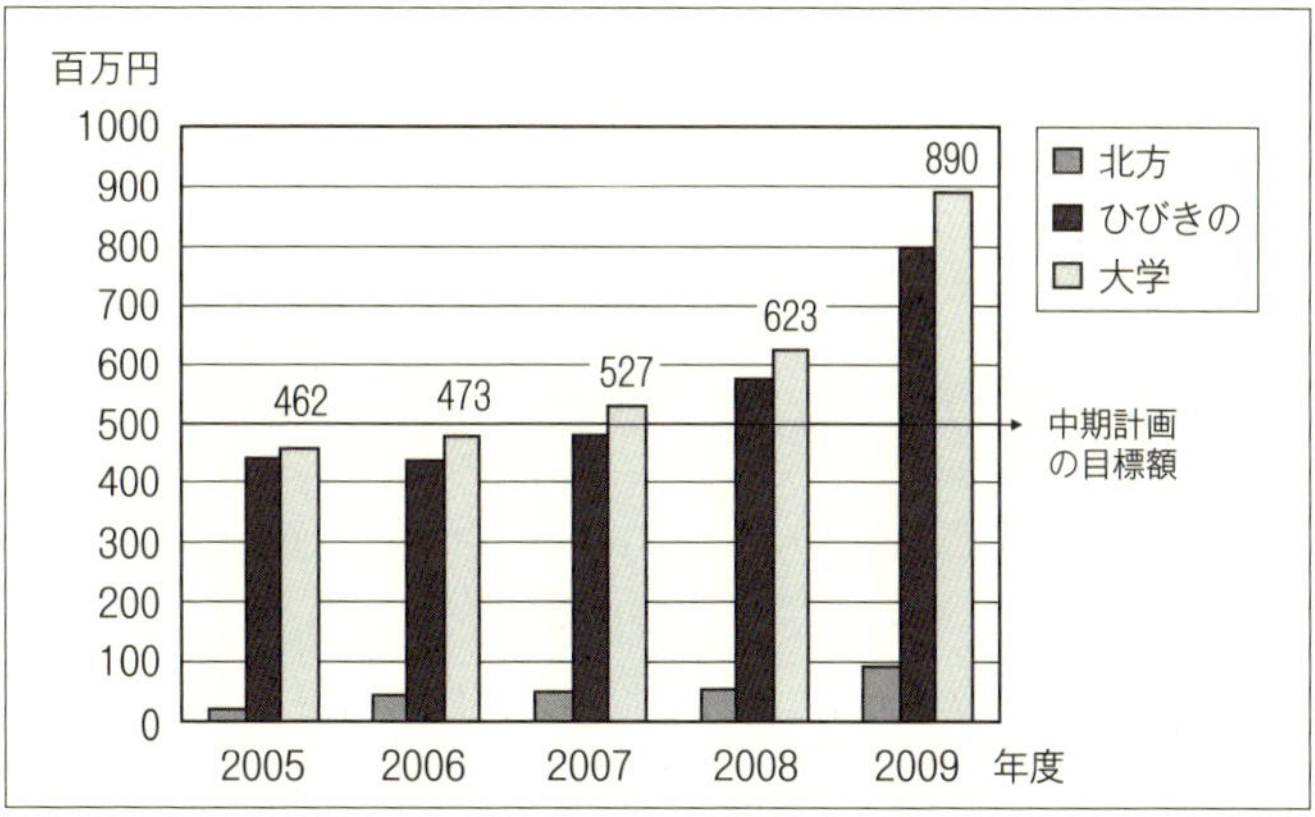

大学資料

た時代背景のなかで、産学官による技術開発や新産業の創出、大学発ベンチャーを求める世論が高まり、大胆な「大学改革戦略」が相次いで出された。北九州市でも、若松区の西端に北九州市立大学国際環境工学部・研究科、九州工業大学生命体工学研究科、早稲田大学情報生産システム研究科の三大学の三研究科・一学部を同一キャンパスに集積させ、これを北九州産業学術推進機構がコーディネイトする北九州学術研究都市が二十一世紀早々に開設された。自治体主導の学術研究都市としては最大級で、国公私立大学が同一キャンパスに立地している点でも特徴的である。開設から八年、知的クラスターなど文部科学省支援の大規模な共同研究を軸に多くの研究成果をあげてきた。しかし、大学発ベンチャーや新産業創出は、期待されるほどの成果をあげていない。これは、日本の学術研究都市共通の課題で、アメリカだけでなく、国立や州立大学の多いイギリス、フランス、ベルギー、ドイツなどEU諸国と比較しても大きく遅れをとっている。

ところで、上江洲一也教授らの成果は、大量の水による冷熱効果に頼っていた従来の消火活動において、投入される水の約九〇%が無駄に流出し、かつ周辺の環境を破壊してきたことに着目し、これを界面活性剤としての石鹸の泡を利用しようとしたものである。石鹸を使えば発生する泡が火を包むことによって、酸素を遮断するとともに、輻射熱をも防ぐことができ、一石二鳥の効果で水量を一七分の一に減らすことができる。「コロンブスの卵」的な着想も、いくつかの重大な課題を解決する必要があった。その最大のものは、石鹸と水道水に含まれているマグネシウムやカルシウムが結合することによって白濁したカスが大量に発生し、泡の機能が果たせなくなることである。マグネシウムやカルシウムと親和性の高い「キレート剤」を投入して、これを除去しようとすると、今度は石鹸とキレート剤が結びついてジェル状になって使えない。このジレンマを解決するのに数年を要した、と上江洲教授が説明する。また、新消火剤を放水する独自の消防車両を他のメーカーが開発に成功し、完全実用化が可能になった。新消火剤を利用した新消防車両の稼動は、現在七五台（〇八年現在）であるが、今後急増し、全国に普及するものと見られている。新消火剤と消防車の開発、消防による環境破壊の大幅低減こそ、消防活動における節水という社会的ニーズと結びついて「大ホームラン」となったのである。

その後、新消火剤用のホースとノズルも開発し、これをわれわれは、KITAKYUSHU FIRE FITTING SYSTEMとブランド化している。純粋な研究シーズによる新製品の多くがヒットしないのとは対照的である。日本の大学発ベンチャーのあり方を再考させる事例でもある。

（「北九州学研都市発の新技術　需要主導で成功『水節約型消火剤』」『ひろば北九州』二〇〇九年一月号）

三　環境モデル都市支援プロジェクト

二〇〇九年七月二十三日、毎日新聞社主催の北九州市内の一〇大学の学長が一堂に会する「学びシティ！北九州」が北橋健治市長も出席して開かれた。北九州市が〇八年「環境モデル都市」に指定され、二〇一〇年三月に「行動計画」を策定したのを受け、今回は各大学が「環境」に関する研究・教育面での取組みについて紹介した。

「世界の環境首都北九州」の基礎研究と環境人材育成を担うことを使命として〇一年、北九州学術研究都市の一角に北九州市立大学国際環境工学部（〇三年同研究科開設）が設立された。それから約一〇年、学部に五学科、研究科が三専攻、教員七六人を有する我が国でも有数の環境科学の研究・教育拠点となった。〇五年に初の学部卒業生を出し、すでに約千人の人材を社会に送り出している。

市が「環境モデル都市」の指定を受けたのを契機に、本学は、教員が実施している膨大かつ多様な基礎研究のなかから社会的インパクトの高く実用化またはそれに近い研究を抽出し、「環境モデル都市支援プロジェクト」に指定する作業を、松藤泰典副学長、梶原昭博学部長、神崎智子ひびきの担当部長を中心に実施してきた。その結果、五つを重点プロジェクトに指定し、研究資金獲得を大学として支援することにした。「学びシティ！」では、このプロジェクトを紹介した。

五大プロジェクトの第一は、環境にやさしい「北九州型消火システム」の開発・進化である。市消防局、シャボン玉石けん、本学の三者が共同開発し、すでに本格的に普及しつつある。従来型に比較して一七分の一の水量で済む節約型の消火剤が軸である。これを組み込んだ「圧縮空気泡消火システム対応新型消防車」（モリタが開発）、「新型オールインワンノズル」、「新型小口径ホース」などの開発を加えた四点セットで構成されている「北九州型消火システム」が全国に普及しつつある。これは、〇七年度、〇八年度に消防庁から総額四千万円の支援を受けた。

第二は、アジアの低炭素化支援プロジェクトである。その中心は、文部科学省の「戦略的環境リーダー育成拠点プログラム」で採択された「アジアの環境リーダー育成」プログラムである。アジア諸国・地域の政府系機関等より環境対策の指導者となる人材を大学院で受け入れる。〇九年から一三年度の五年間に総額二億五千万円の資金を獲得した。あわせて、「ベトナム都市域の衛生環境改善と戦争被害の修復」、「中国天津市での下水処理に着目したエコシティ開発」をプロジェクトに組み込んでいる。

第三は、「有価廃棄物からのレアメタル回収システムの開発」で、環境省から〇九～一一年度の三年間に九千万円を獲得している。なかでも、自動車のマフラーや携帯電話からプラチナやリチウムなどを回収する技術は、数年後の電気自動車の本格的普及を見据えており、その社会的インパクトは大きい。

第四は、新エネルギー開発の一環である「鉄系複合触媒を用いた低圧BTL技術の開発」で、経済産業省から〇九と一〇年度に四千万円を獲得した。第五は、煉瓦を利用した高耐久・高耐震性の「北九州市立大学型二〇〇年住宅の開発」であり、市場化を進めている。

これら五つのプロジェクトは、社会的インパクトの高いものを精選したものであり、国際環境工学部設立の使命を改めて確認し、市民の理解を得ることを目的としたものでもある。プロジェクトを含め北九州市立大学の外部資金の取得は、中期計画の五億円を大きく上回り、〇九年度一八・九億円に達した（図表2-7-8）。第二、第三弾のプロジェクトを集約し、世に送り出すよう準備している。

（「環境モデル都市支援プロジェクト　重点五研究に多額の推進資金」『ひろば北九州』二〇〇九年十月号）

（学術研究都市に想う）

ボタヤマに若草萌えて夢遠く北風に群れなす風車夾竹桃

夏の陽に廃車部品を探す異国人《ひと》

（スコットランド）

収穫の畑《はた》の向こうに赤いボタ

（ブリュッセル）

秋の陽に多人種集うカフェテラス

菊を売るグランプラスの夫婦連れ

付　章　九州大学伊都キャンパス移転の苦悩

第一節　開発と環境の接点を模索

一九九八年四月一七日の午前、九州大学の本部会議室で、統合移転担当の副学長である私は、教職員組合の矢原徹一委員長や、移転担当委員の教授と学内に提示していた元岡新キャンパスの造成基本計画案について話し合っていた。

同席した教授は、移転そのものに反対を強く主張し、矢原氏は提案されている造成案に反対であるとした。具体的には、敷地内を流れる大原《おおばる》川上流の谷の大半を土砂で埋めることは生態系を破壊すること、里山と谷の貴重な動植物の保全に細心の配慮を図ること、を指摘した。

当時の案は、私が移転担当責任者になる前に学内の土木や都市計画専攻の教授を中心にして作成されていたものをベースに、就任後次々と見つかった六～七世紀の古代遺跡について、前方後円墳と保存状態のいい円墳群を残すため部分的に修正したものであった。

その案は、全面積二七八ヘクタールの里山の丘陵部をカットして平地化し、その土砂をすべて大原川上流の谷と、里山を貫いている県道桜井・太郎丸線に埋め、土砂の域外搬出をゼロにするとともに、校舎敷地面積を最大限に確保しようというものである。埋められた県道には、人工的なトンネルを造って通行路を確保することになっていた。土木の視点からみれば、土砂を域外に搬出しない点で合理的であり、また、校地面積を最大化する点で移転の趣旨を尊重するものであった。

しかし、矢原教授の専門の生態学からみれば、多様な動植物の生息する水辺を破壊し、域内の水循環を撹乱するもので、到底承諾できないというのである。また、県道を埋めてトンネル化し、その上に巨大な台地を形成し、建物群をのせると「駆逐艦」の様を呈し、奇異な景観となる、地域社会への開放性の確保からみて不適切、という学内からの疑問も提起されていた。

後者の見解については、当時の杉岡総長が強い共感を示し、前者の批判については、長い間国土政策や地域政策に関与し、開発と環境の接点にこだわってきた私には首肯できるものであった。そこで、新キャンパスが百年以上維持されるという視点から、悔いの残らないものにしようとの総長の決断で、原案作成者の二人の教授に策定責任者から降りていただくようお願いし、他の都市計画の教授にデザインのやり直しを頼んだ。

修正案では県道を埋め立てず、県道から直接キャンパスに入る東西の入り口をつけることにした。また、大原川上流の谷を埋めず、約九ヘクタールを生物多様性ゾーンとして環境研究・教育エリアとした。ここに、工事区域の貴重な動植物を移動し、積極的な保全を図ることにした。このため、造成してできる校地面積が減少し、キャンパス自体の高度も高くなり、多少の不便をもたらすことになった。開発と環境のギリギリの接点を模索した結果である。

修正案については、組合の強い反対はなく、五月二十六日の学内評議会で了承された。その後、発見されたカスミサンショウウオやイシガメなど絶滅危惧種や、造成予定地のあったガマなどの貴重植物、カシやシイなどの大木が次々に生物多様性ゾーンに移された。こうした造成方式は、NHKの特別企画番組でも取り上げられるとともに、学会からも評価されて土木学会賞をえた。その後、矢原教授は、キャンパス造成に伴う生態系保持に率先して取り組んでいる。

（「九大の元岡キャンパス造成　環境保全に悔い残さぬ配慮」『ひろば北九州』二〇〇六年十月号）

第二節　開発と文化財保存の両立をめざして

一九九七年六月十五日午前一〇時半、福岡市の都久志会館一階ホールは、ほぼ満員の考古学研究者や愛好家で埋まっていた。私は、末席で目立たないように傍聴した。この催しは、九州大学が依頼していた福岡市西区元岡地区の埋蔵文化財の発掘調査の中間報告が、前年の二月二日に市の教育委員会より大学に提出されたことと深く関わって開催されたものである。その学術的評価如何によっては、大学の統合移転そのものが見直されるのではないか、という大学関係者はもちろん市民の関心が高まっていた状況のなかでのシンポジウムである。

九州考古学会主催で、就任したばかりの佐原真国立民俗博物館長（二〇〇二年死亡）が基調講演をし、東京、関西、九州の考古学、古代史の研究者がシンポジウムのパネリストとして出席していた。日韓関係の考古学研究者である福岡大の小田富士雄教授も参加していたと記憶している。議論は、ことさら元岡遺跡群に絞ったものでもなければ、その取り扱いについてのものでもなかった。むしろ、六世紀から七、八世紀における百済と新羅、高句麗が鼎立するなかでの九州北部、とくに嶋郡があったとされる志摩半島と朝鮮との交流・戦闘などとの関わりが論議されたのだと理解している。

シンポジウム終了後、所用で出張していた杉岡総長を柴田洋三郎副学長と博多駅前のホテルで待ち合わせ、状況を報告するとともに今後の対応を三人で話し合い、学内の歴史学、考古学者の意見を元に今後の方針を提案することになった。二週間後にだされた「新キャンパス基本構想における埋蔵文化財の取扱い方針」では、「移転予定地にある六つの前方後円墳は、四世紀から六世紀までの首長の墳墓とみられ、学問的に貴重なものと評価され、そのうち五基については開発対象外とし、キャンパスの造成にとって重要な位置にある一基については、徹底調査のうえ記録保存とする。貴重な埋蔵品がみつかった石ケ元古墳群については保存状態のよい一七基（のち三五基）を現状保存とし、一三基については記録保存とする。また古城たる水崎城、馬場城遺構についても開発対象外とする」という趣旨の提案を行い、一ヵ月後に学内承認をえた。対象外エリアは緑地保全地区となった。

貴重な遺跡の発見は、これで収まらなかった。

これを見越して、学内の新キャンパス専門委員会に「埋蔵文化財グループ」を設置し、相次いで出される調査結果について学術的な検討をお願いした。主なものでは、造成予定地北西の農場予定地に二七基の製鉄遺構が発見され、東の文系キャンパス予定地に「大寶元年」(七〇一年)という記載のある木簡が発見された。前者は、全国的にも最大級の製鉄遺構で、「遺構自体を地下に保存するため、土盛りして、遺構の位置関係と構造を正確に復元して展示し、残りは圃場として利用し、現状保存する」ことにした。後者については、年号が記載された国内最古のものであることを考慮し、発掘現場を残すため、造成計画を大幅に修正した。

新キャンパス造成にあたっての埋蔵文化財の取り扱いは、「開発か保存か」という対立図式では問題は解決しない。学術的価値をふまえながら当該教育委員会を通じて文化庁が判断する国や公共団体による史跡指定の場合、保存は当該組織の責任で行われる。しかし、その対象にならない学術的に貴重なものは、開発者の判断に任せられる。一般の企業とは異なり、開発者が大学の場合は、その社会的責任から「キャンパスと埋蔵文化財との両立」をぎりぎりのところで追求することが求められる。担当副学長の四年七ヵ月は、掛け値なく心労の日々であった。

(「開発と文化財保存の両立　遺跡発見の度、造成計画を修正」『ひろば北九州』二〇〇七年一月号)

第三節　難産だった「九州大学学術研究都市推進協議会」

一九九八年三月十九日早朝、博多東急ホテル(現、西鉄イン)で、福岡県、福岡市、九州山口経済連合会、九州大学の幹部による「四者懇談会」が開かれていた。テーマは、九州大学学術研究都市推進協議会の設立準備の打ち合わせである。出席者は、佐藤達三副知事、志岐真一助役、吉田清治九経連副会長、杉岡洋一九大総長、そして九大副学長（統合移転担当）の私である。

食事ののち、協議会の設置に向けてそれぞれの役割や資金負担などについて話し合われていた。突如司会役の吉田副会長が、志岐助役の発言に、怒って立ち上がり、「そういうことを言うなら、この会をやめる」といって、会場から出て行った。はっきりと聞き取れなかったが、志岐氏は、九大には市としても十分に支援しており、これ以上の協力は難しい旨の話をしたのだと思う。一月十三日から始まり、この日が三回目で、懇談会が破談の危機に陥った。

前年四月、九州大学に副学長制度が初めて導入され、私は、大学改革と統合移転担当として杉岡総長を補佐することになった。九一年十月当時の高橋良平学長のもとで、長年の課題であった大学の統合移転先が西区元岡に正式決定した。その後、和田光史総長のもとで用地買収や地質、生態系・埋蔵文化財調査などが進められ、造成基本計画の策定段階に入っていた。

移転担当になってから、戦後の国立大学の主な移転を検討すると二タイプがあることがわかった。

一つは、都市整備公団や地域公団などが、地元自治体と協力して学園都市用地を造成し、その中心に国公立大学を誘致するもので、筑波大学、広島大学、宮崎大学、北九州市立大学国際環境工学部などが典型である。もう一つは、周辺のまちづくりとは無関係に大学が単独で移転するもので、新潟大学、福島大学、金沢大学などがその例で、九州大学は後者に属する。

前者では、土地造成、生態系や埋蔵文化財対策、それに道路、電気、水道などのインフラ整備は公団などの責任で行う。また、研究機関や住宅も集積し、「学園都市」が形成される。これに対し、後者は大学の責任で土地が造成され、まちづくりの展望はない。このことに危機を感じた私は杉岡総長と相談し、移転地周辺のまちづくりを推進する地元機関の設置を企図した。それが「四者懇談会」開催の背景であった。

吉田副会長の退席のあと、会はすぐに中止になり、総長と私は九州電力に氏を訪れ、「懇談会」の継続を懇請した。また、市の志岐助役にも同じことを頼んだ。佐藤副知事も熱心に調整に当たってくれた。

その結果、四月十三日に「懇談会」が再開され、二回ほどの会議を経て、五月二十日に「九州大学学術推進協議会」が四者の協力で正式に発足した。この協議会のもとで、「九州大学学術研究都市構想」が策定された。本協議会は、六年後の二〇〇四年に「九州大学学術都市推進機構」となった。そこまで到達するには、なお紆余曲折を経なければならなかった。

ところで、「四者懇談会」の主人公の一人、志岐氏はその後、博多港開発の社長になり、もう一方の主役で、大変お世話になった吉田氏は、〇六年一月二十七日に鬼籍の人となった。「四者懇談会」のことは、「今は昔」である。

（「難産だった九大学研都市推進協　四者懇、破談の危機乗り切る」『ひろば北九州』二〇〇六年十一月号）

［付記］統合移転を主導した杉岡洋一総長も十一年後の二〇〇九年十一月二十七日に他界した。合掌。

第八章　ハイスピードの改革と大きな成果

第一節　ハイスピードの改革

二〇〇五年から六年間の北九州市立大学の第一期の中期計画は、一六九項目にわたって詳細に設定されている。行政文書らしく、項目が羅列されている。相互にどのように関係しているのか、どこにバイアスをかけるのか、文章からはわからない。もちろん、解説文なるものもない。私は、中期計画の策定段階の最後に参加したから、学長候補として個別の項目に限定して意見を述べたが、大枠や根底に流れる思想についての意見を差し控えた。

正式に就任するとともに、先に述べたように、両翼に「教育」と「研究」項目を、尾翼に「社会貢献」項目を、頭部に「管理運営」項目を、そして心臓部に「組織」の再編項目をそれぞれ配置した「北の翼」を作成した。

そのうえで、まず最も重要な管理運営システムの確立に着手し、教学改革の担い手である教育研究審議会を月二回、経営審議会や役員会を三ヵ月に一度開催することによる、「教員の自治」に基づく教学主導の体制を整えた。そのうえで、心臓部にあたる組織改革を実行した。

法人化以前には、北方キャンパスの文系四学部とひびきの理工系一学部の「自立性」は高く、大学全体の運営は学部間調整によって運営されてきた。法人化は、これに対するアンチテーゼとして理事長・学長の権限強化とリーダーシップの確立を意図したものとみていい。しかし、法人化を無批判に実施した大学の多くは、教員からの強い反発を受けて「改革」がスムースに進まない。トップの資質にもよるが、従来の「学部自治」のメリットをきちんと評価しないことに起因するとみた方がいい。学部自治は、学生に対する教育責任を果たすという意味で、学部教育の充実に不可欠のシステムである。このことまで否定した「民間的経営手法」の導入は行き過ぎである。

本学では、教育責任を担う学部自治を重視しつつ、学部自治の持つ弱点である学部間を超えた運営課題、つまり、入試広報、教養教育、学生支援、キャリア教育、就職支援などの分野について、大学という経営体の責任として、着手した。これを、「入試から就職まで一貫した教育システムの確立」として前面にかかげ、入試センター（のち入試広報センター）、基盤教育センター、キャリアセンターを相次いで開設した。キャリアセンターには専任教員を民間から採用し、入試センターと基盤教育センターには、若手教授にセンター長をお願いした。とくに、基盤教育センターは、教育に責任をもつ専任教員を多数擁する組織として設置した。これに、「語学教師」として非常勤講師であったネイティブ・スピーカーが異文化言語教育常勤教員として加わった。

図表2－8－1　中期計画12大プロジェクト（2005～2009年）

学部再編 ⇒
- ①基盤教育センターの設置－2006.04
- ②外国語学部（英米学科，中国学科）強化－2007.04
- ③国際環境工学部環境生命工学科設置－2008.04
- ④地域創生学群の開設－2009.04（夜間主見直し）
- ⑤関門六大学連携コンソーシアム講義開設－2009.9

大学院再編 ⇒
- ①K_2BS（ビジネス・スクール）の開校－2007.04
- ②社会システム研究科博士前期課程の設置－2008.04
- ③国際環境工学研究科環境システム専攻の設置－2008.04
- ④国公私立大学連携カーエレクトロニクスコース設置－2009.04

学生支援 ⇒
- ①キャリアセンター設置，就職支援強化－2006.04
- ②早期支援システム，学生プラザの整備－2007.10
- ③国際教育交流の強化→タコマ派遣留学開始－2008.10

専門学部については、外国語学部外国語学科英語専攻を英米学科に中国専攻を中国学科に昇格させた。国際環境工学部でも環境生命工学科を新設し、四学科から五学科体制とした。北方キャンパスの文系の各学部にあった夜間主コースを廃止し、ここの学生の大半を四学部の昼間主コースに振り替えるとともに、残る九〇人を母体に地域創生学群を設置した。このうち四〇人を夜間主コースとして残し、勤労学生の学ぶ機会を確保した。

さらに、大学院についても公立大学では唯一の経営専門職大学院＝ビジネス・スクールを創設した。また、博士後期課程のみの社会システム研究科に文系修士課程を統合し、博士前期・後期一貫課程とした。市の外郭団体であった都市協会の研究員を移籍したのを機に本学の産業社会研究所を都市政策研究所に改組した。さらに、アジア文化社会研究センターを設置し、これによって、地域研究、アジア研究の拠点を構築した（図表2－8－1）。

こうした北の翼の「頭部」、「心臓部」を先行的に実施する過程で、三九人の専任教員増、女性教員の倍増、外国人教員の大幅増、科目数の約三〇％削減、専任教員担当比率の向上、新任教員研修の強化、教員相互の教育改善などＦＤ活動によって、「両翼」分野の改革も着実に進んだ。さらに、法人化以前からの留学生支援に加え、アメリカのタコマ・コミュニティ・カレッジへの年間五五名の半年間派遣留学制度など、日本人の海外留学の機会を飛躍的に充実させ、文字通り「異文化交流キャンパス」を実現した。学生支援も、学習・生活・キャリア・就職・心と体などの相談機能をワンストップで可能な「学生プラザ」を開設し、早期「支援システム」の導入により留年者の約四〇％減にも成功した。

最後の「尾翼」の社会貢献は、本学が最も誇ることのできる業績をあげている。社会システム研究科、ビジネス・スクール、地域創生学群、法学部コミュニティコースなどにおける社会人教育、公開講座等での生涯教育、小中高校への本学教員の出前講義、北九州学術研究都市を舞台にした産官学共同研究、そして、大學堂をはじめとする地域づくりへの参画など枚挙にいとまがない。四回にわたる日経新聞の地域貢献度調査で、一位一回、二位二回、八位一回と「上位常連校」に入っている。

短期間で一気に進めた改革は、大学の使命である教育と研究という両翼から開始したのではなく、経営―組織再編―社会貢献という「中心軸」から開始し、両翼はその必然的結果として付随した。経営への若手教員参画による「ミドルアップ型」改革、時代に対応した組織再編、それによる受験生の増加、優れた教員の採用などによって大学全体の改革ムードを高めることができた。これによって、個々の教員のモチベーションが上昇する。任期制・厳しい個人評価・年俸制の三点セットという鞭によって「悪

図表２－８－２　高い改革の進捗（2010．４）

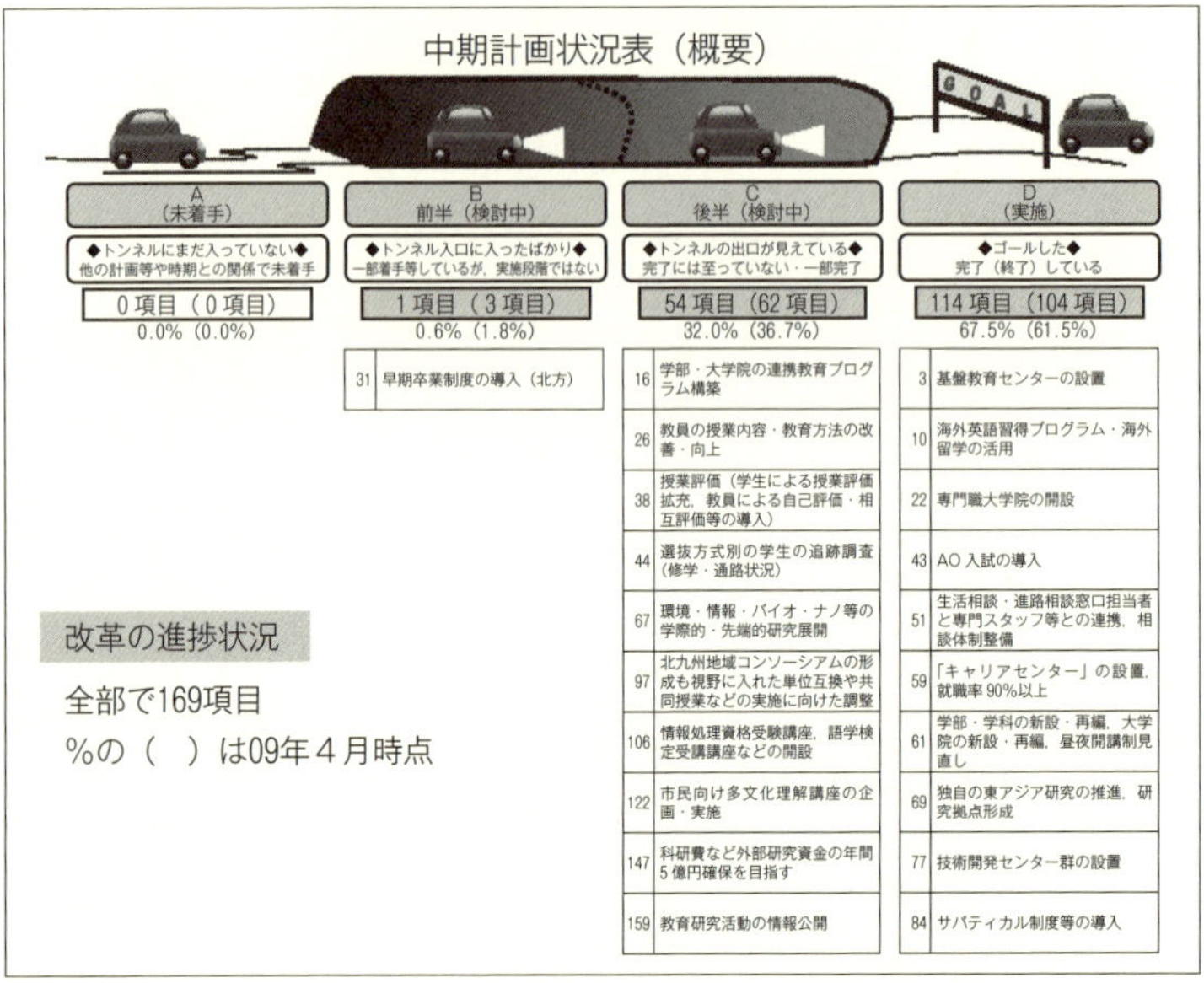

中期計画状況表（概要）
GOAL
A
（未着手）
◆トンネルにまだ入っていない◆
他の計画等や時期との関係で未着手
0項目（0項目）
0.0%（0.0%）
B
前半（検討中）
◆トンネル入口に入ったばかり◆
一部着手等しているが，実施段階ではない
1項目（3項目）
0.6%（1.8%）
31 早期卒業制度の導入（北方）
C
後半（検討中）
◆トンネルの出口が見えている◆
完了には至っていない・一部完了
54項目（62項目）
32.0%（36.7%）
16 学部・大学院の連携教育プログラム構築
26 教員の授業内容・教育方法の改善・向上
38 授業評価（学生による授業評価拡充，教員による自己評価・相互評価等の導入）
44 選抜方式別の学生の追跡調査（修学・通路状況）
67 環境・情報・バイオ・ナノ等の学際的・先端的研究展開
97 北九州地域コンソーシアムの形成も視野に入れた単位互換や共同授業などの実施に向けた調整
106 情報処理資格受験講座，語学検定受講講座などの開設
122 市民向け多文化理解講座の企画・実施
147 科研費など外部研究資金の年間5億円確保を目指す
159 教育研究活動の情報公開
D
（実施）
◆ゴールした◆
完了（終了）している
114項目（104項目）
67.5%（61.5%）
3 基盤教育センターの設置
10 海外英語習得プログラム・海外留学の活用
22 専門職大学院の開設
43 AO入試の導入
51 生活相談・進路相談窓口担当者と専門スタッフ等との連携，相談体制整備
59 「キャリアセンター」の設置，就職率90%以上
61 学部・学科の新設・再編，大学院の新設・再編，昼夜開講制見直し
69 独自の東アジア研究の推進，研究拠点形成
77 技術開発センター群の設置
84 サバティカル制度等の導入
改革の進捗状況
全部で169項目
%の（　）は09年４月時点

大学資料

図表２－８－３　北九州市立大学中期計画進捗推移

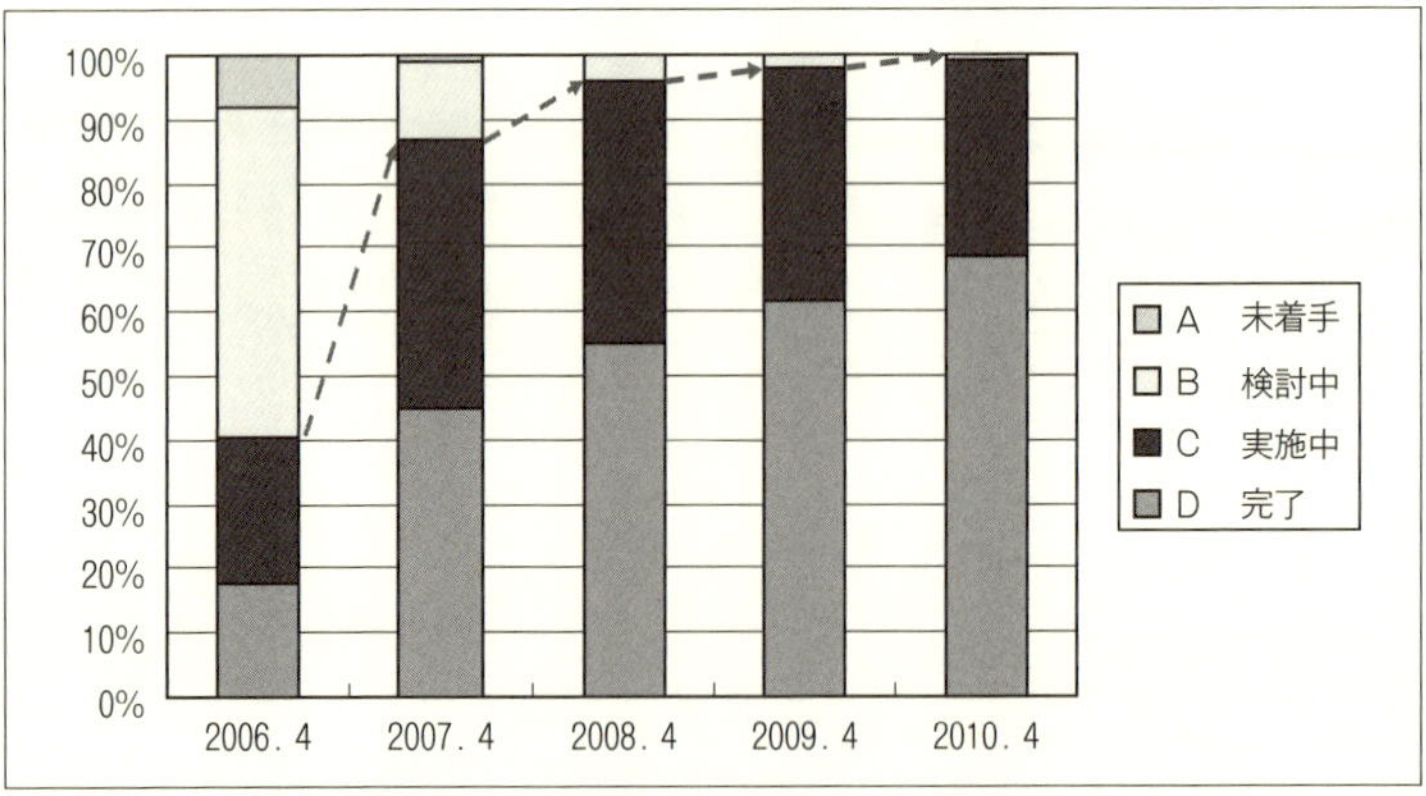

大学資料

貨」を駆逐するより、「良貨」の流入を促進し、かつ流出を防ぎ、既存の教員の「良貨化」を期待するのが効率的である。

一六九項目を個々にかつ順番に取り組む「直列方式」よりも、基本課題に焦点をあてて一気に取り組み、それによって副次的課題を同時に解決する「並列方式」の方が短期間に改革を進めるコツである。中期計画の工程管理を行っている本学の経営企画課は、個々の項目について、取り組みの程度に応じて、A未着手、B一部着手、C相当程度の進捗・完了一歩手前、D完了の四段階に分け、一六九項目について単純評価している。これによると、経営革新が軌道に乗った一年後の二〇〇六年四月でC＋Dが四〇％、組織再編が山を越えた二年後の〇七年四月には加速度がつき八七％となり、組織再編がほぼ完了し、社会貢献が成熟期を迎えた〇八年四月で九五％、四年経過した〇九年四月には九八％、「認証評価」の結果が出た一〇年四月に九九・五％と大変順調な数字を示している。改革項目を「直列的」に量的にこなすのではなく、戦略をもって「並列的」に解決することが、進捗率でも成果をだすことになった（図表2-8-2、3）。

以下、入試応募動向、就職率、外部資金獲得を含む財政状況、関係機関の評価、教職員・学生アンケートによる改革への評価、マスコミの大学ランキングなどによって、北九州市立大学の改革の成果を見てみよう。

第二節　一八歳人口減のなかで四年連続志願者増加・V字型回復

二〇〇九年二月のある日、田村大樹入試広報センター長が〇九年度一般入試の志願結果を報告しに学長室を訪れた。それによれば、募集人員八八二人に対し、志願者総数は四九四六人、志願倍率五・六倍となった。〇八年度の四七八九人、五・四倍より約一六〇人、倍率も〇・二ポイント増加となる。〇七年度は五〇人増、〇八年度約二〇〇人増であるから、三年連続して増加している。

一八歳人口が急減しつつあるなかで、いずれの大学も志願者の獲得をめぐって神経質になっている。一九九二年に二〇五万人あった全国の一八歳人口は、一八年後の二〇一〇年には一二二万人と約六五%にまで減少する。大学進学率の上昇を考慮しても、入学者は六〇万人で頭打ちとなると文部科学省は予想している。入学定員と志願者がほぼ同じ「全員入学可能」状況にあるものの、志願が特定大学に集中するので、入学者が定員に達しない大学がでてくる。私立大学の約四割が定員割れを起こし、いずれ撤退する大学が続出する。需給調整が大学にも貫徹する（図表2-8-4）。

そのなかにあって、首都圏や関西圏の伝統ある大規模私立大学、特定分野でブランド力のある中規模私立大学などが勝ち組の様相を呈している。これらの大学は、若者の大都市志向を刺激するように活発に地方入試を実施し、その分地方の中小規模大学は苦戦を強いられている。八六の国立大学、八〇の公立（県立・市立など）大学は授業料が安く、教員や設備など教育環境が整っているため、教育の質・価

図表2－8－4　北九州市立大学の一般志願者数推移

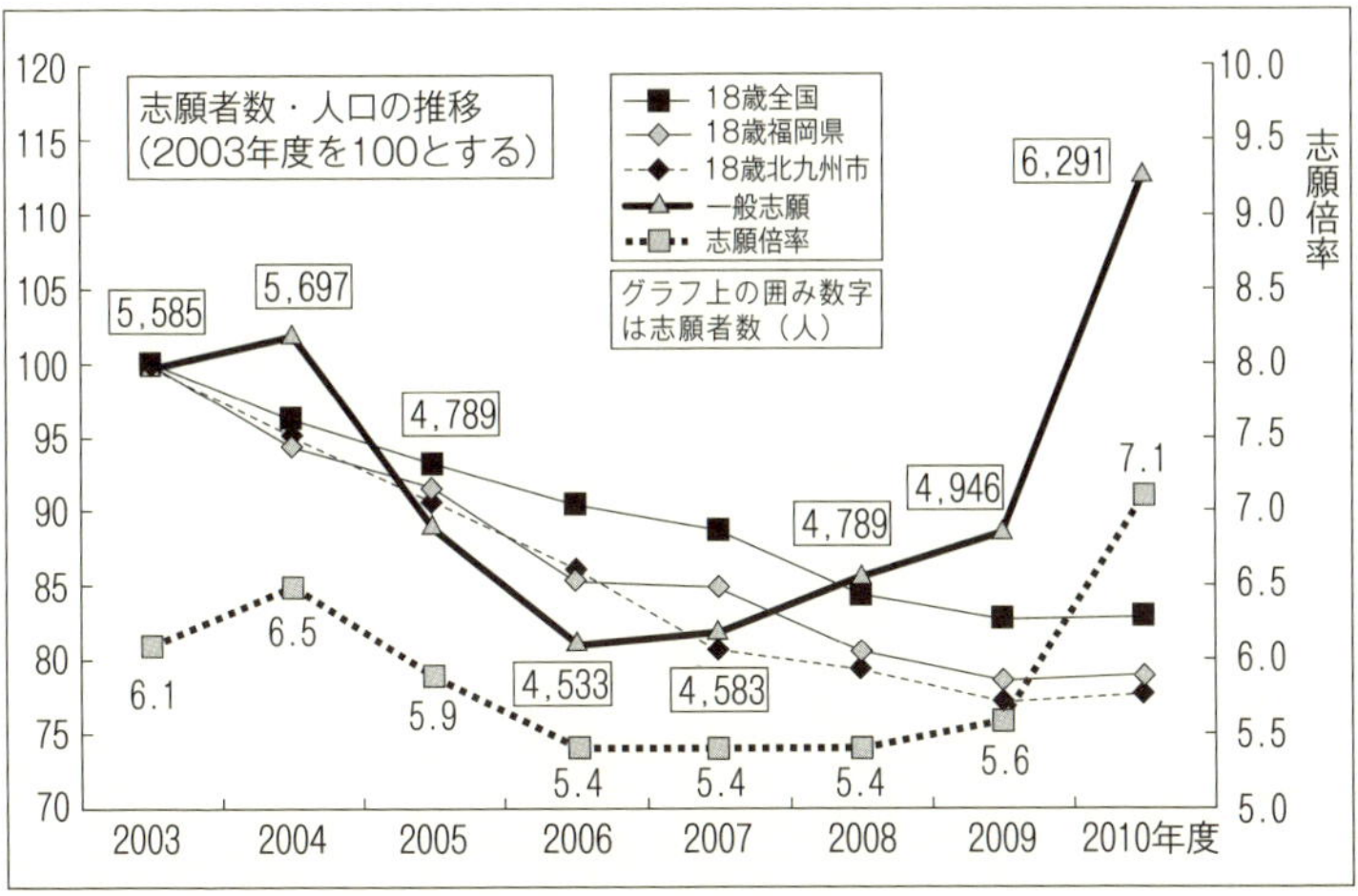

大学資料

図表2－8－5　入試広報活動実績（2004～2009年度）

	2004	2005	2006	2007	2008	2009
○1．オープンキャンパス	3,600人	3,400人	3,600人	5,326人	5,716人	6,087人
○2．進路指導担当者懇談会	135校	168校	175校	172校	167校	161校
○3．高校進路指導担当教員との意見交換会			12校	12校	19校	21校
○4．サマースクール	181人	241人	270人	165人	249人	267人
△5．ガイダンスIN鹿児島	101人	83人	152人	90人	130人	74人
△6．出張講義・高校訪問	30校	40校	227校	304校	389校	146校
△7．進学ガイダンス	20カ所	28カ所	62カ所	100カ所	133カ所	60カ所
○8．大学訪問	906人	1,566人	1,909人	2,251人	2,825人	2,236人

○　お迎え企画，△　お出かけ企画
大学資料

格両面で競争優位に立ち、今のところ定員割れはない。しかし、楽観は許されない。

北九州市立大学では、〇一年度にひびきのキャンパスで国際環境工学部が開設され、半世紀の歴史をもつ北方キャンパスと一体となって文理五学部・一学群の総合大学となった。新学部開設による募集学生の累年増加によって志願者は、完成年度の〇四年度まで増加を続けた。しかし、開設ブームが去った翌年から、一八歳人口の減少という「市場の構造的縮小」の波を受け、対前年度志願者は、〇五年度約七〇〇人、〇六年度約四五〇人と、年々大幅な減少を示した。〇三年度を一〇〇とした〇六年度の指数でみると、全国の一八歳人口は九〇、福岡県のそれは八五に対し、北九州市立大学の志願者数は八一と、落ち込みは市場の縮小を上回った(図表2-8-4)。

〇五年の法人化とともに学長に就任してすぐに、入試体制の抜本的強化に乗り出した。まず、〇六年度に入試センターを新設し、四〇歳代の伊野憲治教授をセンター長に任命した。そのもとで、いままでの学部間調整型体制を一新し、全学的な出題、実施、採点体制を確立し、さらに入試問題の質の改善を行った。また、広報体制も強化し、オープンキャンパス、高校の進路指導者懇談会、サマースクール参加者増に努めるとともに、同時進行していた学部・学科再編、カリキュラムの一新、学生サポート体制の強化など改革の内容を熱っぽく語った。また、入学者の多い高校の進路指導者と大学や入試改革について「時間をかけた意見交換」を行った。さらに、〇八年度から入試係を入試広報課に格上げして、部屋も独立して事務体制を強化した。四〇歳代前半の田村大樹新センター長のもとに中長期の「入試広報戦略」を策定した。全学体制のなかで各学部の教員は高校訪問の拡充など積極的に動き回った。

①大胆な大学改革、②入試実施体制の整備、③入試広報の拡充これら三要素が相まって、一八歳人口減、大学間競争という「巨大な重力」に抗して、冒頭に述べた三年連続の志願者増をもたらしたのである。

加えて、二〇一〇年二月三日締め切りの二〇一〇年度一般選抜出願状況は、昨年より一三四五人増の六二九一人となった。三一％の伸びである。法人化直前の二〇〇四年度が五六九七名とピークであったが、ついにその数を五九四人上回り、中期計画六年間でみごとにV字型回復を遂げた。二〇一〇年度はリーマン・ショックで保護者の負担軽減指向の影響もあったが、大学改革が評価されたことは、入試広報センターを核とする教職員全体の弛まぬ努力の賜物である。

（「大学改革進め三年連続の志願者増」『ひろば北九州』二〇〇九年四月号）

［付記］受験生の四年連続増加には、入試広報センターの戦略が大きな役割を果たしている。入試広報には、たくさんの多様な取組みがなされているが、これらは、大きく「お迎え企画」と「お出かけ企画」に二分している。

「お迎え企画」とは、高校生や進路担当者、保護者などが本学に来るのを「お迎えする」イベントである。このうち、最も効果の高いのは、高校生がキャンパスに来る、夏季と秋季の二回にわたる「オープンキャンパス」である。このイベントは、毎年改善を積み重ね、訪ねる高校生や保護者の数は、図表2‐8‐5のように右肩上りで増え、法人化後の五年間で七割も増加している。大学で実施するサマースクールや高校単位で施設見学や模擬事業を受ける「大学訪問」など、高大連携プログラム参加者も着実に増加している。また、高校の進路指導担当教員の懇談会や意見交換会などへの参加者も安定している。

他方、大学の教職員が学外に出かけて広報活動を行う「お出かけ企画」については、教職員の負担の割には効果が明確でない。そのなかで、受験者の多い鹿児島、宮崎など南九州や広島などへのガイダンスに力を入れている。これに対し、教職員による高校訪問や出張講義は、高校側から強い希望があるもの以外は、無理をしないことにし、縮小傾向にある。各学部の教員が手当たり次第に周辺の高校を訪問する「お出かけ企画」は、大学の教員にとっても、訪問される高校にとっても多忙な時間を割かれるので、関係教員に歓迎されない。

「お迎え企画」と「お出かけ企画」のそれぞれのイベントと受験生数との相関関係を見ながら科学的な受験広報戦略を展開している。

第三節　キャリア教育の定着と就職支援

「入学から就職まで一貫した教育システム」をスローガンとして開始した教育改革は、基盤教育センター、学部・学科再編とカリキュラム見直し、学生プラザの設置による学生生活支援が中心であるが、入り口は「入試広報センター」の設立で、出口は就職率の抜本的向上である。そのため、キャリア教育を強化するため、二〇〇六年に「キャリア教育センター」を設置し、専任教員ポストを大学の判断で新設し、公募によってリクルートから真鍋和博氏を助（准）教授として採用した。キャリアセンターで

図表2－8－6　卒業者の進路動向

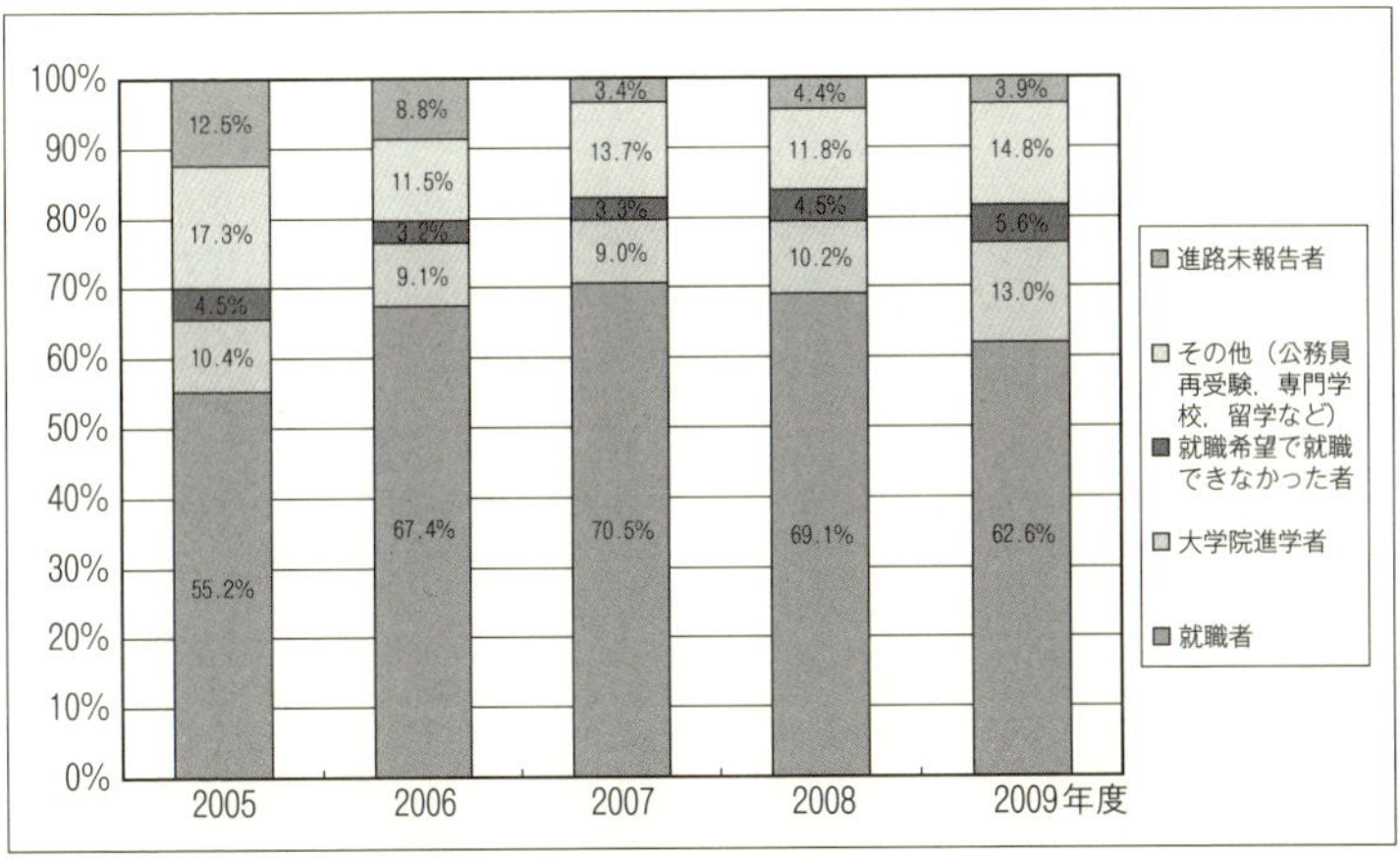

大学資料

は、基盤教育に「キャリアでデザイン」、「コミュニケーションと思考法」、「プロフェッショナルの仕事」などキャリア教育を実施し、将来の進路に向けた学生生活の計画、社会人としての基本的な態度の涵養、コミュニケーション能力の育成、多方面の業界・職種の第一線で仕事をしている人の講義など、卒業後の進路について考え、準備をする指導を行っている。また、学内外での多様なインターンシップを実施している。学生プラザにプロジェクトルームを設置し、学生の自主的企画の場として活用している。就職についても、プラザ内の就職支援室で各種就職情報の収集、企業訪問や就職指導活動を抜本的に強化した。

多様なプロジェクトのなかでも、地元の北九州活性化協議会（北九州商工会議所、西日本工業倶楽部、北九州青年会議所、北九州青年経営者会議の四団体が一九六三年に設立）と共同で、学生が市内の一一の会社を訪ね、組織のトップや若手社員などにインタビューし、学生ならではの視点で各企業の特徴をまとめた二三〇頁にのぼる企業情報誌『ボクラノ』を二〇〇七年より毎年発行している。雑誌編集の過程で、学生が企業のトップと交流し、自らの目でまとめ、学生に紹介するもので、日本経済新聞社の「地域貢献調査」では高く評価されている（二〇〇八年よりCD）。また、前述の学生による「オープンキャンパス」の企画・実施も学内インターンシップの一つである。いずれのケースにおいても学生の企画力、コミュニケーション能力、社会性は大きく伸びている。

こうした活動は、短期間に大きな成果をあげた。図2-8-6は、法人化した二〇〇五年度から四年間の卒業生の就職状況を示している。卒業者の進路は、一般に、①就職者、②大学院進学者、③就職希望で就職できなかった者、④その他の進路予定者（公務員再受験、専門学校、留学など）の四つのジャンルに分けられる。これに、⑤進路未報告者を加えると全卒業者数と一致する。法人化時点の二〇〇五年度では、③④⑤の合計が三四・三%と未報告・未確定が三分の一にのぼった。就職支援としては、極めて不十分な数字である。しかし、この数字は、〇六年度二四・五%、〇七年度二〇・四%と二年間で約一五ポイントも減少した。とくに、キャリアセンターが進路未報告者の削減に力を入れた結果、九・一ポイント減少したことが大きい。他方で、就職活動支援を強化し、就職率が二年間で五五・二%から七〇・五%と一五・三ポイントも増加した。これを就職希望者に対する就職者を就職決定率としてみると、二〇〇五年度の九二・四%が〇七年度九五・五%まで上昇した。キャリアセンター設置効果抜群である。

この状況は二〇〇八年度まで続いたが、〇八年の秋のリーマンショックによる世界同時不況によって、就職状況は一挙に悪化した。〇八年度の就職決定率は九三・八％、就職率は六九・一％でかげりがみえ始め、〇九年度は一気に大幅な減少を見せつつある。学生の就職率は、経済状況という外部要因と就職支援という内部要因によって決まる。法人化後の四年間は内部要因によって一気に好転したが、さすがにその後はリーマンショックという外部要因が大きく作用している。

［付記］一〇年三月末に就職が決まった学生もあって、最終的に卒業延期特別措置を選択したのは、五七人となった。就職を希望しながら就職未決定のまま卒業を選択したのは六四人で、ほぼ拮抗した。これにより、就職希望者のなかで就職が決定したものの比率＝就職決定率は、卒業延期者を分母に入れない「統計上の決定率」九一・八％、分母に加えた「実質的な決定率」八六・三％となった。〇八年の九三・八％と比較すると実質七・五ポイント減少した。

第四節　運営費交付金年五％減のなかでの累積剰余

ここで、北九州市立大学の財政構造について概観しておこう（図表2-8-7）。

二〇〇八年度決算でみると、収入額約六七・七億円の内訳は、授業料・入学金などの学生納付金三九・二億円、五七・九％、市からの運営費交付金二二・五億円、三三・二％、外部資金六・〇億円、

図表２－８－７　北九州市立大学財政収支

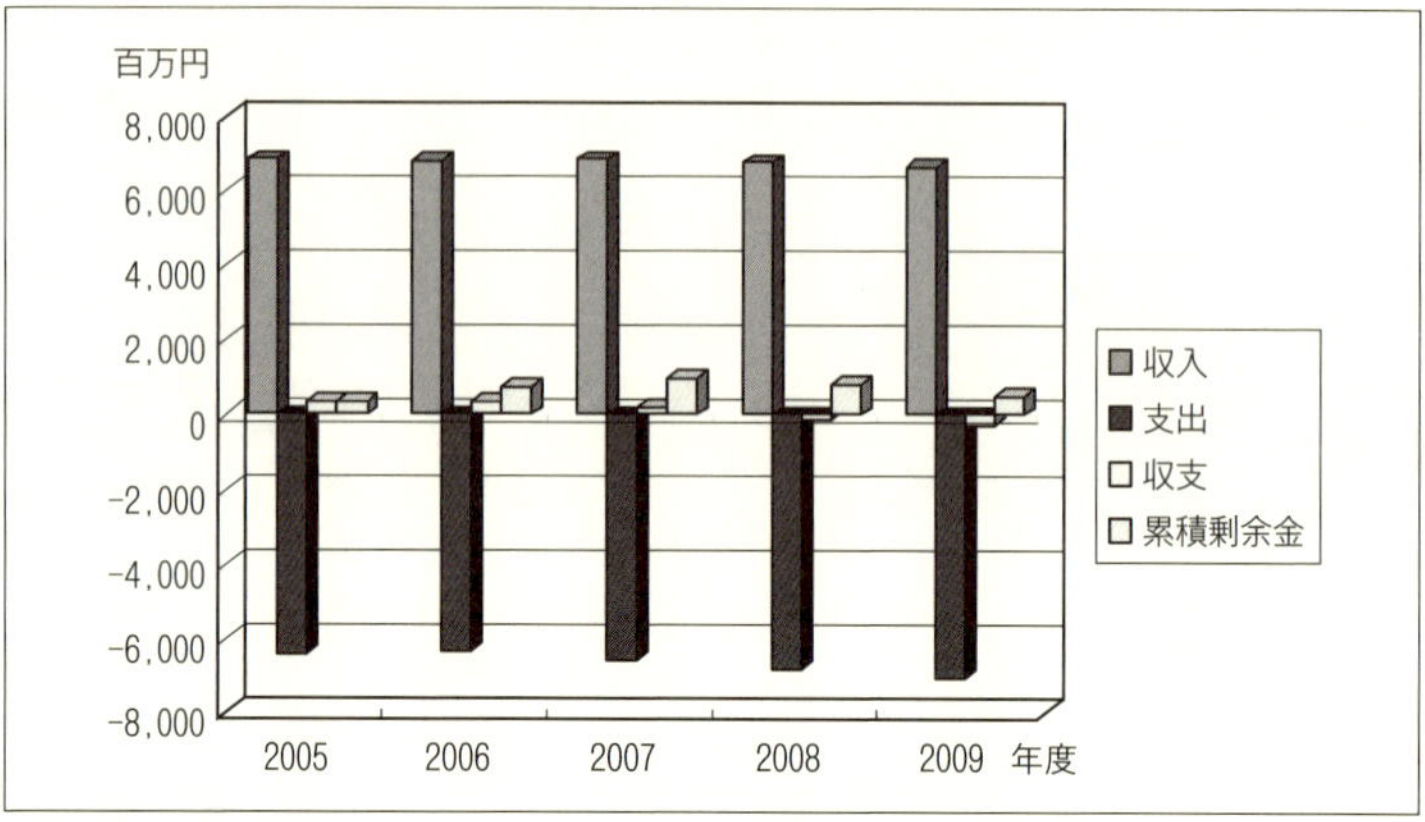

大学資料

八・九％である。公立大学協会が試算した総務省から北九州市に支払われたとみられる基準財政需要額の大学分は一一・一億円、一六・三％であるから市の負担額は一一・四億円、一六・九％と推定されている。

これに対して、支出額は総額六八・一億円で、うち人件費四〇・八億円、五九・九％、外部資金経費四・九億円、七・二％、教育・研究費一二・四億円、一八・二％、管理・施設整備費一〇億円、一四・七％となっている。支出から収入を引いた赤字は四千万円で、二〇〇五年度から〇七年度までの余剰金を積み立てた「目的積立金」の取崩しで補填している。

しかし、こうした財政の基本構造にも、法人化以来四年間で少しずつ変化がみられる。

変化の第一は、市からの運営費交付金が減少していることである。とくに、大部分を占める標準運営費交付金が法人化二年後の〇七年度から毎年五％減少し、〇九年度までの三年間に三・四億円減少している。〇七年度の授業料値上げによる五千万円の増収、外部資金の増収一・二億円などで補っているが、十分に補填しきれていない。

他方、変化の第二として、支出が法人化後四年間に四・二億円、六・五％増えている。中心は、人件費一・八億円、研究・教育費二・三億円等である。〇五から〇九年度の四年間に、教員数は二三〇人から二六九人と三九人増加したことの反映でもある。ただ、教員増の内容は、①法人化時点での定年や転出による空きポスト補充分九人、②市の予算措置を伴った新専攻による増員六人、③市の研究機関からの移管分七人が含まれており、いずれも市から予算措置されている。大学独自の判断での教員増は、④「語学教師」として非常勤雇用していたネイティブ・スピーカーの正規雇用への転換分八人、⑤新設の地域創生学群での新規雇用分六人、⑥キャリアセンターなど新規ポスト三人分である。「語学教師」ポストの正規雇用においては、一人平均週一四コマ負担の非常勤講師料に若干の上乗せで「正規雇用」し、地域創生学群教員増は、学生定員が夜間から昼間への転換に伴う授業料収入増を原資としている。その意味で、教員増のほとんどが財政的に裏付けられたものであり、大きな経営圧迫要因とはなっていない。

変化の第三は、法人化後の収支バランスが前半三年の黒字から後半三年に赤字に転換したことである。収支は、二〇〇五年度から〇七年度までの前半三年間に黒字が発生し、〇七年度末には、九・六億円が余剰積立金となった。これには三つの要因が働いた。一つは、〇五、〇六年の二年間の大規模な学部・学科再編時に、教員の空きポストの補充を一時凍結したため教員人件費が節約されたこと、第二に学生の在籍数が収容人員を上回ったため、授業料等の収入が予算を上回ったこと、第三に、管理運営業務の複数年契約、省エネルギー設備への改修（ＥＣＯ事業）による光熱費の削減などによるコスト削減などの経営努力である。

第一の要因は、空きポストの補充がほぼ完了した〇七年度以降消滅し、第二の要因も入学者数を一・〇三倍以内に抑える文部科学省の規制が強化されて以降ほぼ消滅した。これによって、黒字を発生してきた財務構造は〇七年度になって正常化傾向を示した。ここに、〇七年度から三年続きの運営費交付金の五％減＝年間平均一・一億円の減少が作用して〇八年度に赤字に転じた。しかし、運営費交付金の減額は、北九州市自体の厳しい財政事情が背景にあるものの、大学の余剰金の存在を考慮し、積立金取崩しによって、赤字を十分補塡できるとの判断が働いたものとみられる。大学としても、〇九年度、一〇年度の赤字補塡で、積立金が丁度なくなるものと見込んでいる。

第二次中期計画においては、積立金がなくなることを前提に、標準運営費交付金を減額前の二三億円にもどすこと、図書館の建替えなど必要な設備投資資金を交付することが必須となってくる。

［付記］二〇〇七年度以降市からの運営費交付金が毎年五％ないし五・五％カットされ続けて〇九年度で三年目になる。金額にすれば、毎年一・一億円程度減らされている。このため、中期計画後半三年間（〇八から一〇年度）は赤字基調となり、前半三年間（〇五から〇七年度）に積み立てた九・六億円を取り崩すことになる。そのなかにあって、科学研究費補助金をはじめ文部科学省の競争的資金、科学技術振興機構（ＪＳ

T）、環境省、新エネルギー・産業技術総合開発機構（NEDO）などの外部資金が着実に増加している。その金額は〇五年度の四・六億円から〇九年度の八・九億円と四年間で四・三億円の伸びを示している。これは、この間の市からの標準運営費交付金の減額分二・六億円を上回っている。これらが相殺され収入合計では、逆に約一・七億円増加している。外部資金の確保に関しては大変健闘している。

これは、国際環境工学部での活発な資金調達が大変効果を上げているとともに、北方キャンパスにおいてもGPの取得、科学研究費補助金の増額などそれなりに成果を上げている。ただ、これらの外部資金は、特定のプロジェクトの研究やプログラムの教育に支出されるため、支出先は限定されており、教職員の人件費などに支出できる運営費交付金の減少を埋め合わせるものではない。外部資金の約一五％が電気・ガス・水道、交通・通信費など管理費の一部を補塡できるだけである。中期計画では、外部資金の獲得目標は毎年五億円とされており、二〇〇七年度に早くも目標を達成し、〇九年度には目標を八〇％も上回る高い実績を誇っている。

第五節　一〇億余の市税で七〇億の大学運営、二〇〇億円の経済効果

ところで、北九州市立大学入学と就職を巡る若者の地域間移動、また、毎年約六千五百人の学生の定住・通学とここでの日常生活、約三五〇人の教職員の消費行動、大学という組織の研究・教育活動、総務省・文部科学省・自治体としての北九州市からの財政支援など一連の経済活動は、トータルとしてどのような経済効果をもたらしているのであろうか。資金の流れを概括することにより、大学の地域経済

図表２－８－８　大学の地域経済効果試算（2008 年度）

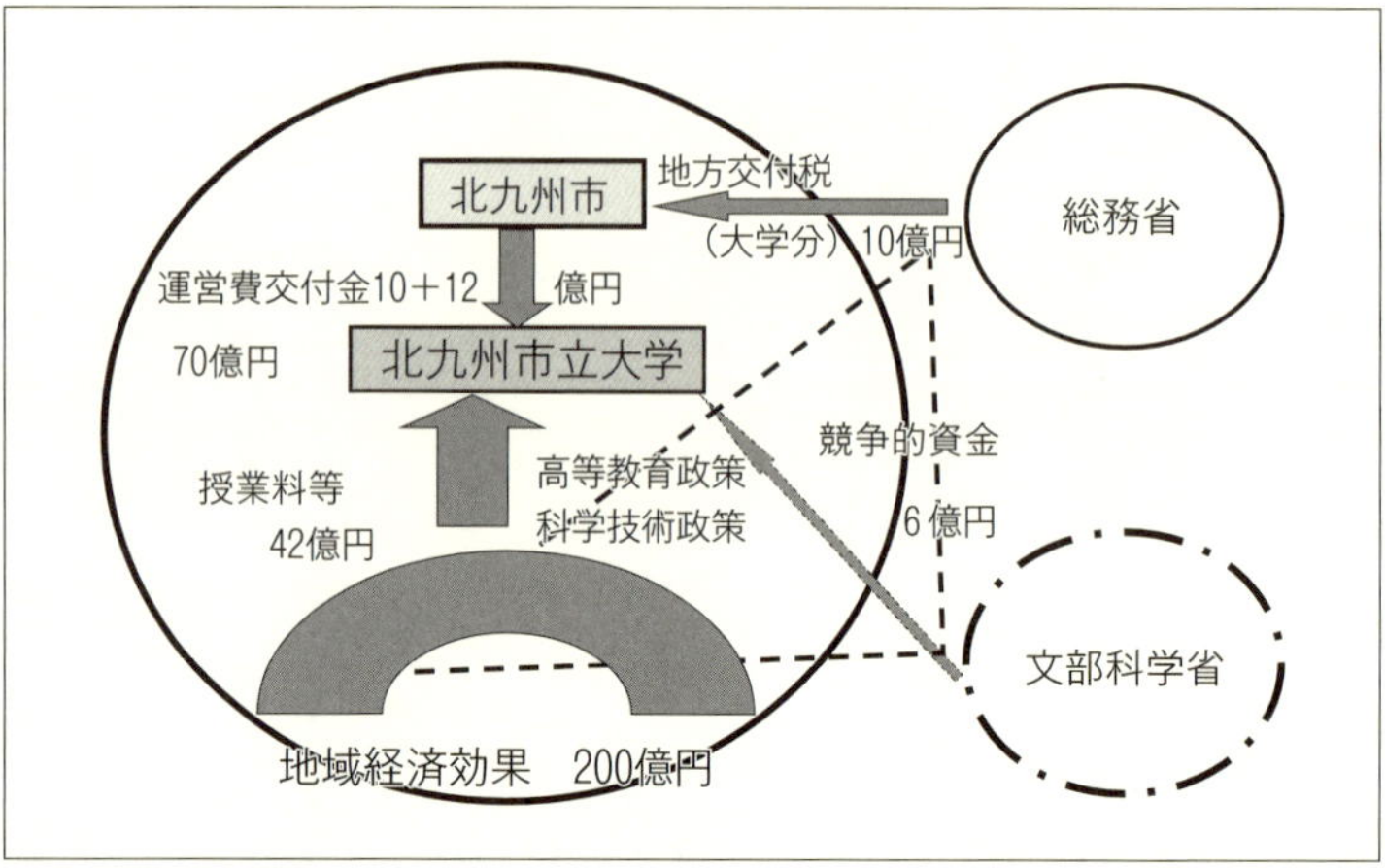

図表２－８－９　北九州市立大学の経済効果試算

市運営費交付金 22億円（大学支出規模70億円）

北九州市内への経済波及効果額　約200億円

他大学との比較

大　学　名	経済波及効果	学生数	教職員数	支出規模	運営費交付金
北九州市立大学	200 億円	6,500 人	350 人	70 億円	22 億円
大分大学	292 億円	5,255 人	593 人	73 億円	47 億円
広島市立大学	63 億円	2,000 人	230 人	43 億円	31 億円

※調査年　北九州市立（2008 年），大分・医大統合前（2000 年），広島市立（2007 年）

大学資料一部修正

効果について考察してみよう（図表2-8-8、9）。

まず、北九州市立大学の経営を巡る資金循環についてみる。二〇〇八年度の大学の収入額約七〇億円の内訳は、授業料・入学金などの学生の納付金が約四二億円、北九州市からの運営費交付金が約二二億円、文部科学省などからの競争的資金が約六億円である。運営費交付金の半分は、総務省からの地方交付税の大学分が充当されるとすれば、約一〇億円が国税から、残りの一二億円が市税から支払われていることになる。入学生の八〇%が市域外から入学しているので、授業料等の収入のうち三四億円が市外から、八億円が市域からとみることができる。さらに、外部資金六億円は、科学研究費補助金、戦略的大学連携事業など文部科学省をはじめ、環境省、NEDOなど国からのものである。つまり、市域外からの流入とみていい。

そこで、市域からの資金投入としては市税分一二億円、市域の保護者からの納付金八億円、計二〇億円に対し、市域外からの資金流入は、総務省の地方交付税分一〇億円、市域外から入学した学生の納付金三四億円、外部資金六億円、計五〇億円となる。市域内と外との比率は二対五となる。つまり、市内からの資金二〇億円で二・五倍の資金の流入を呼び込み、七〇億円の研究・教育活動を可能にしている。これが第一の経済効果である。

これに、市域外からの学生の生活費用としての保護者から市域への資金流入が加わる。アパート、マンション居住の場合はいわゆる「仕送り」として、通学者の場合は「小遣い」として市域に持ち込まれる。六五〇〇人の学生のうち四千人が一人当たり一ヵ月一〇万円の「仕送り（計四八億円）」、市域外からの通学生千人が一人一ヵ月当たり三万円の「小遣い（計三億六千万円）」を持ち込むとすれば、年間で五一億六千万円が市域に流入することになる。これが第二の経済効果となる。

第三の経済効果は、法人としての北九州市立大学が研究・教育活動として消費する約三〇億円の乗数的効果、賃金として支払われる約三五〇人の教職員の消費活動に伴う乗数的効果、さらに六五〇〇人の学生への「仕送り」や「小遣い」として流入する資金の消費支出がもたらす乗数的効果である。

北九州市立大学の都市政策研究所では、これらの第一、第二、第三の経済効果を合わせて年間約二〇〇億円と見積もっている。一二億円の税金支出で二〇〇億円の経済効果を発生する大学の存在は、地域経済にとって非常に大きな「費用対効果」を生じていることになる。市の財政支出において「お荷物」的見方をするのは、あまりに近視眼的である。ましてや、教育活動によって多くの若者の知的・人間的成長を支援し、研究活動によって多くの研究成果をあげ、また、学会や講演会などで大学を核に多くの知識人が市域を訪れる交流人口による経済効果、学生のアルバイトなどによって多分野に生じる経済効果、などはここでの計算外である。さらに、著名な研究者の存在、学生が青春時代をすごしたがゆえに抱く地域への愛着など社会的効果も無視できない。その意味で、五学部一学群、四研究科、約六五〇〇名の学生、約四〇〇名の教職員の存在の地域への多面的効果は無限である。

（我が庭の花）

紅梅や思いのままに生き難し　　凪の海見晴らす庭に沈丁花

春の雪つばき水仙頭垂れ
パソコンの手を休め観る庭の藤

朝顔や雨に打たれて愛らしく
朝顔もシクラメン咲く秋の庭

第九章　多くの機関から高い評価

第一節　法人評価委員会の「法人評価」

学校教育法第一〇九条で、「大学は、その教育研究水準の向上に資するため、文部科学大臣の定めるところにより、当該大学の教育及び研究、組織及び運営並びに施設及び設備の状況について自ら点検及び評価を行い、その結果を公表するものとする」と、大学が「教育研究等」の活動について「自己点検・評価」を行うことを義務付けている。

そのうえで、「大学は、前項の措置に加え、当該大学の教育研究等の総合的な状況について、政令で定める期間ごとに、文部科学大臣の認証を受けた者（以下「認証評価機関」という。）による評価を受けるものとする」と規定している。ここで、政令で定める期間とは、政令四〇条で大学については七年以内、専門職大学院については五年以内と規定している。北九州市立大学は、この法令に基づいて二〇〇九年六月に、「大学機関別認証評価　自己評価書」、および「選択的評価事項に係る評価　自己評価書」

を「大学評価・学位授与機構」に提出し、二〇〇九年十月に評価委員による本学への訪問調査が行われ、二〇一〇年三月に「評価結果」が公表された。

他方、地方独立行政法人法では、第二五条において「設立団体の長は、三年以上五年以下の期間（同七八条で公立大学法人について六年間）において、地方独立行政法人が達成すべき業務運営に関する目標（以下「中期目標」という。）を定め、これを当該地方独立行政法人に指示するとともに、公表しなければならない」としている。これを受けて、第二六条で、「地方独立行政法人は、前条第一項の指示を受けたときは、中期目標に基づき、設立団体の規則で定めるところにより、当該中期目標を達成するための計画（以下「中期計画」という。）を作成し、設立団体の長の認可を受けなければならない」と規定している。さらに、第二七条では、「地方独立行政法人は、毎事業年度の開始前に、前条第一項の認可を受けた中期計画に基づき、設立団体の規則で定めるところにより、その事業年度の業務運営に関する計画（「年度計画」という。）を定め、これを設立団体の長に届出るとともに、公表しなければならない」としている。簡略して言えば、設置団体である自治体が六年間の「中期目標」を、公立大学法人がこれに基づく「中期計画」を策定し、かつ毎年「年度計画」を定めなければならない、ということになる。

一方、第二八条で、「地方独立行政法人は、設立団体の規則で定めるところにより、各事業年度における業務の実績について、評価委員会の評価を受けなければならない」とし、以下、評価委員会の「総合的評定」の義務と「評価結果」の法人への通知および必要な場合の「改善勧告」、設立団体の長に対する報告と公表を義務付けている。また、第二九条で、「地方独立行政法人は、中期目標期間の終了後

図表2-9-1　地方独立行政法人評価委員会の評価結果（概要）

2005年度

【全体評価：抜粋】
○全体として，中期計画に基づく年度計画を積極的かつ着実に取り組んでおり，中期目標達成に向けた大学運営が順調に実施されていると認められる。

分　野	項目数	Ⅳ	Ⅲ	Ⅱ	Ⅰ	分野別評価
教育研究	137	35	100	2	0	B
業務運営	33	16	17	0	0	B
財務運営	10	3	7	0	0	B
点検評価，情報公開	3	2	1	0	0	B
施設・危機管理	10	0	10	0	0	B
合　計	193	56	135	2	0	

2006年度

【全体評価：抜粋】
○全体として，中期計画の目標達成に向けて確実に前進している。
○「基盤教育センター」「ビジネス・スクール」設置など，中期計画において大きなウエートを占める極めて重要な事業が順調に進捗しており，評価できる。

分　野	項目数	Ⅳ	Ⅲ	Ⅱ	Ⅰ	分野別評価
教育研究	153	34	119	0	0	B
業務運営	36	10	26	0	0	B
財務運営	9	0	9	0	0	B
点検評価，情報公開	3	2	1	0	0	B
施設・危機管理	10	0	10	0	0	B
合　計	211	46	165	0	0	

2007年度

【全体評価：抜粋】
○全体として非常に順調に進捗しており，大学改革の大きな枠組みはほぼ整えられたと認められる。
○昼夜開講制の見直しを行い，「地域創生学群」の設置を決定したことは，社会人教育の受け皿として，また地域密着の大学として極めて積極的，前向きな取り組みであり特記に値する。

分　野	項目数	Ⅳ	Ⅲ	Ⅱ	Ⅰ	分野別評価
教育研究	113	17	96	0	0	B
業務運営	22	5	17	0	0	B
財務運営	8	2	6	0	0	B
点検評価，情報公開	2	1	1	0	0	B
施設・危機管理	7	0	7	0	0	B
合　計	152	25	127	0	0	

2008年度

【全体評価：抜粋】
○全体として年度計画以上の進捗状況であり，中期計画の大部分は枠組みが完了したと考えられる。これらは，理事長，学長の強力なリーダーシップによるものと高く評価できる。

分　野	項目数	Ⅳ	Ⅲ	Ⅱ	Ⅰ	分野別評価
教育研究	105	15	89	1	0	B
業務運営	19	2	17	0	0	B
財務運営	8	0	8	0	0	B
点検評価，情報公開	4	0	4	0	0	B
施設・危機管理	8	0	8	0	0	B
合　計	144	17	126	1	0	

【項目別評価の指標】
Ⅳ：年度計画を上回って実施
Ⅲ：年度計画を順調に実施
Ⅱ：年度計画を十分に実施できていない
Ⅰ：年度計画を実施していない

【分野別評価の指標】
A：特筆すべき進行状況
B：計画どおり（すべてⅣまたはⅢ）
C：概ね計画どおり（ⅣまたはⅢが９割以上）
D：やや遅れている（ⅣまたはⅢが９割未満）
E：重大な改善事項がある

三月以内に、設立団体の規則の定めるところにより、当該中期目標に係る事業報告書を設立団体の長に提出するとともに、これを公表しなければならない」として、中期目標終了後の六年間の「事業報告書」の提出と公表を義務付けている。これに基づき、第三〇条では、「地方独立行政法人は、設立団体の規則で定めるところにより、中期目標の期間における業務の実績について、評価委員会の評価を受けなければならない」とし、六年間の中期目標・中期計画全体についても、認証評価機関とは別に設立団体が設置する「評価委員会」の評価を受けることを義務付けている。つまり、設立団体が設置する「評価委員会」が、毎年度の業務実績について「評価」するとともに、六年間の業務についても「評価」することになっている。

大学からみれば、計画の策定とそれに基づく業績の評価は、毎年設立団体が設置する「評価委員会」の評価を受け、六年間の業績については、この「評価委員会」と「大学評価・学位授与機構」や「大学基準協会」など「認証評価機関」の「評価」を受けなければならない。

実に煩雑にできている。大学の現場では、幹部教員や担当部局職員が計画づくり、評価報告書づくりに追われる毎日である。幹部教員の多くは優れた研究者・教育者であり、大学の知的中枢部でもある。この人たちが中期計画、年度計画、年度ごとの業務報告書、六年間の自己評価書の作成に追われていて、肝心の評価される内容である研究と教育に割く精神的余裕と時間がない、というパラドックスが生じている。にもかかわらず、ほとんどの大学は、法令に基づく作業を粛々と進めている。

ところで、北九州市に二〇〇三年七月に「北九州市立大学の今後の在り方検討委員会」(座長：中嶋嶺雄)を設置し、半年後の十二月に「北九州市立大学改革プラン」が報告された。これを受けて〇四年三月に「北九州市立大学法人設立準備委員会」(委員長：阿南惟正)が設置され、学内の「北九州市立大学法人化学内準備委員会」(委員長：吉崎泰博学長)とのすり合わせをへて、法人組織の骨格、理事長・学長候補の人選、「中期目標」と「中期計画」についての検討を重ねた。こうした経過をへて、二〇〇五年に市議会で「中期目標」が議決され、これを受けて大学として「中期計画」を決定した。

法人化から五年経過し、二〇一〇年に最終年度を迎える。その間、法律に基づき五回にわたり年度計画を策定し、改革を着実に実行してきた。このうち〇八年度分まで四回にわたって「評価委員会」(委員長石田重森元福岡大学学長)の評価を受けた。その結果は、四つの表に集約される(図表2-9-1)。

評価の方法は大略次のようである。まず、年度計画で記述された項目ごとに、実施状況を個別に評価し、それを五つの分野別にまとめる。ここで、項目別評価指標として、「Ⅰ：計画を実施していない」、「Ⅱ：計画を十分に実施できていない」、「Ⅲ：計画を順調に実施」、「Ⅳ：計画を上回って実施」の四段階を設定する。さらに、各項目別の評価指標をまとめた、「分野別の評価」とし、「A：特筆すべき進行状況」、「B：計画どおり」（すべてⅣまたはⅢ）、「C：概ね計画どおり」（ⅣまたはⅢが九割以上）、「D：やや遅れている」（ⅣまたはⅢが九割未満）、「E：重大な改善事項がある」の五段階が設定されている。ⅣまたはⅢの割合が九割を基準に設定されており、九割に満たなければD、一〇割であってもBというのは、非常に厳しい基準である。また、AとEは具体的にどのようなケースを設定しているのか明確でない。最後に定性的に「全体評価」をくだす、というものである。さらに、こうした評価基準がそれぞれの設置団体がばらばらに設定されており、全国標準がないので、公立大学法人同士での比較が困難である。今後の課題である。

二〇〇五年度においては計画項目は一五三で、中枢分野の「教育研究」における項目は全体の七一％を占め、その評価指標がⅣ二六％、Ⅲ七三％で、合わせて九九％となり、B評価となった。「業務内容」、「財務内容」、「点検評価」、「施設・危機管理」の四分野はすべての項目がⅣとⅢでBと評価された。そのうえで、「全体として、中期計画に基づく年度計画を積極的かつ着実に取り組んでおり、中期目標達成に向けた大学運営が順調に実施されていると認められる」と高い評価をえた。

二〇〇六年度は、計画項目が二一一に増え、そのうち七三％と計画の核となっている「教育研究」では、Ⅳ評価が二二％、Ⅲ評価が七八％、あわせて一〇〇％で、分野別評価がB、その他の四つの分野も軒並みB評価となった。その上で、「全体として、中期計画の目標達成に向けて確実に前進している」、「『基盤教育センター』、『ビジネス・スクール』設置など、中期計画に大きなウエートを占める極めて重要な事業が順調に進捗しており、評価できる」と個別事業に踏み込んだ評価を受けた。

三年目となる二〇〇七年度においては、中期計画が順調に進んだことから項目は一五二まで減少した。やはり、中核は「教育研究」で、一一三項目と七四％を占めている。このうち、Ⅳが一五％、Ⅲが八五％とⅣの比重が落ちたものの、合わせて一〇〇％となった。その他の四分野も同様でB評価である。さらに、「全体として非常に順調に進捗しており、大学改革の大きな枠組みはほぼ整えられたと認められる」、「昼夜開講制の見直しを行い、『地域創生学群』の設置を決定したことは、社会人教育の受け皿として、また地域密着の大学として極めて積極的、前向きな取り組みであり、特記に値する」と、格調高い全体評価を受けた。大変光栄に思う反面、これでもB評価なのかと、評価指標の厳しさと適用の頑なさに一抹の疑問を感じた。

中期計画の山を越えた観のある二〇〇八年度においては、項目も一四四と減少し、中心課題である「教育研究」分野でⅣ評価が一四％、Ⅲ評価が八五％と合わせて九割を超えているものの、一項目がⅡ評価となった。これは英米学科学生のTOEFL五五〇点以上取得者の割合が目標をクリアできなかったことによる。その他の四分野は、いずれもⅢ、Ⅳあわせて一〇〇％で、すべてBとなった。全体評価においても、「全体として年度計画以上の進捗状況であり、中期計画の大部分は枠組みが完了したと考えられる。これらは、理事長、学長の強力なリーダーシップによるものと高く評価できる」と述べられている。六年計画の四年終了時点で「大部分完了」との評価をえた。

二〇〇九年度計画の評価は進行中であり、二〇一〇年度計画の評価は新年度に確定する。一〇年三月に大学評価・学位授与機構による認証評価結果が出され、それらをあわせて第一期中期計画の最終評価がなされる。

第二節　多項目で高い「認証評価」――大学評価・学位授与機構

二〇一〇年三月二十九日付で、大学評価・学位授与機構から一通の書類が北九州市立大学長あてに届いた。そこには、「貴大学は独立行政法人大学評価・学位授与機構が実施した大学機関別認証評価において大学評価基準を満たしていることを証する」という「認定証」なるものが同封されていた。

二〇〇四年に改正された学校教育法は、第一〇九条で「当該大学の教育研究等の総合的な状況について、政令で定める期間ごとに、文部科学大臣の認証を受けた者（認証評価機関）による評価を受けるものとする」と規定された。これによって、大学の教育研究について、今までは、「設置認可」の段階で厳しく審査されていたのに対し、七年に一回、「認証評価機関」による評価を義務付けることによって、教育研究の質の確保を大学に要請することになった。

北九州市立大学は、二〇〇五年の法人化から五年目となり、六年間の中期目標・中期計画がほぼ実現し、教育・研究・社会貢献・組織運営の改革が一段落した〇九年に、認証評価を受けることにした。認証評価を受けるにあたって、全学体制を整備し、学内意見の集約、自己評価書の作成・提出、訪問調査の受入などで、ほぼ二年弱の期間を要した。

〇八年六月十日、教育研究審議会で近藤倫明副学長を室長とし、他の副学長、学部長・大学院研究科長、研究所やセンター長、学生部長、教務部長、事務局長など各分野の責任者からなる「評価室会議」を中心とする責任体制を確立した。さらに同会議のもとに草案作成を担う一二名の教職員で構成する「大学評価ワーキング・グループ」を置いて作業を本格的に開始し、年内に一次案を作成、その後、二次、三次と検討を重ね、〇九年四月に評価室会議案を決定した。これを、五月二十六日の教育研究審議会に提案、各部局での審議を経て六月九日の教育研究審議会、十九日の経営審議会の承認を経て、同月末に大学評価・学位授与機構に正式に提出した。機構の訪問調査は、十月二十一から二十三の三日間実施された、ひびきの、北方の両キャンパスの訪問、学長をはじめ教育研究審議会のメンバー、一般教職員、卒業生を含む学生へのヒアリング、施設の視察などが行われた。審査委員の多くが元公立大学の学長クラスであったこともあって、意思疎通は大変スムースであった。

冒頭でも触れた、「大学機関別認証評価」の最終結果の報告書では、「学部・学科及び大学院の再編・新設」、「四〇人の専任教員を配置した基盤教育センターの設置による明確な責任体制の下での基盤教育の実施」、「入試から就職まで一貫した教育システムの構築」、「教員評価制度の導入、教授定員枠の拡大など教員組織の活性化」、「戦略的大学連携支援」、「早期学生支援システム」や「学生プラザ」などの学生支援など一九項目にわたる「優れた点」が指摘された。中でも、「学長のリーダーシップの下に、副

図表２－９－２　大学評価・学位授与機構の認証評価結果（2009年）

大学機関別評価―大学評価基準を満たしている。
優れた点　19項目―以下主要な項目を列記

・学長のリーダーシップの下に，副学長等に若手教授や女性教授を積極的に登用するとともに，経営企画課を設置してスピードある改革を実施している
・専任教員40人の基盤教育センター設置，明確な責任体制で基盤教育実施
・教員組織の活性化―教員評価制度，語学教師の常勤化，教授定員枠の拡大
・キャリアセンター設置，就職決定率格段の向上・学生プラザ設置学生支援
・戦略的大学連携―カーエレクトロニクス，戦略的水資源循環リーダー

改善を要する点　２項目　・大学院の定員充足率　・図書館の設備拡充
選択的評価項目―目的の達成状況が非常に優れている―S評価
（正規課程の学生以外に対する教育サービスの状況）

学長等に若手教授や女性教授を積極的に登用するとともに、経営企画課を設置してスピードある改革を実施している」と、本学の改革の本質が正確に評価された。ただ、改善を要する点として「大学院の入学定員充足率の不安定」、「北方図書館の整備拡充の必要」の二点が指摘され、今後の大きな宿題となった（図表2-9-2）。

また、選択的評価事項B（正規課程の学生以外に対する教育サービスの状況）についての審査では、「目的の達成状況が非常に優れている」として四段階の最上位Sの評価を得た。

法人化以来、教職員一体となって推進してきた、北九州市立大学の改革は、公式に高い評価を受けたことになる。

（「高く評価された本学の改革　『優れた点』に学生支援など一九項目」『ひろば北九州』二〇一〇年六月号）

第三節　改革が学生の満足度調査に反映

二〇〇九年四月二〇日午後、翌日開催予定の〇九年度経営審議会の新人委員に対する本学の「改革の経過と今後の展望」についての説明会の準備をしながら、思案にくれていた。本学の改革の取り組みについては、学内や学外で多くの機会で説明してきた。そのたびにパワーポイントを書き換えてきたので、骨格部分についてはそれほど時間を要しなかった。内容についても、それなりに自信をもっていた。しかし、大学教育の最大の受益者である学生がどう受けとめているか、もう一つ不透明であった。〇九六月に「大学評価・学位授与機構」に提出する「自己評価書」作成のために、学生に対する大規模なアンケートを実施し、まとめ中で、間に合わない。どう対応するか迷っていたのである。

思案中のところ、当日の夕方、一冊の本が手元に届けられた。朝日新聞出版が毎年発行する『大学ランキング』の二〇一〇年版である。二〇〇九年版では、学長が選ぶ「注目する学長」で私が全国投票一位になったこともあって、手を休めて、ページをめくってみた。一〇年版に学長ランキングがなかったが、「学生の満足度ランキング」が目を引いた。しかも、多くの項目で北九州市立大学の名前がでていた。早速、重い本をカバンにつめて、自宅に持ち帰り、夜遅くまで、説明用に整理した。

このアンケートは、ベネッセ教育研究開発センターが行った調査である。各大学の二〇〇七年度の学生二～四年生を対象としたアンケートで、三〇件以上の有効回答を得られた国公立六四、私立六一、計一二五大学についての調査結果である。二一三の設問項目について五段階評価による平均点を大学ごとに集計し、相加平均値で評価し、ランキングしたものである（図表2-9-3）。

総合評価では、国際基督教大学が三年連続首位で、同志社女子大、慶應大、東京外国語大、津田塾大などが上位をしめ、本学は表に掲載された三二位までにはランクされていなかったが、個別項目で健闘している。

教養教育では六項目中、外国語で一四位、情報処理関係で一六位、社会的テーマを考える教養教育で三〇位と三項目でランキング入りしている。四〇人の専任教員を有し、カリキュラムを一新した「基盤教育センター」による教養教育において、高い満足度がえられた。また、一二項目にのぼる専門教育のうち、「やりたい分野の勉強ができる」で二二位、「仲間の考えから学び合う」で一九位、「仲間への説明機会が多い」で五位、「仲間と協力して取り組む」で三〇位と四項目でランキング入りしている。語学やゼミなどの少人数教育の充実の成果であろう。

また、キャリア教育六項目中、「資料や情報が豊富」で三四位、「親身に就職指導」で三一位、「適性や職業を考える機会」で三五位、「進路や生き方を考える機会」で二一位と四項目でランキング入りしている。「キャリアセンター」を設置し、専任の准教授と学生支援担当部長を招き、十二分に力を発揮したこと、相談機能を一ヵ所に集中した「学生プラザ」を建設し、毎年延べ三万人（北方キャンパス学生数約五二〇〇人）の学生が利用したこと、そしてなによりも、関係教職員が一体となって真摯に取り組んだ成果である。

図表2-9-3　学生の評価（朝日新聞社『大学ランキング2010』より）

学生の満足度	順位	偏差値
1. 教養教育の充実度　外国語	14	54.38
2. 教養教育の充実度　情報処理関係	16	53.33
3. 教養教育の充実度　社会的テーマを考える	30	51.68
4. 専門教育の充実度　やりたい分野の勉強	22	51.24
5. 専門教育の充実度　仲間の考えから学び合う	19	51.54
6. 専門教育の充実度　仲間への説明機会が多い	5	54.17
7. 専門教育の充実度　仲間と協力して取り組む	30	50.83
8. キャリア教育の充実度　資料や情報が豊富	34	51.72
9. キャリア教育の充実度　親身に就職指導	32	52.57
10. キャリア教育の充実度　適性や職業を考える機会	35	50.92
11. キャリア教育の充実度　進路や生き方を考える機会	21	51.81
12. 学生生活実態調査　大学が好き	4	90.70%

もうひとつ、全国大学生活協同組合連合会が、生協をもつ全国八〇の大学の学生約二万人を対象に実施した「学生生活実態調査」で、「大学が好き」の項目で本学が堂々四位になった。北大、奈良女子大、京都大に続いており、観光地イメージが強い大学と互角の位置にいる。法人化後の本格的改革から四年、成果は着実に評価されている。

（「学生の満足度ランキング　大学改革を反映、多項目で高い評価」『ひろば北九州』二〇〇九年七月号）

［付記1］同じ朝日新聞社の『大学ランキング二〇一〇』では、学長、事務局長、高校からのアンケートによる大学の「総合評価」などが掲載されている。

これによれば、北九州市立大学を巡る関係者の評価に大きなギャップがあることがわかる。学長からの評価では、本学は「総合評価」で全国二八位、「教育分野」では全国一八位、「経営戦略」では全国一六位とかなり上位にランクされ、事務局長からの評価も同様である。一方で、高校からの評価では、「総合評価」全国八九位と大きく落ち込んでいる。同業者のトップのプロの目では高い評価を得ながら高校ではまだ低い。改革の評価が外部に十分に伝わっていないと言える。「ブランド力」の向上が次期中期計画の大きな課題である。

［付記2］最新の『大学ランキング二〇一二』をみると、学長からの評価では、北九州市立大学は、経営戦略全国一二位、注目する学長全国一七位で、ともに九州・沖縄一位となっている。教育分野でも全国一九位で、上位を維持している。他方、回答のあった全国七二七の高校の進学指導担当教諭からの評価では、総合四三位、生徒に勧めたい五九位、二〇一〇年と比較して着実に上昇している。

第四節　改革は教職員にどう評価されているか

北九州市立大学の改革は、改革の主体である教員にどのように評価されているであろうか。本学では、二〇〇九年九月八日から二十五日までの間に本学の教員二六七名を対象に「第二期中期計画策定に関する調査」を実施した。調査は、部局長を通じて各学部教員にアンケート用紙を配布し、無記名で答えてもらい、部局ごとに回収した。この結果、一七六件の回答がえられ、回収率は六六％であった。結果を抜粋したのが図表2-9-4である。

まず、法人化前との比較で変化を感じた事項については、「学生の支援が拡大した」（六三％）、「研究費の運用がやりやすくなった」（五八％）、「意思決定のスピードが速くなった」（五〇％）、「本学の社会への開放度が向上した」（四八％）、「運営の機動性が向上した」（四六％）、「本学の教育活動が活発になった」（四〇％）が比較的高い評価をえた。他方、「教育研究に付随する事務的業務が増えた」（六九％）、「各種委員会等の運営業務が増えた」（六七％）がとくに高い比率を占めた。

ついで、法人化以降の取組みで、効果があったと思う項目、効果を感じなかった項目についての質問に対し、北方キャンパス、ひびきのキャンパスとも、「大学運営」、「広報活動」、「就職支援」、「学習支援」、「FD（Faculty Development）活動」が上位ベスト5となった。とくに、「大学運営」と「広報活動」が両キャンパスとも二、三位となったのは、改革の重点がここにあったことを教員として受け止めたとみてよいであろう。また、北方では「就職支援」、ひびきのでは「FD活動」がトップを占め、キャンパス間に違いがある。北方では、教員が直接就職を世話することが少なく、就職支援は大きな課題であった。キャリアセンターを設置し、専任の准教授と就職部長を招聘し、就職率の大幅アップに貢献したことが評価されている。他方、ひびきのでは、民間企業等大学外から公募で教員になった人が少なくなくFDが大きな意味をもったと言える。

これに対し、「効果がなかった」としてあげられたのは、両キャンパスとも、「事務組織」、「人事制度」、「研究活動」がともにワースト5に入っている。「事務組織」については、経営企画課を強化し、入試広報課を設置し、「学生プラザ」開設に伴い学生課を再編し、基盤教育センター、ビジネス・スクール、地域創生学群の新設に伴い教務課を再編するなど、教学改革に対応して整備してきた。しかし、市役所からの出向とプロパーとのバランス、事務組織の再編、SDなどに対する長期戦略が不明確

図表２－９－４　教員意識調査結果

09年アンケート　267人中回答176　回答率65.9%

効果があった		効果がなかった	
北　方	ひびきの	北　方	ひびきの
1．就職支援	1．FD活動	1．事務組織	1．事務組織
2．大学運営	2．大学運営	2．研究活動	2．入試制度
3．広報活動	3．広報活動	3．人事制度	3．研究活動
4．学生への生活支援	4．就職支援	4．専門教育	3．人事制度
5．学生への学習支援	5．学生への学習支援	5．国際化	5．大学運営
5．FD活動	5．産学連携		

プラスの変化を感じた		マイナスの変化を感じた
北　方	ひびきの	大学全体
1．研究費の運用74%	1．学生への支援43%	1．教育研究に付随する運営業務69%
2．学生への支援73%	2．社会への開放度36%	2．各種委員会等の運営業務67%
3．意思決定のスピード61%	3．運営の機動性31%	3．学内での情報の共有38%

大学資料

図表２－９－５　職員アンケート

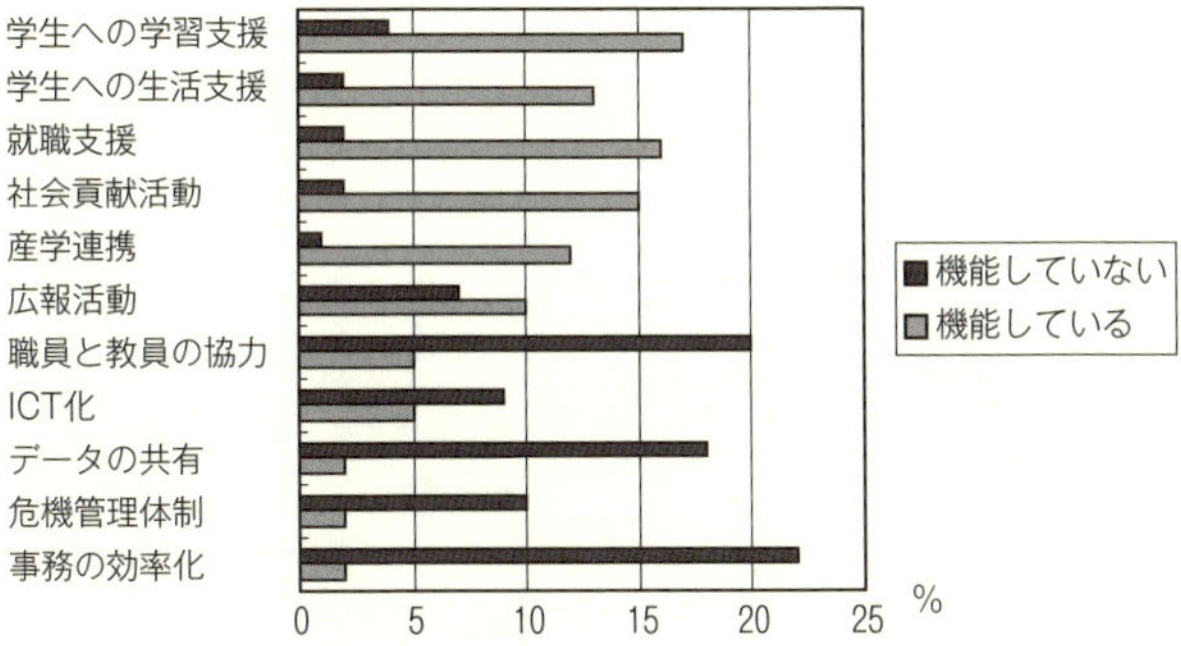

係長以下229名中179名（臨時職員除く）　09年11月

大学資料

であることが、個々の職員の日常的な努力にもかかわらず、厳しい評価を受ける結果になった。また、理事長・学長分離型の運用形態として、経営マターが理事長・事務局長、教学マターが学長・副学長として暗黙のうちに分担されてきたこと、六年の中期計画のうち前半三年間が民間企業出身、後半が市役所出身と事務局長の交代があったこと、などシステム上の課題が残ったことも影響している。

「人事制度」については、教員人事を教授会から教育研究審議会に移し、原則公募とし、論文・面接に加え複数の最終候補者の模擬授業を課した選考を実施したこと、この過程で教員の三九名増、女性教員の倍増を実現したこと、非常勤であった「語学教師」の一一ポストを任期付き専任教員とし、外国人教員が一・五倍に増加したこと、二〇〇七年度に北方キャンパスの教員四人に一人が学部間移動したこと、等々大胆な人事制度の改革を行った。これに対する教員の評価をどう解釈するのか検討する必要がある。研究活動については、重点研究の支援などを実施しているが、大学の使命が「研究の自由」にあることから、個人個人の研究ペースとの調整を必要とするCOEや大型科学研究費などについて組織的に取り組むことが弱かったことも確かである。

また、北方キャンパスでは「専門教育」と「国際化」、ひびきのキャンパスでは、「入試制度」が「効果がなかった」の項目にあがっている。前者については、「基盤教育センター」の設立による教養教育の再生、「大学プラザ」の開設による学生支援の強化との対比で理解するべきであろう。後者では、ひびきのキャンパスの入試システム改善の余地が大きいことの反映でもある。

このアンケートには、「自由記述欄」がある。ここでは、「FDは重要で継続を」、「地域重視を評価」

など積極的意見とともに、「非常勤講師の削減」、「大学院をコンパクトに」、「図書館の充実」など今後の重要な課題にふれた指摘、さらに、「個々の教員の負担の格差是正を」、「運営の簡素化・事務的業務の軽量化を」など切実な声がだされている。

いずれにしても、こうした教員による改革評価は、アンケート回答率が高いこととあわせ、法人化以降の改革への率直な評価として真剣に受け止め、第二期中期計画の策定に反映させなければならない。

［付記］○九年の十一月、係長以下二二九名の職員に対して同様のアンケートを行った。回答者は一七九名で回答率は七七・八％と高かった（図表2-9-5）。

法人化による改革項目について、「機能しているか」、「機能していないか」で回答者の比率をみると、「機能している」が「機能していない」を上回ったのは、「学生への学習支援」、「学生への生活支援」、「就職支援」など学生への支援関係である。また、「社会貢献活動」と「産学連携」など地域貢献関連についても、圧倒的に肯定的評価である。また、「広報活動」については「機能している」が「機能していない」を多少上回って認識されている。

逆に、「機能していない」が「機能している」を大幅に上回っているのは、「事務の効率化」、「職員と教員の協力」、「データの共有」、「危機管理体制」など事務組織関係がほとんどである。本学の改革における「教学優先」の弱点がみごとに反映されている。公立大学における市職員の人事システムと公立大学法人の職員人事システムの協力体制、理事長・学長分離による経営と教学の分担体制というシステム上の課題が浮き彫りにされている。次期中期計画での最大の課題として残された。

（家族を思う五題）

母《はは》と義母《はは》ともに白寿のお正月

餅網で九九を教えし父遠く

炭おこし一人暖とる幼き日

めおと雛むすめの笑顔遠い日に

孫帰る次がまた来る夏盛ん

あとがき

大学院修士課程一年のとき研究者として生きることを決めてから四六年になる。二三歳のときである。研究が好きなわけでもなく、大学教師に憧れたわけでもない。消去法で決めた。民間企業、公務員、高校教師、いずれも喜々として働いている自分をイメージできなかった。とりあえず、大学院に残って勉強するか、といった程度である。しかし、修士課程で結婚し、博士課程で長女が生まれた。しっかり論文を書いてどこかの大学に就職しなければならない。なんとなく追い込まれて研究生活を始め、半世紀を経た。「追い込まれ人生」は、ずっと続いた。しかも、多少重なりながら一〇年から二〇年ごとに集中するテーマが変わり、そのたびに真剣に取り組み、それなりの著作を出版してきた。

第一フェーズの二〇歳代から三〇歳代前半では、東京大学大学院生のとき木内信蔵、西川治両教授の指導のもとで修士論文と博士論文に集中し、『戦後日本石炭産業の崩壊』（新評論、一九七五年）を出版し、エコノミスト賞候補最終三作にノミネートされた。博士論文作成にあたって、日本エネルギー経済研究所（向坂正男所長）での全国主要炭田調査が大いに役立った。

第二フェーズにあたる法政大学教員時代の三〇歳代では、経済地理学方法論について研究し、産業構造論、産業立地論、地域論を統合して、地域構造（＝国民経済の空間構造）論を経済地理学の課題とする考え方を提起した。成果は、『産業配置と地域構造』（大明堂、一九八二年）として出版された。ここでは、当時の若手研究者による地域構造研究会（責任者：北村嘉行現東洋大学名誉教授）での共同研究が大変参考になった。また、川島哲郎大阪市立大学教授（のち阪南大学学長）の強い影響を受けた。

九州大学で四〇歳代から五〇歳代前半の第三フェーズは、次代の研究者の育成に集中した。ここでの研究成果は、大学院などで指導した研究者と共同執筆した編著『地域構造の理論』（ミネルヴァ書房、一九九〇年）としてまとめられた。産業計画講座の先輩である中楯興九州大学名誉教授とNYゼミなるものを結成し、年二回の由布院合宿を行い、これが若手研究者育成の「苗床」となった。

第四フェーズは、四〇歳代後半から六〇歳代後半までの約二〇年間である。ここでは、地域構造論の視角から地域政策や国土政策の形成に参画した。地域政策に関しては、末吉興一北九州市長に対するひびき灘埋立地への「静脈産業の集積」（現「エコタウン」）の提案、また、地域戦略会議（議長：鎌田迪貞九州経済連合会長）第二次道州制検討委員会における「道州制九州モデル」の草案作成、など多様な成果を世に問うことができた。また、国土審議会を舞台に下河辺淳、伊藤滋、中村英夫、大西隆氏らと「二十一世紀のグランドデザイン（第五次全国総合開発計画）」の策定作業に従事した。これらの多くは、『二十一世紀の国土構造と国土政策』（大明堂、一九九九年）として掲載された。

そして、第五フェーズにあたる五〇歳代から六〇歳代では、九州大学副学長、経済学研究院長、北九州市立大学学長として大学改革に参画した。これらの経験をまとめたのが本書である。九州大学では、杉岡洋一総長、柴田洋三郎副学長と約六年苦楽をともにした。また、北九州市立大学の改革では、阿南惟正理事長、国武豊喜、棚次奎介、晴山英夫、近藤倫明、松藤泰典、中野博文氏ら歴代副学長、永津美裕、羽田野隆士、尾上一夫、石神勉氏の歴代事務局長、そして教育研究審議会と経営審議会委員の皆さんとともに汗をかいた。なかでも、「ミドルアップ型大学改革」のメインプレーヤーとして本書に登場してくる多くの教職員にしっかり支えてもらった。皆さんに心から感謝いたします。

北九州市立大学の設置団体である北九州市の関係者、とくに末吉興一前市長、北橋健治現市長には、日頃からあたたかいご支援を頂き、あらためて御礼いたします。

また、九州大学副学長、経済学研究院長、北九州市立大学学長としての超多忙の約一〇年間しっかりと支えて頂いた、森戸寧子（四年七ヵ月）、木村欣子（一年九ヵ月）、安藤美由紀（五年）、福嶋美穂（一年予定）さん四人の秘書に厚く御礼いたします。

最後に、九州大学改革とキャンパスの統合移転に道筋をつけ、リーダーとしての生き様をみせて頂き、昨秋故人となられた杉岡洋一元九州大学総長に本書を謹んで献呈いたします。

二〇一〇年七月一日　学長室にて　矢田俊文

本書転載論文初出典一覧

「変革期の大学政策と公立大学法人・北九州市立大学の改革」 経済教育学会『経済教育』二七号 二〇〇八年十二月

「公立大 じわり存在感」 日本経済新聞 二〇〇九年八月三日朝刊

「公立大学の法人化」『IDE』二〇〇七年二～三月号

「『地域医療の砦』・公立大学附属病院について考える」『IDE』二〇一〇年一月号

「大学が地域を変える 北九州市立大学の法人化と改革 ①改革の始動 スピードと同時に教員の自治を重視」リクルート カレッジマネジメント 一四二 二〇一〇年二月号

「大学が地域を変える 北九州市立大学の法人化と改革 ②教育改革 教養教育の再活性化と学生支援システムの構築」リクルート カレッジマネジメント 一四二 二〇〇七年

「大学が地域を変える 北九州市立大学の法人化と改革 ③地域連携 本業としての『地域貢献』活動とライフ・ステージに応じた教育」リクルート カレッジマネジメント 一四三 二〇〇七年

「大学が地域を変える 北九州市立大学の法人化と改革 ④大学法人経営 知識社会での公立大学法人経営の実践的模索」リクルート カレッジマネジメント 一四四 二〇〇七年

「北九州との縁 博士論文『石炭産業の崩壊過程』テーマに」『ひろば北九州』二〇〇五年五月号

「望外の成果に感動・エコタウン 構想から一六年、注目度ナンバーワンに」『ひろば北九州』二〇〇五年七月号

「シリコン・グレンに学ぶ 本市学研都市の次の一手になるかも」『ひろば北九州』二〇〇五年八月号

「ルーバン大学の産学連携 教員の副収入増が特効薬」『ひろば北九州』二〇〇五年九月号

「台風の日、運命の出会い 九大ビジネス・スクール開校セーフ」『ひろば北九州』二〇〇六年八月号

「大学改革に道つけた九大方式 寒風の中『研究院』を思いつく」『ひろば北九州』二〇〇六年九月号

「九大の元岡キャンパス造成　環境保全に悔い残さぬ配慮」『ひろば北九州』二〇〇六年十月号
「難産だった九大学研都市推進協　四者懇、破談の危機乗り切る」『ひろば北九州』二〇〇六年十一月号
「開発と文化財保存の両立　遺跡発見の度、造成計画を修正」『ひろば北九州』二〇〇七年一月号
「九大大学院の全重点化顛末記　配慮しつつ、文部省も面子保つ」『ひろば北九州』二〇〇七年二月号
「北九州学研都市について考える　産業集積への飛躍へ再構築の時期」『ひろば北九州』二〇〇七年七月号
「北九州市立大学のビジネス・スクール　地域貢献への順調な滑り出し」『ひろば北九州』二〇〇七年八月号
「『モノレール側通用門』の設置　法人化を機に次々改善策実行」『ひろば北九州』二〇〇七年十月号
「北九州市立大学の教育改革　空洞化した教養教育の再生に挑む」『ひろば北九州』二〇〇七年十一月号
「学生プラザのオープンと新しい支援システム　進路、勉強、生活、心の悩みまで」『ひろば北九州』二〇〇七年十二月号
「学生の社会的実践能力を養う　自ら企画、実行し、改善する力」『ひろば北九州』二〇〇八年一月号
「動き出す派遣留学制度の拡充　米タコマには半年間、毎年五五人」『ひろば北九州』二〇〇八年二月号
「地方公立大学の改革の本質とは　改革求める教職員の熱意こそ」『ひろば北九州』二〇〇八年三月号
「『明るい病院改革』に共鳴　大学も自らの主導で改革すべき」『ひろば北九州』二〇〇八年四月号
「大胆な大学改革　主導した七人の教授に感謝」『ひろば北九州』二〇〇八年五月号
「ピア評価と教員選考システムの変更　教授会から教育研究審議会へ」『ひろば北九州』二〇〇八年六月号
「三年間で北九大教員二六人増　交付金減少の中で定員増を実現」『ひろば北九州』二〇〇八年七月号
「日本一留学生に親切な北九大　ボランティア『日本のお母さん』」『ひろば北九州』二〇〇八年八月号
「改革のエンジン『経営企画課』　改革ナビ『北の翼』を策定、遂行」『ひろば北九州』二〇〇八年九月号
「『地域創生学群』の設置　時代が求める人材育成に挑む」『ひろば北九州』二〇〇八年十月号
「北九州学研都市での連携大学院　カーエレ人材の育成と地域振興」『ひろば北九州』二〇〇八年十一月号
「教員評価制度の大胆な見直し　全国に先駆け、実績を積極的評価」『ひろば北九州』二〇〇八年十二月号
「北九州学研都市発の新技術　需要主導で成功『水節約型消火剤』」『ひろば北九州』二〇〇九年一月号
「輝く『地域貢献日本一』　三分野で公立大学の役割果たす」『ひろば北九州』二〇〇九年二月号

「『大学コンソーシアム関門』　六大学が連携、地域の人材育成」『ひろば北九州』二〇〇九年三月号
「一八歳人口が急減する中で　大学改革進め三年連続の志願者増」『ひろば北九州』二〇〇九年四月号
「学生のさまざまな活動を表彰　卒業後の人生の、大きな糧に」『ひろば北九州』二〇〇九年五月号
「法人化のもとでの大学運営　教員自治を重視した独自の改革」『ひろば北九州』二〇〇九年六月号
「学生の満足度ランキング　大学改革を反映、多項目で高い評価」『ひろば北九州』二〇〇九年七月号
「若者の地方定住　倍増した公立大学が『主役』に浮上」『ひろば北九州』二〇〇九年八月号
「効果あった『早期支援システム』　〇九年度文系三学部、三年進級時留年者四〇％減る」『ひろば北九州』二〇〇九年九月号
「環境モデル都市支援プロジェクト　重点五研究に多額の推進資金」『ひろば北九州』二〇〇九年十月号
「オープンキャンパス　学生が企画・運営、保護者に大好評」『ひろば北九州』二〇〇九年十一月号
「定着した公開講座　高齢者中心に　参加者、五年間で約六割増」『ひろば北九州』二〇〇九年十二月号
「子育て支援活動への協力　学生も教員も参加、癒しの空間創出」『ひろば北九州』二〇一〇年一月号
「公立大学の苦悶　国の高等教育政策と財政支援の乖離」『ひろば北九州』二〇一〇年二月号
「道州制と国公立大学の統合・再編考　多様な高等教育機会　『地域間均等』原則は維持を」『ひろば北九州』二〇一〇年三月号
「リーマンショックが大学を襲う　卒業予定者にも入学者にも特別措置」『ひろば北九州』二〇一〇年四月号
「本格化する図書館改革と図書館建設　待っている図書館から情報発信の館へ」『ひろば北九州』二〇一〇年五月号
「高く評価された本学の改革　『優れた点』に学生支援など一九項目」『ひろば北九州』二〇一〇年六月号

参考文献

Daniel Bell (1973) *The Coming of Post-Industrial Society*, Basic Books Inc., New York, U.S.A（内田忠夫ほか訳『脱工業社会の到来　上、下』ダイヤモンド社、一九七五年）

Alvin Toffler (1980) *The Third Wave*, William Morrow, New York（徳山二郎・鈴木健次、桜井元雄訳『第三の波』日本放送協会、一九八〇年）

Jonathan Gershuny & Ian Miles (1983) *The New Service Economy, The Transformation of Employment in Industrial Societies*, Frances Printer, London, U.K.

Chris Freeman & Luc Societe (1997) *The Economics of Industrial Innovation, The Third Edition*, The MIT Press, Cambridge, Massachusetts, U.S.A.

Peter F. Drucker (1993) *Post-Capitalist Society*, A Division of Harper Collins Publishers, Inc., New York, U.S.A.（上田惇生・佐々木実智男・田代正美訳『ポスト資本主義社会―二十一世紀の組織と人間はどう変わるか』ダイヤモンド社、一九九三年）

Alan Burton-Jones (1999) *Knowledge Capitalism*, Oxford University Press（野中郁次郎監訳、有賀裕子訳『知識資本主義』日本経済新聞社、二〇〇一年）

George Soros (1998) *The Crisis of Global Capitalism*, New York Public Affairs（大原進訳『グローバル資本主義の危機』日本経済新聞社、一九九九年）

Burton R. Clark (1993) *The Higher Education System Organization In Cross National Perspective*, University of California Press, Berkley and Los Angeles, California（有本章訳『高等教育システム』東信堂、一九九四年）

天野郁夫『高等教育の日本的構造』玉川大学出版会、一九八六年

天野郁夫『大学改革　秩序の崩壊と再編』東京大学出版会、二〇〇四年

堀尾輝久『日本の教育』東京大学出版会、一九九四年
麻生誠『日本の学歴エリート』講談社学術文庫、二〇〇九年
加藤尚武『進歩の思想　成熟の思想』講談社学術文庫、一九九七年
喜多村和之『大学は生まれ変われるか』中公新書、二〇〇二年
大崎仁『大学改革一九四五―一九九九』有斐閣選書、二〇〇一年
黒羽亮一『大学政策―改革への軌跡』玉川大学出版会、二〇〇二年
山崎正和『文明としての教育』新潮新書、二〇〇七年
姜尚中『悩む力』集英社新書、二〇〇八年
高橋寛人『二〇世紀　日本の公立大学』日本図書センター、二〇〇九年
公立大学協会『地域とともにあゆむ公立大学――公立大学協会五〇年史』二〇〇〇年
公立大学協会『地域とともにつくる公立大学――公立大学協会六〇年史』二〇一〇年

〈著者略歴〉

矢田俊文（やだ としふみ）

1941年新潟県生まれ，東京大学教養学科卒業。同大学院理学系研究科博士課程修了，理学博士。法政大学教授を経て1982年九州大学教授。九州大学副学長，経済学研究院長を歴任，2005年北九州市立大学学長。2009年公立大学協会会長，大学評価・学位授与機構評議員，2010年大学基準協会副会長。
そのほか国土審議会委員（1998～2008年），九州地域戦略会議第二次道州制検討委員会委員長（2007～09年），経済地理学会会長（2000～06年），産業学会会長（2000～02年）を務める。
『戦後日本の石炭産業』，『産業配置と地域構造』，『地域構造の理論』（編著），『21世紀の国土構造と国土政策』，『現代経済地理学』（共編著）など著書多数。

地域主権《ちいきしゅけん》の時代《じだい》をリードする
北九州市立大学改革物語《きたきゅうしゅうしりつだいがくかいかくものがたり》

2010年8月5日初版発行

著　者　矢　田　俊　文

発行者　五十川　直　行

発行所　(財) 九州大学出版会
〒812-0053　福岡市東区箱崎7-1-146
九州大学構内
電話　092-641-0515（直通）
振替　01710-6-3677
印刷・製本／大同印刷㈱

ISBN978-4-7985-0025-6